BERND WIDERA

Zur verfassungsrechtlichen Gewährleistung
gemeindlicher Planungshoheit

Schriften zum Öffentlichen Recht

Band 489

Zur verfassungsrechtlichen Gewährleistung gemeindlicher Planungshoheit

Von

Dr. Bernd Widera

DUNCKER & HUMBLOT / BERLIN

CIP-Kurztitelaufnahme der Deutschen Bibliothek

Widera, Bernd:
Zur verfassungsrechtlichen Gewährleistung gemeindlicher Planungshoheit / von Bernd Widera. —
Berlin: Duncker und Humblot, 1985.
  (Schriften zum Öffentlichen Recht; Bd. 489)
  ISBN 3-428-05834-8
NE: GT

Alle Rechte vorbehalten
© 1985 Duncker & Humblot GmbH, Berlin 41
Gedruckt 1985 bei Buchdruckerei A. Sayffaerth - E. L. Krohn, Berlin 61
Printed in Germany
ISBN 3-428-05834-8

Meiner Frau Rafaela

Inhaltsverzeichnis

Einleitung 15

Erster Teil

Die Verfassungsgarantie der Selbstverwaltung — Art. 28 Abs. 2 GG

I. Begriff und Funktionen der Selbstverwaltung im Verfassungssystem 18

   1. Der verfassungsrechtliche Selbstverwaltungsbegriff 19

      a) Selbstverwaltung als politisches Prinzip 19

      b) Der Rechtsbegriff der Selbstverwaltung 20

   2. Funktionen kommunaler Selbstverwaltung im Verfassungssystem 21

      a) Selbstverwaltung als Ausdruck staatsorganisatorischer Dezentralisation und Mittel zur vertikalen Gewaltenteilung 21

      b) Demokratische und freiheitssichernde Funktion der Selbstverwaltung 22

II. Art. 28 Abs. 2 GG als institutionelle Garantie der kommunalen Selbstverwaltung 24

   1. Die subjektive Rechtsstellungsgarantie 25

   2. Die institutionelle Rechtssubjektsgarantie für Gemeinden und Gemeindeverbände 26

   3. Die objektive Rechtsinstitutionsgarantie 28

      a) Vermutete Allzuständigkeit der Gemeinden in Angelegenheiten der örtlichen Gemeinschaft 28

      b) Ausgleichs- und Ergänzungsfunktion der Kreise im zugewiesenen Aufgabenbereich 29

III. Der materielle Gehalt der institutionell gewährleisteten gemeindlichen Selbstverwaltung 30

   1. Der Begriff der „Angelegenheiten der örtlichen Gemeinschaft" .. 30

      a) Das traditionelle Selbstverwaltungsverständnis 30

  b) Das funktionale Selbstverwaltungsverständnis 34

  c) Das „dynamische" Selbstverwaltungsverständnis auf der Basis eines erweiterten Begriffs der Angelegenheiten der örtlichen Gemeinschaft 36

   aa) Erweiterung der gemeindlichen Selbstverwaltung durch Beteiligung an höherstufigen Entscheidungsprozessen nach dem Gegenstromprinzip 37

   bb) Aufrechterhaltung eines Bereichs gemeindlicher Eigenverantwortlichkeit 39

 2. Die Eigenverantwortlichkeit in der Aufgabenerfüllung 42

 3. Der gegenwärtige Bestand gemeindlicher Agenden 43

IV. Verpflichtungsadressaten der Selbstverwaltungsgarantie 44

 1. Wirkung der Selbstverwaltungsgarantie gegenüber Bund und Ländern 44

 2. Interkommunale Wirkung der Selbstverwaltungsgarantie 45

V. Schranken des institutionell gewährleisteten gemeindlichen Selbstverwaltungsrechts 47

 1. Verfassungsunmittelbare Begrenzungen der gemeindlichen Selbstverwaltung 47

  a) Art. 74 a GG 47

  b) Art. 105 Abs. 2 a GG 47

  c) Art. 109 Abs. 3 und 4 GG 48

 2. Der Gesetzesvorbehalt 48

VI. Verfassungsrechtliche Grenzen gesetzgeberischer Beschränkungen des Selbstverwaltungsrechts 49

 1. Formelle Grenzen 49

  a) Zuständigkeitsordnung 49

  b) Anforderungen an die Form des Eingriffs 49

 2. Materielle Grenzen 50

  a) Orientierung am Gemeinwohl als verfassungsrechtliches Postulat 51

   aa) Wahrung des Gemeinwohls als ausschließliches Verfassungserfordernis? 51

    (1) Begriff und Schutzwirkungen der institutionellen Garantie gemeindlicher Selbstverwaltung 53

    (2) Analyse des Verfassungstextes „Rahmen der Gesetze" 53

   bb) Pflicht zur Orientierung am Gemeinwohl als Ergänzung der Wesensgehaltsgarantie 54

b) Beachtung des Verhältnismäßigkeitsprinzips als Rechtmäßigkeitsvoraussetzung für gesetzgeberische Eingriffe in die Selbstverwaltung 55

    aa) Übermaßverbot als Verfassungsmaßstab anstelle der Kernbereichsgarantie? 56

        (1) Die spezifischen Schutzwirkungen der institutionellen Garantie des Art. 28 Abs. 2 S. 1 GG 56

        (2) Die Bedeutung des Art. 115 c Abs. 3 GG für die Interpretation der Selbstverwaltungsgarantie 57

    bb) Übermaßverbot als Verfassungsmaßstab neben der Wesensgehaltsgarantie 58

        (1) Allgemeine Anforderungen des Übermaßverbotes an gesetzgeberische Ingerenzen 58

        (2) Besondere Anforderungen an die Erforderlichkeit des Eingriffs in die Selbstverwaltung 59

c) Die Wesensgehaltsgarantie als Spezifikum der institutionellen Garantie gemeindlicher Selbstverwaltung 62

    aa) Begriff und Schutzwirkungen des Wesensgehaltes der Selbstverwaltung 63

        (1) Die Subtraktionsmethode 63

        (2) Der politisch-demokratische Ansatz 64

        (3) Der Wesensgehalt der Selbstverwaltung als institutionelles Substrat eigenverantwortlicher Aufgabenerfüllung 66

    bb) Inhaltliche Bestimmung des Kernbereichs der Selbstverwaltung 69

        (1) Berücksichtigung der geschichtlichen Entwicklung und der historischen Erscheinungsformen der Selbstverwaltung 70

        (2) Ergänzung des historischen Leitbildes durch Berücksichtigung der aktuellen Bedeutung einer Aufgabe für die Selbstverwaltung 73

Zweiter Teil

Verfassungsrechtliche Verankerung der gemeindlichen Planungshoheit in der Selbstverwaltungsgarantie des Art. 28 Abs. 2 S. 1 GG

I. Begriff und Bedeutung der Planung im sozialen Rechtsstaat 76

  1. Der Begriff der Planung 76

  2. Planung als staatliche Funktion 77

  3. Die funktionelle Zuordnung der Planung 79

II. Der Begriff der gemeindlichen Planungshoheit 80

  1. Gemeindliche Planungshoheit als plakative Bezeichnung eines Bündels gemeindlicher Kompetenzen zur Bodenordnung 81

2. Bauleitplanungskompetenz und Planungsermessen als zentrale Elemente des Begriffs der gemeindlichen Planungshoheit 81

3. Einfachgesetzliche Normierung gemeindlicher Planungshoheit im Bundesbaugesetz 82

III. Gemeindliche Bauleitplanung als Angelegenheit der örtlichen Gemeinschaft i. S. d. Art. 28 Abs. 2 S. 1 GG 83

    1. Der Grad der örtlichen Bezogenheit des Flächennutzungsplanes 84

       a) Berücksichtigung überörtlicher Belange bei der Flächennutzungsplanung 84

       b) Örtliche Bezüge der Flächennutzungsplanung 85

       c) Abwägungsergebnis 87

    2. Verfassungsrechtlicher Schutz der Bebauungsplanung 87

    3. Zwischenergebnis 87

IV. Die Zugehörigkeit der gemeindlichen Bauleitplanung zum Wesensgehalt der Selbstverwaltung 88

    1. Die historische Entwicklung des gemeindlichen Planungsrechts bis 1945 90

       a) Das Baurecht in der Landesgesetzgebung bis 1933 90

          aa) Die Rechtsentwicklung in Preußen 90

             (1) Die baurechtlichen Regelungen im Allgemeinen Landrecht 90

             (2) Das Fluchtliniengesetz 91

             (3) Das Preußische Wohnungsgesetz 93

             (4) Der Entwurf für ein Städtebaugesetz 93

          bb) Bauplanungsrechtliche Entwicklungen in den anderen deutschen Ländern 94

             (1) Die Rechtslage im Landesteil Oldenburg 94

             (2) Das sächsische Bauplanungsrecht 95

       b) Planerische Entwicklungen auf Reichsebene in der Weimarer Republik 96

       c) Die Reichsgesetzgebung 1933—1945 96

       d) Zwischenergebnis 98

    2. Die Entwicklung des gemeindlichen Planungsrechts nach 1945 .. 99

       a) Die Aufbaugesetze 99

          aa) Rechtsgehalt der Aufbaugesetze 100

          bb) Die Bedeutung der Aufbaugesetze für die Interpretation der Selbstverwaltungsgarantie 101

       b) Die Rechtsentwicklung während der Vorarbeiten zum Bundesbaugesetz 103

3. Ergebnis der historischen Untersuchung 105

4. Die aktuelle Bedeutung der Bauleitplanung für die gemeindliche Eigenständigkeit 106

   a) Die effektive gegenwärtige Bedeutung einer eigenständigen Flächennutzungsplanung für die Selbstverwaltung der Gemeinden 106

      aa) Die behauptete Planungsunfähigkeit der Gemeinden 107

      bb) Entzug der Flächennutzungsplanung als „milderes Mittel" gegenüber einer formellen Bestandsauflösung? 110

      cc) Die Argumentation mit § 147 Abs. 2 BBauG 111

      dd) Die überörtlichen Bezüge der Flächennutzungsplanung .. 113

      ee) Die Determinationswirkung der Flächennutzungsplanung 116

      ff) Eigenständige Flächennutzungsplanung als Voraussetzung für eine selbstbestimmte Ortsstruktur 118

      gg) Bedeutung der Flächennutzungsplanung für die gemeindliche Entwicklung 119

      hh) Die demokratische Funktion gemeindlicher Flächennutzungsplanung 120

         (1) Landes- und Regionalplanung als verwaltungsinterne Planungen 121

         (2) „Offenes" Verfahren bei der Flächennutzungsplanung 122

      ii) Zusammenfassung 123

   b) Aktuelle Bedeutung der Bebauungsplanung für die gemeindliche Eigenständigkeit 125

   c) Ergebnis 127

Zusammenfassung in Leitsätzen   129

Literaturverzeichnis   137

Abkürzungsverzeichnis

a. A.	=	anderer Ansicht
ABl	=	Amtsblatt
AfK	=	Archiv für Kommunalwissenschaften
ALR	=	Allgemeines Landrecht
AöR	=	Archiv des öffentlichen Rechts
AS	=	Amtliche Sammlung
BauNVO	=	Baunutzungsverordnung
BauR	=	Baurecht
BayBgm	=	Der bayerische Bürgermeister
BayVBl	=	Bayerische Verwaltungsblätter
BBauG	=	Bundesbaugesetz
BGBl	=	Bundesgesetzblatt
BK	=	Kommentar zum Bonner Grundgesetz (Bonner Kommentar), 1950 ff., (Loseblattsammlung)
BlGBW	=	Blätter für Grundstücks-, Bau- und Wohnungsrecht
BROG	=	Bundesraumordnungsgesetz
BRS	=	Baurechtssammlung
BT-Drcks.	=	Bundestagsdrucksache
BVerfGE	=	Entscheidungen des Bundesverfassungsgerichts
BVerwGE	=	Entscheidungen des Bundesverwaltungsgerichts
Diss.	=	Dissertation
DJT	=	Deutscher Juristentag
DÖD	=	Der Öffentliche Dienst
DÖV	=	Die Öffentliche Verwaltung
DVBl	=	Deutsches Verwaltungsblatt
ESVGH	=	Entscheidungssammlung des Hessischen Verwaltungsgerichtshofes und des Verwaltungsgerichtshof Baden-Württemberg
GemTag	=	Der Gemeindetag
GG	=	Grundgesetz
GO	=	Gemeindeordnung
GS	=	Gesetzessammlung
GVBl	=	Gesetz- und Verordnungsblatt
HGrR	=	Die Grundrechte, Handbuch der Theorie und Praxis der Grundrechte, Bd. IV, 2. Hlbd. 1962, hrsg. von *K. A. Bettermann* und *H. C. Nipperdey*
HKWP	=	Handbuch der kommunalen Wissenschaft und Praxis 1. Aufl. 1956, hrsg. von *H. Peters* 2. Aufl. 1981 ff., hrsg. von *G. Püttner*
Hrsg.	=	Herausgeber
JöR	=	Jahrbuch des öffentlichen Rechts

Abkürzungsverzeichnis

JuS	=	Juristische Schulung
JZ	=	Juristenzeitung
LAbfG/NW	=	Landesabfallgesetz des Landes Nordrhein-Westfalen
LKT	=	Landkreistag
LPlG/NW	=	Landesplanungsgesetz des Landes Nordrhein-Westfalen
NJW	=	Neue Juristische Wochenschrift
NVwZ	=	Neue Zeitschrift für Verwaltungsrecht
NW	=	Nordrhein-Westfalen
OVGE	=	Entscheidungen der Oberverwaltungsgerichte für das Land Nordrhein-Westfalen sowie für die Länder Niedersachsen und Schleswig-Holstein mit Entscheidungen des Verfassungsgerichtshofes Nordrhein-Westfalen und des Niedersächsischen Staatsgerichtshofes
Pr.	=	Preußisch(es)
PrOVGE	=	Entscheidungen des Preußischen Oberverwaltungsgerichts
RiA	=	Das Recht im Amt
Rn.	=	Randnummer
SKV	=	Staats- und Kommunalverwaltung
StGB	=	Städte- und Gemeindebund
StGH	=	Staatsgerichtshof
StGR	=	Städte- und Gemeinderat
VerfGH	=	Verfassungsgerichtshof
VerwArch	=	Verwaltungsarchiv
VR	=	Verwaltungsrundschau
VVDStRL	=	Veröffentlichungen der Vereinigung der Deutschen Staatsrechtslehrer
VwGO	=	Verwaltungsgerichtsordnung
VwR	=	Verwaltungsrecht
ZParl	=	Zeitschrift für Parlamentsfragen

Einleitung

Gegenstand dieser Arbeit ist die Frage nach Umfang und Grenzen der verfassungsrechtlichen Gewährleistung gemeindlicher Planungshoheit durch das Grundgesetz.

Den Anlaß, dieser Frage in einer Dissertation nachzugehen, hat eine der aus kommunalrechtlicher Sicht bemerkenswertesten Entscheidungen des Bundesverfassungsgerichts aus der jüngeren Zeit, der sog. „Memmingen-Beschluß"[1], gegeben.

In dieser Entscheidung hat das Bundesverfassungsgericht auf die Kommunalverfassungsbeschwerden der Stadt Memmingen, der Gemeinden Benningen, Ungerhausen und Memmingerberg die „Verordnung über die Festsetzung des Lärmschutzbereiches für den militärischen Flughafen Memmingen vom 23. 6. 1975"[2] wegen Verletzung des Art. 28 Abs. 2 S. 1 GG für nichtig erklärt.

Begründet hat das Gericht seine Entscheidung damit, daß der Verordnungsgeber den seiner Entscheidung zugrundeliegenden Sachverhalt nicht vollständig ermittelt, die beteiligten Gemeinden nicht angehört und die gebotene nachvollziehbare Abwägung zwischen den involvierten verteidigungspolitischen Interessen einerseits und den betroffenen planerischen Belangen der Beschwerdeführer andererseits nicht vorgenommen habe. Damit habe er gegen Art. 28 Abs. 2 S. 1 GG verstoßen, der dem Staat eine gesetzliche Beschränkung der Planungshoheit *einzelner* Gemeinden nur dann erlaube, wenn und soweit sich bei der vorzunehmenden Güterabwägung ergebe, daß schutzwürdige überörtliche Interessen diese Einschränkung erforderten.

Von größerer verfassungsrechtlicher Bedeutung als diese Feststellungen zum individuellen Rechtsschutz der betroffenen Gemeinden sind aber die Ausführungen des Bundesverfassungsgerichts zur Frage der institutionellen Verankerung der gemeindlichen Planungshoheit in der Selbstverwaltungsgarantie des Art. 28 Abs. 2 S. 1 GG.

Der zu entscheidende Fall forderte zwar nach Auffassung des Senats „keine Klärung der Frage, ob ein völliger Ausschluß der Gemeinden von der Planung ihres Raumes stets den Kernbereich des Selbstver-

---

[1] BVerfGE 56, 298.
[2] BGBl I, S. 1490.

waltungsrechts verletzen würde"³; gleichwohl nahm das Gericht die Gelegenheit zum Anlaß, um festzustellen, daß es die Frage, „ob und in welchem Umfang die Planungshoheit der Gemeinden zum unantastbaren Kernbereich des kommunalen Selbstverwaltungsrechts" gehöre, für umstritten halte⁴.

Diese Aussage fällt nicht so sehr deshalb ins Auge, weil das Bundesverfassungsgericht nicht auf das Problem eingeht, *in welchem Umfang* die Planungshoheit der Gemeinden zu dem unantastbaren Kernbereich der objektiven Rechtsinstitutionsgarantie des Art. 28 Abs. 2 S. 1 gehört. Denn so verhält sich das Gericht auch in Entscheidungen, die andere kommunale Hoheitsrechte betreffen⁵. Viel bemerkenswerter ist, daß das höchste deutsche Gericht in der „Memmingen-Entscheidung" sogar die Frage als umstritten bezeichnet und im Ergebnis unbeantwortet läßt, *ob überhaupt* die Planungshoheit zum Wesensgehalt des den Gemeinden institutionell verbürgten Selbstverwaltungsrechts zählt.

Die abwartende Haltung des Bundesverfassungsgerichts ist um so auffälliger, als Rechtsprechung und Literatur die Planungshoheit traditionell, relativ undifferenziert und nahezu einhellig zu jenen wesentlichen Hoheitsrechten zählen, in die sie sich nach überkommenem Verständnis die nur im Kern geschützte Eigenverantwortlichkeit der Gemeinden entfaltet.

Die Zurückhaltung des Bundesverfassungsgerichts gegenüber der Frage, ob solche gesetzliche Beschränkungen, die auf eine „allgemeine Einschränkung oder gar Beseitigung der gemeindlichen Planungshoheit als Institution"⁶ hinauslaufen, mit Art. 28 Abs. 2 S. 1 GG vereinbar sind oder nicht, gibt Anlaß, den Problemkreis der verfassungsrechtlichen Gewährleistung gemeindlicher Planungshoheit unter Berücksichtigung der jüngeren Entwicklungstendenzen im Verständnis des Art. 28 Abs. 2 S. 1 GG neu zu durchdenken. Insbesondere ist der Frage nachzugehen, wo aus verfassungsrechtlicher Sicht die Grenzen gesetzgeberischer und administrativer Ingerenzen in die gemeindlichen Planungsbefugnisse verlaufen. Grundlegend ist dabei zu klären, ob die Vorschriften der §§ 1 Abs. 3 und 2 Abs. 1 BBauG, die die Bauleitplanung zu einer gemeindlichen Selbstverwaltungsaufgabe erklären, eine konstitutive Kompetenzzuweisung beinhalten, die zur Disposition des Gesetzgebers steht und durch einen entsprechenden actus contrarius wieder ganz oder zum Teil beseitigt werden kann, oder ob darin nur die Bestätigung und Ausgestaltung einer den Gemeinden nach Art. 28

---

³ BVerfGE 56, 298 (313).
⁴ BVerfGE 56, 298 (312).
⁵ Vgl. etwa BVerfG, DVBl 1982, 27 betr. die gemeindliche Satzungsgewalt.
⁶ BVerfGE 56, 298 (313).

Abs. 2 S. 1 GG ohnehin zustehenden Planungskompetenz im örtlichen Bereich zu sehen ist, die besonderen verfassungsrechtlichen Schutz genießt. Dieses Problem gewinnt angesichts des stetig wachsenden Einflusses staatlicher Entwicklungsprogramme, überregionaler und regionaler Planungskonzepte sowie staatlicher Fachplanungen auf die gemeindliche Planungsautonomie zunehmend an Bedeutung.

Um eine Antwort auf die Frage nach der verfassungsrechtlichen Gewährleistung gemeindlicher Planungshoheit geben zu können, ist es zunächst erforderlich, auf den Inhalt, die aktuelle Bedeutung und die Schutzfunktion der Selbstverwaltungsgarantie des Art. 28 Abs. 2 S. 1 GG im föderativen Verfassungssystem einzugehen. Das soll im ersten Teil der Arbeit geschehen.

Sodann soll, aufbauend auf den Ergebnissen des ersten Teils, untersucht werden, ob und in welchem Umfang die gemeindliche Planungshoheit als die Kompetenz der Gemeinden zur eigenverantwortlichen Gestaltung ihres Gebietes durch vorbereitende und verbindliche Bauleitplanung unter dem verfassungsrechtlichen Schutz der Institutionsgarantie des Art. 28 Abs. 2 S. 1 GG steht.

Erster Teil

Die Verfassungsgarantie der Selbstverwaltung — Art. 28 Abs. 2 GG

I. Begriff und Funktionen der Selbstverwaltung im Verfassungssystem

Art. 28 Abs. 2 S. 1 GG gewährleistet den Gemeinden das Recht, alle Angelegenheiten der örtlichen Gemeinschaft in eigener Verantwortung im Rahmen der Gesetze zu regeln. Mit dieser Bestimmung institutionalisiert[1] das Grundgesetz im Anschluß an Art. 127 Weimarer Reichsverfassung[2] und die dazu entwickelte Rechtsprechung und Rechtslehre[3] das Prinzip gemeindlicher Selbstverwaltung[4]. Dabei verwendet die Verfassung den Begriff „Selbstverwaltung" expressis verbis lediglich zur Umschreibung der besonderen verfassungsrechtlichen Position der kommunalen Gebietskörperschaften[5], ohne damit einen staatsrechtlichen Selbstverwaltungsbegriff abschließend zu definieren[6].

---

[1] Zum Begriff der „institutionellen Garantie" vgl. *C. Schmitt*, Verfassungslehre, S. 170 f.; *Abel*, Die Bedeutung der Lehre von den Einrichtungsgarantien für die Auslegung des Bonner GG, 1964, S. 44 ff.

[2] Zur Entstehungsgeschichte des Art. 28 Abs. 2 GG vgl. JöR 1 (1951), S. 253 ff.; ferner Protokoll der Plenarsitzung des Parlamentarischen Rates vom 21. 8. 1948, S. 357.

[3] Vgl. Staatsgerichtshof des Deutschen Reichs, RGZ 126, Anhang, S. 14 (22); *C. Schmitt*, Verfassungslehre, S. 170; ders., Freiheitsrechte und institutionelle Garantien der Reichsverfassung (1931), in: Verfassungsrechtliche Aufsätze aus den Jahren 1924—1954, 1958, S. 140 ff.; *Klein*, Institutionelle Garantien und Rechtsinstitutsgarantien, 1934; *Seibert*, Die Gewährleistung gemeindlicher Selbstverwaltung durch das GG, Diss. Marburg 1966; *Anschütz*, Die Verfassung des Deutschen Reichs, Kommentar, 14. Aufl. 1965, vor Art. 109 Anm. 8 und Art. 127.

[4] So die ganz herrschende Meinung und Rechtsprechung, vgl. statt vieler *Maunz/Dürig/Herzog*, Art. 28 Rn. 42; *BK Stern*, Art. 28 Rn. 60 ff.; *Pagenkopf*, KomR I, S. 57 ff. m. w. N.

[5] Vgl. *Bethge*, Festschr. f. v. Unruh, 1983, S. 149 m. w. N.

[6] Vgl. *v. Mutius*, Gutachten E zum 53. DJT 1980, S. 27.

I. Begriff und Funktionen der gemeindlichen Selbstverwaltung 19

1. Der verfassungsrechtliche Selbstverwaltungsbegriff

Um sich den verfassungsrechtlichen Begriff der Selbstverwaltung zu erschließen, muß man sich zunächst die geschichtliche Entwicklung des modernen Selbstverwaltungsgedankens vergegenwärtigen.

a) Selbstverwaltung als politisches Prinzip

Die historischen Wurzeln der neuzeitlichen Selbstverwaltung reichen ins 18. Jahrhundert zurück, als die Lehre vom pouvoir municipal in der französischen Konstituante entwickelt wurde[7]. Diese Lehre verstand den pouvoir municipal als eigenständigen Teil der Staatsgewalt, woraus sich die Notwendigkeit der Trennung des eigenen vom übertragenen Wirkungskreis der Kommunen ergab. Der Gedanke des pouvoir municipal fand später in der belgischen Verfassung von 1830 seinen Ausdruck und diente zur Orientierung für die Paulskirchenversammlung[8].

Zu Beginn des 19. Jahrhunderts wurde die weitere Entwicklung der Selbstverwaltung vor allem durch die Lehre von der Dezentralisation, die sich gegen die zentralistischen Tendenzen Napoleons richtete[9], und vom genossenschaftlichen Gedanken, für den sich maßgeblich der preußische Reformer Reichsfreiherr Karl vom und zum Stein (1757—1831) einsetzte, beeinflußt[10].

In den 60er Jahren des vergangenen Jahrhunderts machte dann Rudolf v. Gneist (1816—1895) die Lehre vom englischen Selfgovernment in Deutschland publik[11]. Diese Lehre verstand unter Selfgovernment eine eigenverantwortliche Selbstregierung der Gesellschaft im Rahmen der staatlichen Gesetze und in staatlichen Ämtern[12].

Seine stärkste Ausprägung fand der politische Selbstverwaltungsgedanke im 19. Jahrhundert in der preußischen Städteordnung des Freiherrn vom Stein vom 19. 11. 1808. Diese vom Genossenschaftsgedanken maßgeblich beeinflußte Kommunalordnung zielte darauf ab, staatliche Aufsicht und Einflußnahme einzuschränken und das Volk durch „Erweckung des Interesses und Anteils der Bürger an den

---

[7] Vgl. dazu *Stern*, StaatsR I, § 12 I 2, S. 398 m. w. N.
[8] Vgl. *Stern*, Festschr. f. Fröhler, 1980, S. 473 (474).
[9] Vgl. *Stern*, StaatsR I, § 12 I 2, S. 399 m. w. N.
[10] Vgl. *v. Unruh*, Gemeinderecht, in: v. Münch (Hrsg.), Bes. VwR, S. 97 m. w. N.
[11] Vgl. *Rudolf v. Gneist*, Geschichte und heutige Gestalt der englischen Kommunalverfassung, 1863; ders., Verwaltung, Justiz, Rechtsweg, Staatsverwaltung und Selbstverwaltung, 1868.
[12] Vgl. *Stern*, Festschr. f. Fröhler, 1980, S. 473 (476).

öffentlichen Angelegenheiten"[13] zur staatsbürgerlichen Mitverantwortung zu erziehen[14].

Die Aktivierung der Staatsbürger zur Mitwirkung und Teilnahme an der Führung der Verwaltungsgeschäfte und zur selbständigen Wahrnehmung ihrer eigenen Angelegenheiten frei von staatlicher Bevormundung stand im Mittelpunkt der Selbstverwaltungstheorien des 19. Jahrhunderts. Ausgehend von den Ideen der Aufklärung wurde dem Selbstverwaltungsbegriff damit primär ein politischer Inhalt gegeben.

b) Der Rechtsbegriff der Selbstverwaltung

Dem politischen Begriff der Selbstverwaltung trat gegen Ende des 19. Jahrhunderts der sog. „juristische" Selbstverwaltungsbegriff gegenüber, der die eigenverantwortliche Wahrnehmung öffentlicher Aufgaben durch rechtsfähige Verbände in den Vordergrund stellte[15]. Auf seiner Basis ist nach heute allgemein anerkannter Auffassung der Rechtsbegriff der Selbstverwaltung im materiellen Sinn zu verstehen als „eigenverantwortliche Erfüllung gemeinschaftlicher öffentlicher Aufgaben im eigenen Namen durch rechtsfähige öffentliche Verbände, die dem Staat eingegliedert sind, mit eigenen gewählten Organen unter der Aufsicht des Staates"[16]

Den juristischen Selbstverwaltungsbegriff hat auch der Verfassungsgeber übernommen und der Regelung des Art. 28 Abs. 2 S. 1 GG zugrundegelegt. In der Verfassungsordnung des Grundgesetzes stellt kommunale Selbstverwaltung deshalb keine genossenschaftliche oder gesellschaftlich verwurzelte antistaatliche Institution dar[17]; Selbstverwaltung im verfassungsrechtlichen Sinne ist vielmehr ein durch Demokratie und Gewaltenteilung legitimierter, dezentralisierter und Autonomie vermittelnder Verwaltungstypus, der die eigenverantwortliche Erledigung öffentlicher Angelegenheiten durch kommunale Körperschaften in einem föderativ gegliederten Staatsaufbau zum Inhalt hat[18].

---

[13] *Graf Hue de Grais*, Handbuch der Verfassung und Verwaltung in Preußen und dem Deutschen Reiche, 1914, § 77, S. 124; vgl. ferner *D. Schwab*, Die „Selbstverwaltungsidee" des Freiherrn vom Stein und ihre geistigen Grundlagen, 1971.
[14] Vgl. *Thiele*, DÖV 1979, 141; *Stern*, Festschr. f. Fröhler, 1980, S. 473 (475).
[15] Vgl. *v. Unruh*, Gemeinderecht, in: v. Münch (Hrsg.), Bes. VwR, S. 98 m. w. N.
[16] *Lerche*, Verfassungsfragen um Sozialhilfe und Jugendwohlfahrt, 1963, S. 95 m. w. N.; *ders.*, DÖV 1969, 46 ff.; *Thiele*, DÖV 1979, 141 (148); *v. Unruh*, Gemeinderecht, in: v. Münch (Hrsg.), Bes. VwR, S. 98 f.; *Schuppert*, Festschr. f. v. Unruh, 1983, S. 183; *Tettinger*, Festschr. f. v. Unruh, 1983, S. 809.
[17] Vgl. dazu *Gönnenwein*, GemR, S. 61 ff.; *Knemeyer*, BayKomR, S. 24; *Ostermann/Retzlaff*, KommunalVerfR, S. 8.

I. Begriff und Funktionen der gemeindlichen Selbstverwaltung

2. Funktionen kommunaler Selbstverwaltung im Verfassungssystem

Die verschiedenen Merkmale des verfassungsrechtlichen Selbstverwaltungsbegriffs resultieren aus den unterschiedlichen Funktionen, die das Grundgesetz entsprechend den tragenden Prinzipien der Demokratie, der Gewaltenteilung und des Föderalismus (Art. 20, 28, 79 Abs. 3 GG) der Selbstverwaltung beimißt.

a) Selbstverwaltung als Ausdruck staatsorganisatorischer Dezentralisation und Mittel zur vertikalen Gewaltenteilung

Das Grundgesetz[19] sieht ein System selbständiger Verwaltungsebenen (Bund, Länder, Kommunen) vor mit dem Ziel, durch dezentrale Kompetenzverteilung örtliche und regionale Verschiedenheiten angemessen zu berücksichtigen, zentralistische Tendenzen einzudämmen und Staatsgewalt nicht nur horizontal, sondern auch vertikal zu verteilen[20].

In diesem System obliegt die Wahrnehmung staatlicher Funktionen prinzipiell den Ländern (Art. 30 GG); die Kompetenz zur Regelung der Angelegenheiten der örtlichen Gemeinschaft haben die Gemeinden (Art. 28 Abs. 2 S. 1 GG); überörtliche Ausgleichs- und Ergänzungsfunktionen werden von den Gemeindeverbänden (Art. 28 Abs. 2 S. 2 GG) erfüllt[21].

Die dezentrale Verteilung der Staatsgewalt auf selbständige Hoheitsträger im gestuften Staatsaufbau ergänzt das „system of checks and balances"[22] der horizontalen Gewaltenteilung zwischen Legislative, Exekutive und Judikative durch eine vertikale Gewaltenteilung zwischen Bund, Ländern und Kommunen[23]. Gemeindliche Selbstverwaltung beinhaltet somit das staatsorganisatorische Prinzip kooperativer Dezentralisation als Mittel vertikaler Gewaltenteilung[24]. Damit steht Selbstverwaltung heute anders als in ihrer Entstehungszeit nicht mehr im

---

[18] Vgl. *Stern*, Festschr. f. Fröhler, 1980, S. 473 (477); Enquête-Kommission Verfassungsreform, BT-Drcks. 7/5924, S. 220.
[19] Vgl. Art. 28 Abs. 1 S. 2, Abs. 2, 30, 70 ff., 83 ff., 92, 104 a, 123 ff. GG.
[20] *Stern*, DÖV 1975, 515 (516); *Knemeyer*, DVBl 1976, 380 (382); *Püttner*, Landkreis 1976, 281 ff.
[21] Vgl. *Wiese*, Garantie der Gemeindeverbandsebene, 1972, S. 41; ders., SKV 1975, 226 ff.; *Schnapp*, Zuständigkeitsverteilung zwischen Kreis und kreisangehöriger Gemeinde, 1973, S. 7 ff.; *Lankau*, StGB 1976, 112 (113).
[22] Vgl. dazu *Stern*, StaatsR I, S. 796.
[23] Detailliert StGH Ba.-Wü., ESVGH 25, 1 (12); ferner *v. Mutius*, StGB 1977, 167 (168 f.); *Knemeyer*, StGB 1976, 297 (298).
[24] Vgl. *Salzwedel*, DÖV 1963, 871; *Scheuner*, AfK 1973, 1 ff.; *Merk*, StGB 1975, 171 ff.; *Knemeyer*, DVBl 1976, 380 (382); *Stern*, Festschr. f. Fröhler, 1980, S. 473 (477).

Gegensatz zur unmittelbaren Staatsverwaltung, sondern ist als Form mittelbarer Staatsverwaltung in die Staatsorganisation einbezogen[25]. Sie dient dem Aufbau der Demokratie von unten nach oben[26].

Zugleich stärken die Kommunen als Glieder im gestuften Staatsaufbau die Verwaltungskraft des Staates selbst. Orts- und sachnahe Selbstverwaltungskörperschaften sind am ehesten in der Lage, konkrete und aktuelle bürgerschaftliche Bedürfnisse festzustellen und dementsprechend bürgernahe administrative Entscheidungen zu treffen[27]. Dabei sind die kommunalen Verwaltungsträger, was ihre Effizienz und die Unmittelbarkeit ihrer Entscheidungen angeht, durch die auf der Ortsebene besser zu realisierende Koordination der verschiedenen Fachressorts und der beteiligten Interessengruppen gegenüber der unmittelbaren Staatsverwaltung regelmäßig im Vorteil[28].

b) Demokratische und freiheitssichernde Funktion der Selbstverwaltung

Kommunale Selbstverwaltung hat nicht nur ihre Bedeutung als staatsorganisatorisches Aufbauprinzip in der föderativen Verfassungsordnung; sie dient vielmehr auch der Verwirklichung des Demokratieprinzips.

Der demokratische Gedanke kommt vor allem in Art. 28 Abs. 1 S. 2 und 3 GG zum Ausdruck. Danach übt das Volk auf kommunaler Ebene die Staatsgewalt durch von ihm frei gewählte Repräsentationsorgane oder ausnahmsweise unmittelbar selbst aus. Dabei sind die Gemeinden nicht auf eine bloß verwaltende Tätigkeit beschränkt, wie sich aus der in Art. 28 Abs. 2 S. 1 GG normierten Befugnis zur „Regelung" der Angelegenheiten der örtlichen Gemeinschaft ergibt[29]. Dieser Begriff schließt vielmehr die Kompetenz zur Normsetzung ein[30]. Durch ihre untrennbare

---

[25] Vgl. *Weber*, Staats- und Selbstverwaltung in der Gegenwart, 1967, S. 61 ff.; *Scheuner*, AfK 1973, 1 ff.; *v. Unruh*, DÖV 1977, 467; *Badura*, Festschr. f. Weber, 1974, S. 911 ff.; *BK Stern*, Art. 28 Rn. 70.

[26] *Scheuner*, AfK 1962, 149 ff.; *ders.*, AfK 1973, 1 (6, 29 ff.); *Stern*, DÖV 1975, 515 (516); *v. Unruh*, DVBl 1975, 1 ff.

[27] Vgl. *Knemeyer*, StGB 1976, 297 (298); *v. Mutius*, Juristentagsgutachten, 1980, S. 29 f.

[28] Vgl. dazu insbesondere *Püttner*, Zentralisierungswirklichkeit und Dezentralisierungspotential des Kommunalrechts, in: Dezentralisierung des politischen Handelns I, Forschungsbericht 3 des Instituts für Kommunalwissenschaften der Konrad-Adenauer-Stiftung, 1979, S. 159 (169 ff.); ferner *Puls*, Die Garantie der kommunalen Selbstverwaltung und die Lehre von der Verbundverwaltung zwischen Staat und Gemeinden unter besonderer Berücksichtigung des Planungsrechts der Gemeinden, Diss. Kiel 1973, S. 169 f. m.w.N.; *Brohm*, DVBl 1984, 293 (294).

[29] Vgl. *Pagenkopf*, KomR I, S. 47 f.; *BK Stern*, Art. 28 Rn. 105.

[30] Vgl. *v. Mutius*, Juristentagsgutachten, 1980, S. 23.

I. Begriff und Funktionen der gemeindlichen Selbstverwaltung

Verbindung mit dem Gebot der Einrichtung von unmittelbar demokratisch legitimierten Repräsentationsorganen auf der kommunalen Ebene nach Art. 28 Abs. 1 S. 2 GG erhält die Verwaltungs- und Rechtssetzungsbefugnis der Gemeinden eine unmittelbar von der Bürgerschaft her bezogene Legitimation[31]. Damit sind die Gemeinden und Gemeindeverbände nicht nur in das demokratische System der Bundesrepublik integriert, sie stellen vielmehr die „Grundlagen des demokratischen Staatsaufbaus"[32] dar[33].

Gleichzeitig bilden die kommunalen Körperschaften das natürliche Aktionsfeld für bürgerschaftliches Engagement, das durch Selbstbetroffenheit im räumlichen Lebensbereich herausgefordert wird[34]. Die Selbstverwaltung in den Gemeinden eröffnet dem einzelnen Bürger die Möglichkeit, sich in kommunalen Angelegenheiten parteipolitisch oder in anderer Weise[35] zu aktivieren, politischen Willen zu artikulieren und auf administrative Entscheidungen der ordnenden, leistenden und planenden Verwaltung in ortsnahen und überschaubaren Verhältnissen Einfluß zu nehmen[36]. Damit dient die Selbstverwaltung der eigenverantwortlichen Gestaltung der örtlichen Lebensverhältnisse in der Weise, daß alle Bedürfnisse der Bürger in einen demokratischen Diskussions-, Abwägungs- und Entscheidungsprozeß eingebracht und entsprechend den selbstgesetzten Prioritäten erfüllt werden können[37]. Aufgrund ihrer dezentralen Struktur fördert die Selbstverwaltung die Identifikation von Staatsvolk und Staatsgewalt und schafft dadurch die Grundlage für eine funktionsfähige Demokratie[38]. In diesem Sinne stellen die

---

[31] Vgl. *Bückmann*, Verfassungsfragen bei den Reformen im örtlichen Bereich, 1972, S. 64 m. w. N.

[32] Diese Formulierung wurde schon in der Plenarsitzung des Parlamentarischen Rates am 21. August 1948 vom Abgeordneten *Beyerle* gebraucht; sie kommt gleichfalls in einigen Gemeindeordnungen zum Ausdruck, vgl. insoweit § 1 Abs. 1 S. 1 GO/NW.

[33] Dazu *v. Unruh*, DÖV 1972, 16 ff.; *ders.*, DVBl 1973, 1 ff.; *Püttner*, StGR 1973, 198 ff.; *Soell*, BayVBl 1977, 1 (3 ff.); *Klüber*, Die Gemeinden im bundesdeutschen Verfassungsrecht, 1974, S. 34 ff.

[34] Vgl. *Knemeyer*, StGB 1976, 297 (298); *v. Mutius*, StGB 1977, 167 (168); *ders.*, StGR 1981, 161 (163).

[35] Die Vielzahl von Bürgerinitiativen auf der kommunalen Ebene gibt ein eindrucksvolles Beispiel parteipolitisch ungebundenen Engagements von Gemeindebürgern; vgl. dazu *Knirsch/Nickolmann*, Die Chancen der Bürgerinitiativen, 1976, S. 61 ff.; *Höbel/Seibert*, Bürgerinitiativen und Gemeinwesenarbeit, 1973, S. 135 ff.; *Ziegler*, Bürgerbeteiligung in der kommunalen Selbstverwaltung, 1974; *Dittberner*, ZParl 1973, 194 ff.; *Turczak*, GemTag 1975, 120 ff.

[36] Vgl. StGH Ba.-Wü., ESVGH 25, 1 (11); *Macher*, Der Grundsatz des gemeindefreundlichen Verhaltens, 1971, S. 59; *v. Mutius*, StGB 1977, 167 (169); *ders.*, Juristentagsgutachten, 1980, S. 10; *Hill*, Die Rolle des Bürgers in der Gemeindeverfassung unter dem Einfluß der Territorialreform, Diss. Mainz 1977, S. 1.

[37] Vgl. *Berg*, StGR 1979, 349 (353).

24   1. Teil: Die Verfassungsgarantie der Selbstverwaltung

Kommunen die primären demokratischen und politischen Integrationsfaktoren in der Verfassungsordnung des Grundgesetzes dar[39]

Daneben obliegt den Gemeinden und Gemeindeverbänden im Rahmen der Daseinsvorsorge die Befriedigung der elementaren ökonomischen, sozialen und kulturellen Bedürfnisse ihrer Bürger. Durch die Erfüllung dieser Aufgabe schaffen sie die grundlegenden Voraussetzungen für jede individuelle Grundrechtsausübung[40]. Insoweit dient kommunale Selbstverwaltung der Sicherung staatsbürgerlicher Freiheiten[41]. Deshalb darf man kommunale Selbstverwaltung i. S. d. Art. 28 Abs. 2 S. 1 GG nicht als bloße Berechtigung dezentralisierter Selbstverwaltungsträger gegenüber der unmittelbaren Staatsverwaltung begreifen; Selbstverwaltung beinhaltet vielmehr stets auch eine Verpflichtung der Kommunen gegenüber ihrer Bürgerschaft, in deren Dienst sie stehen und von der sie ihre Legitimation herleiten[42].

II. Art. 28 Abs. 2 GG als institutionelle Garantie der kommunalen Selbstverwaltung

Aus der systematischen Stellung des Art. 28 Abs. 2 GG im organisationsrechtlichen Teil des Grundgesetzes[1], dem rechtshistorischen Vergleich mit Art. 127 WRV und der Funktion der gemeindlichen Selbstverwaltung im Staatsaufbau folgt, daß Art. 28 Abs. 2 GG eine institutionelle Garantie[2] beinhaltet[3], d. h. die Verbürgung einer Verwaltungsform mit einem umgrenzbaren Komplex von Verwaltungsfunktionen, die in ihrem Kernbestand sogar gegenüber gesetzgeberischen Ingerenzen eingriffsfest ist[4].

---

[38] StGH Ba.-Wü., ESVGH 25, 1 (11).
[39] Vgl. v. Mutius, StGB 1977, 167 (168); ders., Juristentagsgutachten, 1980, S. 24; Schink, DVBl 1983, 1165 (1174).
[40] Zu dieser Aufgabe des sozialstaatlich verpflichteten Rechtsstaates vgl. Häberle, VVDStRL 30 (1972), 43 (90 ff.); H. H. Klein, Die Grundrechte im demokratischen Staat, 1972, S. 55 ff.; Böckenförde, NJW 1974, 1529 (1535 ff.).
[41] Vgl. StGH Ba.-Wü., ESVGH 25, 1 (12); v. Mutius, StGB 1977, 167 (169).
[42] Vgl. dazu Gönnenwein, GemR, S. 247 ff.; Wolff/Bachof, VwR II, §§ 75 I d 2, 86 VII, 87 I b; v. Mutius, JuS 1976, 652 (657).
[1] Vgl. BK Stern, Art. 28 Rn. 68 m. w. N.
[2] Zum Inhalt dieses Begriffs vgl. Sasse, AöR 85 (1960), 423 (440 ff.); Abel, Einrichtungsgarantien, 1964, S. 46 ff.; Schmidt-Jortzig, Die Einrichtungsgarantien der Verfassung, 1979, S. 33 ff.
[3] Vgl. C. Schmitt, Verfassungslehre, S. 170 f.; Abel, Einrichtungsgarantien, S. 44 ff.
[4] Vgl. Stern/Burmeister, Die Verfassungsmäßigkeit eines landesrechtlichen Planungsgebots für Gemeinden, 1975, S. 27; Tettinger, Ingerenzprobleme staatlicher Konjunktursteuerung auf kommunaler Ebene, 1973, S. 38.

II. Art. 28 Abs. 2 GG als institutionelle Garantie

Aus der institutionellen Gewährleistung der kommunalen Selbstverwaltung lassen sich bei näherer Analyse drei Garantieelemente herausarbeiten, die sich wie folgt spezifizieren als[5]:

— eine institutionelle Verbürgung der Rechtssubjekte „Gemeinde" und „Gemeindeverband",

— eine objektive Garantie der Rechtsinstitution „kommunale Selbstverwaltung",

— eine subjektive Rechtsstellungsgarantie der einzelnen Gemeinden und Gemeindeverbände, die ihnen ein im Rechtsweg durchsetzbares subjektiv-öffentliches Recht auf Selbstverwaltung gewährt.

Wenngleich der Schwerpunkt dieser Arbeit weniger im Bereich der subjektiven Rechtsstellungs- bzw. institutionellen Rechtssubjektsgarantie liegen soll, als vielmehr bei der Interpretation der objektiven Rechtsinstitutionsgarantie, so darf doch der subjektivrechtliche Aspekt des Art. 28 Abs. 2 GG nicht gänzlich vernachlässigt werden.

1. Die subjektive Rechtsstellungsgarantie

Kommunale Selbstverwaltung resultiert aus relativ unbegrenzten eigenständigen Kompetenzeinräumungen, grundrechtliche Gewährleistungen sind dagegen Freiheitsverbürgungen personaler Rechtssubjekte primär im Sinne eines status negativus gegenüber einem möglicherweise freiheitsbedrohenden Staat[6]. Berücksichtigt man neben diesem Umstand die systematische Stellung des Art. 28 Abs. 2 GG im organisationsrechtlichen Teil des Grundgesetzes, so wird deutlich, daß diese Verfassungsnorm kein Grundrecht der Gemeinden beinhaltet[7]. Immerhin spricht Art. 28 Abs. 2 S. 1 GG aber von einem „Recht" der Gemeinden, die Angelegenheiten der örtlichen Gemeinschaft eigenverantwortlich zu erledigen. Aus dieser Formulierung ist zu schließen, daß Inhalt der Vorschrift nicht nur die Verbürgung einer objektiven Rechtsinstitution sein soll, sondern zumindest auch die normative Absicherung einer subjektiven Rechtsposition der einzelnen Gemeinden[8].

Dieses mit Verfassungsrang ausgestattete subjektive Recht der einzelnen Gemeinde darf bei Ingerenzen in die Selbstverwaltung nicht verletzt werden. Gesetzgeberische oder administrative Beschränkungen der

---

[5] Vgl. dazu *Stern*, Festschr. f. Fröhler, 1980, S. 473 (479 f.).
[6] Vgl. *Hesse*, Verfassungsrecht, S. 122 f.
[7] Ganz h. M. vgl. statt vieler *Maunz/Dürig/Herzog*, Art. 28 Rn. 56; *Pagenkopf*, KomR I, S. 57 f.; *Bethge*, Die Verwaltung, 1982, 205 (212).
[8] Vgl. *BK Stern*, Art. 28 Rn. 174 ff.; *Pagenkopf*, KomR I, S. 59; *Bethge*, Die Verwaltung, 1982, 205 (210 f.).

Selbstverwaltung *einzelner* Gemeinden sind daher nach den in der verfassungsgerichtlichen Rechtsprechung zu Art. 28 Abs. 2 GG entwickelten Maßstäben[9] nur zulässig, wenn sie dem Gesichtspunkt der Verhältnismäßigkeit Rechnung tragen[10] und das aus dem Rechtsstaatsprinzip abzuleitende Willkürverbot zwischen Hoheitsträgern berücksichtigen[11]. Bei Beachtung dieser verfassungsrechtlichen Vorgaben können konkrete Eingriffe in die Selbstverwaltungsrechte der einzelnen Gemeinde nur dann gerechtfertigt sein, wenn die vorzunehmende Güterabwägung ergibt, daß schutzwürdige überörtliche Interessen die Einschränkungen erfordern[12].

Daneben wird aus der subjektiven Rechtsstellungsgarantie des Art. 28 Abs. 2 GG die Verpflichtung des Gesetzgebers und der staatlichen Verwaltung gefolgert, bei Eingriffen in den Selbstverwaltungsbereich den entscheidungserheblichen Sachverhalt vollständig zu ermitteln und der betroffenen Gemeinde ein Anhörungsrecht einzuräumen[13].

Damit wird die in Art. 28 Abs. 2 GG enthaltene institutionelle Garantie kommunaler Selbstverwaltung zusätzlich durch eine subjektivrechtliche Komponente verstärkt, die es der einzelnen Gemeinde ermöglicht, sich gegen gesetzgeberische und administrative Beschränkungen ihres Selbstverwaltungsrechts zur Wehr zu setzen[14]. Prozessual stehen den Gemeinden zu diesem Zweck die allgemeinen Rechtsbehelfe der VwGO sowie die in Art. 93 Abs. 1 Nr. 4 b GG normierte kommunale Verfassungsbeschwerde[15] zur Verfügung.

2. Die institutionelle Rechtssubjektsgarantie für Gemeinden und Gemeindeverbände

Die institutionelle Rechtssubjektsgarantie des Art. 28 Abs. 2 GG besagt, daß kraft dieser Vorschrift neben Bund und Ländern zwingend kommunale Körperschaften als Rechtseinrichtungen in der Staatsorganisation vorhanden sein müssen.

---

[9] Vgl. dazu aus der Rechtsprechung die Entscheidungen BVerfGE 1, 167 (181); 26, 228 (241 ff.); 56, 298 (313).
[10] BVerfGE 26, 228 (241).
[11] Vgl. BVerfGE 1, 167 (181); 26, 228 (244); 56, 298 (313); BayVGH, BayVBl 1983, 723.
[12] Vgl. BVerfGE 56, 298 (314); BayVGH, BayVBl 1983, 723.
[13] Vgl. dazu BVerfGE 56, 298 LS 3 und S. 313 ff.
[14] Ständige Rechtsprechung vgl. BVerwG, DVBl 1969, 362 (363) sowie aus jüngerer Zeit BVerwG, DÖV 1982, 283 m. w. N.
[15] Vgl. dazu die Nachweise bei *Stern*, StaatsR I, § 12 II 8 a und StaatsR II, § 44 IV 9 b.

II. Art. 28 Abs. 2 GG als institutionelle Garantie

Mit der verfassungsrechtlichen Verankerung der Gemeinden als dezentraler Verwaltungseinheiten im gestuften Staatsaufbau innerhalb der Länder erweist sich Art. 28 Abs. 2 S. 1 GG als staatsorganisatorisches Aufbauprinzip mit dem Ziel vertikaler Gewaltenteilung[16]. Die Vorschrift enthält indes keine Bestandsgarantie der einzelnen Gemeinde[17]. Art. 28 Abs. 2 S. 1 GG gewährleistet die gemeindliche Existenz nicht individuell, sondern nur institutionell[18], d. h. die einzelne Kommune ist nicht gegen Auflösung gesichert[19]. Gebietsänderungen bis hin zur Auflösung einzelner Gemeinden werden von der Verfassung nicht ausgeschlossen.

Daraus wird deutlich, daß Art. 28 Abs. 2 S. 1 GG in seiner Ausprägung als institutionelle Rechtssubjektsgarantie ausschließlich einen Bestandsschutz der *Institution* Gemeinde als solcher beinhaltet[20].

Während diese Aussage für die Garantie der gemeindlichen Selbstverwaltung in Art. 28 Abs. 2 S. 1 GG als unbestritten gelten kann, stellt sich im Rahmen des Art. 28 Abs. 2 S. 2 GG die Frage, welche „Gemeindeverbände" durch diese Norm institutionell geschützt werden sollen.

Der Begriff des Gemeindeverbandes ist nicht eindeutig. Denn unter der Sammelbezeichnung „Gemeindeverband" versteht man so unterschiedliche Organisationen wie Kreise, Samtgemeinden, Verbandsgemeinden, Ämter, Bezirksverbände, Landschaftsverbände und kommunale Zweckverbände[21]. Zur Beantwortung der Frage, in welchem Sinne Art. 28 Abs. 2 S. 1 GG den Begriff des Gemeindeverbandes gebraucht, muß man deshalb auf die allgemeinen Methoden der Verfassungsinterpretation[22] zurückgreifen.

Ein Interpretationsansatz ergibt sich dabei aus dem systematischen Zusammenhang von Art. 28 Abs. 2 S. 2 GG und Art. 28 Abs. 1 S. 2 GG. Nach der zuletzt genannten Vorschrift trifft die Homogenitätsforderung[23] hinsichtlich der Verwirklichung des Prinzips der repräsentativen Demokratie neben den Ländern und Gemeinden nur die Kreise, nicht

---

[16] Vgl. dazu bereits oben I. 2. a).
[17] Vgl. *v. Münch/Roters*, Art. 28 Rn. 34; *Gönnenwein*, GemR, S. 77 ff.
[18] Vgl. BVerfGE 50, 50 m. w. N.; BK *Stern*, Art. 28 Rn. 78.
[19] *Stüer*, Verfassungsrechtliche Maßstäbe für die gemeindliche, kreisliche und regionale Funktionalreform, Diss. Münster 1978; *Stern*, Festschr. f. Fröhler, 1980, S. 473 (480) m. w. N.
[20] Vgl. VerfGH NW, DÖV 1969, 568; *Maunz/Dürig/Herzog*, Art. 28 Rn. 45; BK *Stern*, Art. 28 Rn. 78; *ders.*, HKWP, Bd. 1, S. 204 (205).
[21] Zu den Aufgaben und inneren Strukturen dieser Verbände vgl. *Pagenkopf*, KomR I, S. 269 ff.
[22] Zu Fragen der Verfassungsauslegung vgl. BVerfGE 11, 126 (129, 130).
[23] Vgl. dazu BK *Stern*, Art. 28 Rn. 7; *Maunz/Dürig/Herzog*, Art. 28 Rn. 3; *v. Münch/Roters*, Art. 28 Rn. 3 m. w. N.

aber die sonstigen Gemeindeverbände[24]. Nur die Verwaltung der Kreise ist danach in gleicher Weise wie die der Gemeinden einer Kontrolle durch eine unmittelbar demokratisch legitimierte Vertretungskörperschaft unterstellt. Wegen der von der Verfassung postulierten demokratischen Überwachung ihrer Verwaltungstätigkeit sind die Kreise neben den Gemeinden in besonderer Weise geeignet und legitimiert, das Prinzip vertikaler Gewaltenteilung durch dezentrale Aufgabenwahrnehmung selbständiger und eigenverantwortlicher Organisationseinheiten zu realisieren. Durch ihre ausgleichende und ergänzende Funktion tragen die Kreise zur Stärkung der gemeindlichen Selbstverwaltung bei. Nur sie, nicht aber die übrigen Gemeindeverbände, gewährleisten das von der Selbstverwaltungsgarantie vorausgesetzte enge Zusammenwirken der kommunalen Körperschaften in einem überschaubaren Verwaltungsraum[25]. Denn nur die Kreise zeichnen sich in gleicher Weise wie die Gemeinden durch bürgernahe und bevölkerungsverbundene Verwaltungstätigkeit, durch Ortsnähe und Überschaubarkeit des Verwaltungsraumes aus[26].

Unter Berücksichtigung dieser systematischen und teleologischen Aspekte ergibt sich aus dem Gesamtverständnis des Art. 28 GG, daß die Verfassung nicht einfach das Vorhandensein eines beliebigen Gemeindeverbandes auf der Ebene zwischen Gemeinde und Staat gewährleistet, sondern speziell und ausschließlich den Kreis als eine die Gemeindeebene komplementierende Organisationseinheit durch die institutionelle Rechtssubjektsgarantie absichert.

3. Die objektive Rechtsinstitutionsgarantie

Neben der institutionellen Rechtssubjektsgarantie enthält Art. 28 Abs. 2 GG eine objektive Garantie der Rechtsinstitution „kommunale Selbstverwaltung", die allein Gegenstand der folgenden Untersuchung sein soll.

a) Vermutete Allzuständigkeit der Gemeinden
in Angelegenheiten der örtlichen Gemeinschaft

Im Sinne einer objektiven Rechtsinstitutionsgarantie gewährleistet Art. 28 Abs. 2 S. 1 GG den Gemeinden inhaltlich das Recht, alle Angelegenheiten der örtlichen Gemeinschaft im Rahmen der Gesetze in eigener Verantwortung zu regeln. Mit dieser Formulierung ist der

---

[24] Vgl. *v. Unruh*, DÖV 1974, 649 ff.; *Püttner*, Der Landkreis 1976, 281 (282); *ders.*, Der Kreis — Ein Handbuch, Bd. 1, S. 137 (138); *Stern*, Der Kreis — Ein Handbuch, Bd. 1, S. 156 (162 ff.).
[25] Vgl. *v. Mutius*, JuS 1977, 455 (457) m. w. N.
[26] Vgl. *Wiese*, Garantie der Gemeindeverbandsebene, 1972, S. 41, 48.

Grundsatz der Universalität[27], der Allzuständigkeit[28] der Gemeinden im kommunalen Wirkungskreis festgelegt.

Dieses Prinzip gehört seit Erlaß der preußischen Städteordnung von 1808 zum Begriff der Selbstverwaltung[29]. Es garantiert den Gemeinden — vorbehaltlich der noch unten zu schildernden gesetzlichen Eingriffsmöglichkeiten — einen grundsätzlich alle Angelegenheiten des örtlichen Funktionskreises erfassenden Aufgabensektor. Die Gemeinden sind danach ursprünglich und prinzipiell für alle Verwaltungsangelegenheiten der örtlichen Gemeinschaft zuständig, ohne daß es einer besonderen Begründung dieser Kompetenz durch staatliche Gesetze bedarf[30].

Damit weist Art. 28 Abs. 2 S. 1 GG den Gemeinden einen bestimmten Funktionsraum zu und setzt einem gesetzlichen Aufgabenentzug oder konkreten gesetzlichen Einbindungen und Inpflichtnahmen, die auf eine *allgemeine* Einschränkung oder gar Beseitigung der gemeindlichen Selbstverwaltung als Institution hinauslaufen[31], verfassungsrechtliche Schranken[32].

b) Ausgleichs- und Ergänzungsfunktion
der Kreise im zugewiesenen Aufgabenbereich

Anders als die in Art. 28 Abs. 2 S. 1 GG gewährleisteten originären gemeindlichen Kompetenzen ist der Funktionsbereich der Kreise nicht universell. Er besteht „nur im Rahmen ihres gesetzlichen Aufgabenbereichs" und wird im wesentlichen durch die Gesetzgebung definiert[33].

Ein bestimmter Aufgabensektor wird den Kreisen im Gegensatz zu den Gemeinden verfassungsrechtlich nicht garantiert[34]. Dennoch darf der Gesetzgeber die Kreise weder aufgabenlos stellen, noch ihre Aufgaben so detailliert vorformulieren, daß ihnen kein eigenständiger Entscheidungsspielraum mehr verbleibt[35]. Kommunale Selbstverwaltung

---
[27] So die Formulierung z. B. bei *BK Stern*, Art. 28 Rn. 86; *v. Unruh*, Gemeinderecht, in: v. Münch (Hrsg.), Bes. VwR, S. 106 f., 116.
[28] Dieser den identischen Tatbestand bezeichnende Begriff wird z. B. verwendet von BVerfGE 56, 298 (312); *v. Mutius*, Jura 1982, 28 (30).
[29] Vgl. *v. Unruh*, Gemeinderecht, in: v. Münch (Hrsg.), Bes. VwR, S. 106.
[30] Vgl. BVerwG, DVBl 1983, 1152 (1153); *Hesse*, Verfassungsrecht, S. 190; *Maunz/Dürig/Herzog*, Art. 28 Rn. 60; *Thiele*, DVBl 1980, 10.
[31] Die Rechtsinstitutionsgarantie gewährt nur einen institutionellen, nicht einen individuellen Schutz, vgl. BVerfGE 56, 298 (313).
[32] Vgl. *Maunz/Dürig/Herzog*, Art. 28 Rn. 52; *Tettinger*, Ingerenzprobleme, S. 46; *Grawert*, VVDStRL 36 (1978), 277 (281).
[33] Vgl. BVerfGE 21, 117 (129); 23, 353 (365); BVerwG, DVBl 1983, 1152 (1153); VerfGH NW, DVBl 1981, 216 (217); *BK Stern*, Art. 28 Rn. 168; *Pagenkopf*, KomR I, S. 60.
[34] Vgl. *Grawert*, VVDStRL 36 (1978), 277 (280) m. Fn. 9.
[35] Vgl. BVerwGE 6, 19 (23); *v. Mutius*, Jura 1982, 28 (31).

wird folglich nicht nur durch gemeindliche Universalität in Angelegenheiten der örtlichen Gemeinschaft, sondern zugleich auch durch eine Ergänzungs- und Ausgleichsfunktion der Kreise charakterisiert[36], die den Zweck hat, die kreisangehörigen Gemeinden bei der Erfüllung derjenigen Aufgaben zu unterstützen, die über ihren Verwaltungsraum hinausreichen oder ihre Verwaltungskraft übersteigen[37].

III. Der materielle Gehalt der institutionell gewährleisteten gemeindlichen Selbstverwaltung

Die in Art. 28 Abs. 2 S. 1 GG institutionell gewährleistete universale Verbandskompetenz der Gemeinden beinhaltet das Recht zur Regelung aller Angelegenheiten der örtlichen Gemeinschaft.

1. Der Begriff der „Angelegenheiten der örtlichen Gemeinschaft"

a) Das traditionelle Selbstverwaltungsverständnis

Nach herkömmlicher Ansicht sind unter Angelegenheiten der örtlichen Gemeinschaft solche zu verstehen, die in der örtlichen Gemeinschaft wurzeln oder auf sie einen spezifischen Bezug haben und von den Gemeinden eigenverantwortlich und selbständig bewältigt werden können[1]. Die gemeindliche Allzuständigkeit wird damit traditionell an eine räumliche Komponente[2] angeknüpft: Gegenstand der Selbstverwaltung sollen nur die örtlichen Angelegenheiten, d. h. die Angelegenheiten des örtlichen Funktionskreises sein. Die örtliche Radizierung einer Aufgabe wird also nach herkömmlicher Betrachtungsweise als das maßgebliche Kriterium für die kompetentielle Zuordnung einer Verwaltungsagende zu den gemeindlichen Selbstverwaltungsangelegenheiten angesehen[3]. Der materielle Gehalt der Selbstverwaltungsgarantie beschränkt sich bei Zugrundelegung dieses interpretativen Ansatzes auf die Kompetenz

---

[36] Vgl. BVerfGE 58, 177 (196); BVerwG, DVBl 1983, 1152 (1153); *Schnapp*, Zuständigkeitsverteilung zwischen Kreis und kreisangehörigen Gemeinden, 1973, S. 12 ff.; *Wiese*, Gemeindeverbandsebene, S. 41 m. w. N.

[37] Vgl. dazu *Schnur*, Regionalkreise?, 1971, S. 9 ff.; *Schnapp*, Zuständigkeitsverteilung, S. 6 ff.; *Siedentopf*, DVBl 1975, 13 (16).

[1] Diese Formulierung gebraucht das Bundesverfassungsgericht seit der Entscheidung BVerfGE 8, 122 (134) in ständiger Rechtsprechung; aus der Literatur vgl. statt vieler *BK Stern*, Art. 28 Rn. 86; *Maunz/Dürig/Herzog*, Art. 28 Rn. 61.

[2] Vgl. statt vieler *BK Stern*, Art. 28 Rn. 86.

[3] Vgl. BVerfGE 8, 122 (134); 11, 266 (273 f.); 22, 180 (204 ff.); 23, 353 (365); 26, 172 (181); *BK Stern*, Art. 28 Rn. 86 ff.

III. Der Inhalt der Selbstverwaltungsgarantie

der Gemeinden zur Wahrnehmung von Angelegenheiten mit *ausschließlich* räumlich-örtlicher Relevanz[4]. Diese Aussage basiert auf der Vorstellung von der trennscharfen Separierbarkeit des örtlich-gemeindlichen vom überörtlich-staatlichen Verwaltungsraum[5].

Das traditionelle Verständnis der „Angelegenheiten der örtlichen Gemeinschaft" ist in den letzten Jahren zunehmend auf Kritik gestoßen. Denn Realanalysen der kommunalen Selbstverwaltung aus der jüngeren Vergangenheit machen deutlich, daß die vom Bundesverfassungsgericht definierten Angelegenheiten der örtlichen Gemeinschaft sich von den überörtlichen Verwaltungsagenden nicht mehr eindeutig abgrenzen lassen[6].

Die Vorstellung von der Gemeinde als einer in sich geschlossenen Einheit mit geringer Beeinflussung von außen und kaum vorhandener Bevölkerungsfluktuation[7] mag im 19. Jahrhundert zutreffend gewesen sein; heute stimmt sie mit der sozialen Realität einer hochdifferenzierten, pluralistischen Gesellschaft nicht mehr überein[8]. Die gegenwärtigen Sozialstrukturen führen vielmehr zu vielfältigen horizontalen und vertikalen Einbindungen und Inpflichtnahmen der Gemeinden.

Industrialisierung, Technisierung der Verkehrswege und Dynamisierung der Wirtschaftsprozesse haben in Verbindung mit dem Verlust der früheren räumlichen Identität von Wohnort, Arbeitsplatz, Schul- und Erholungsort, Kultur- und Versorgungszentrum die Mobilität der Menschen erhöht und zu einem Geflecht von Verkehrs-, Versorgungs-, Wirtschafts- und Pendlerbeziehungen zwischen der Gemeinde und dem sie umgebenden Raum geführt[9]. Vorhandene Infrastrukturen in einer Gemeinde machen sich auch die Nachbargemeinden zunutze. Vielfältige Planungsinterdependenzen verpflichten die Kommunen, die nachbar-

---

[4] Zu diesem Verständnis vgl. etwa *Friauf*, Bau-, Boden- und Raumordnungsrecht, in: v. Münch (Hrsg.), Bes. VwR, S. 453.

[5] Vgl. *Stern/Burmeister*, Planungsgebot, S. 33; *Schmidt-Aßmann*, Grundfragen des Städtebaurechts, 1972, S. 129 ff.

[6] Vgl. dazu *Brohm*, JuS 1977, 500 (505); *Blümel*, VVDStRL 36 (1978), 171 (245 m. Fn. 375) m. w. N.; in diesem Sinne auch Bericht der Enquête-Kommission Verfassungsreform, BT-Drcks. 7/5924, S. 221.

[7] Zutreffend stellt *Roters*, Kommunale Mitwirkung an höherstufigen Entscheidungsprozessen, 1975, S. 8 fest, daß das Kriterium der Raumbezogenheit als ausschließlich kompetenzbegründendes Merkmal auf der — heute der Geschichte angehörenden — Vorstellung von der Gemeinde als eines isoliert für sich bestehenden Gemeinwesens beruht, das auf seinem Territorium Aufgaben autonom erledigt.

[8] Vgl. StGH Ba.-Wü., ESVGH 25, 1 (13 f.); *Wagener*, AfK 3 (1964), 237 ff.; *Lerche*, DÖV 1969, 46 (48); *Pappermann*, DÖV 1975, 181 (187) m. w. N.

[9] Vgl. *Lenzer*, Staatsbürgerliches Verhalten im kommunalen Bereich, Diss. München 1962; *Schmidt-Aßmann*, Fortentwicklung des Rechts im Grenzbereich zwischen Raumordnung und Städtebau, 1977, S. 37; StGH Ba.-Wü., ESVGH 25, 1 (13 f.).

gemeindlichen Vorhaben zu berücksichtigen und durch Koordination zu einer geordneten Entwicklung der Region beizutragen[10].

Noch intensiver als diese Form horizontaler Verflechtung der Gemeinden untereinander ist die Einbindung der Kommunen in vertikale Entscheidungszusammenhänge. Aufgabenverlagerungen, Wanderungsprozesse auf überörtliche Institutionen[11] und Abhängigkeiten der Gemeinden insbesondere finanzieller Art[12] sind unverkennbar und bringen unbestreitbare Verschränkungen zwischen Staats- und Kommunalverwaltung mit sich. Gleichzeitig ist ein Trend zur Vergesetzlichung[13] und Verplanung[14] kommunaler Aufgabenbereiche zu beobachten. Diese Entwicklung in der Verfassungswirklichkeit ist Folge der zunehmenden Komplexität von Verwaltungsentscheidungen, die nur im Zusammenwirken verschiedener Verwaltungsträger auf der Grundlage wechselseitiger Abstimmung und umfassenden Interessenausgleichs zu bewältigen sind[15].

Die dargelegten allseitigen Interdependenzen, die zunehmende Komplexität der anstehenden Verwaltungsaufgaben und die wachsenden horizontalen und vertikalen Verflechtungen machen es heutzutage unmöglich, gewisse Verwaltungsagenden als „nur-örtlich" oder „nur-überörtlich" zu klassifizieren. Dieser Befund läßt schon die Grundthese des traditionellen Selbstverwaltungsverständnisses, nämlich die Vorstellung von der säuberlichen Separierbarkeit der staatlichen und kommunalen Verwaltungsbereiche, als fragwürdig und durch die tatsächliche Entwicklung überholt erscheinen.

Schwerer noch als dieser Einwand wiegt aber, daß das herkömmliche Selbstverwaltungsverständnis mit seiner restriktiven Interpretation der Angelegenheiten der örtlichen Gemeinschaft selbst maßgeblich zu einem Bedeutungswandel des Art. 28 Abs. 2 S. 1 GG von einer Bestandsgarantie zu einer den gemeindlichen Funktionskreis mehr und mehr beschränkenden Bestimmung beiträgt. Denn die Fixierung des gemeind-

---

[10] Vgl. *Halstenberg*, Städtetag 1960, S. 625 ff.; *Mäding*, AfK 8 (1970), 1 (5); *Weitzel*, DÖV 1971, 842 (844).

[11] Vgl. *Neuhoff*, DÖV 1952, 259 (263); *Köttgen*, Die Gemeinden und der Bundesgesetzgeber, 1957, S. 96; *Stern*, DÖV 1975, 515 ff.; *Schmidt-Jortzig*, DVBl 1977, 801 (805).

[12] Vgl. dazu jeweils mit umfangreichen Nachweisen *Blümel*, VVDStRL 36 (1978), 171 (198 ff.); *Grawert*, VVDStRL 36 (1978), 277 (295 ff.); *Köstering*, VR 1979, 149 (152 ff.); *Stern*, Festschr. f. Fröhler, 1980, S. 473 (483).

[13] Kritisch dazu *Schmidt-Jortzig*, DÖV 1981, 393 (396 f.); *Schink*, DVBl 1983, 1165 jeweils mit weiteren Nachweisen.

[14] Vgl. dazu *Blümel*, VVDStRL 36 (1978), 171 (252 ff.) m. w. N.; *Grawert*, VVDStRL 36 (1978), 277 (282 f.) m. w. N.; *Krischmann*, Der Einfluß staatlicher Raumplanung auf die kommunale Planungshoheit, 1983.

[15] Vgl. *Schmidt-Aßmann*, VVDStRL 34 (1976), 221 ff.

III. Der Inhalt der Selbstverwaltungsgarantie

lichen Aufgabenbereichs auf Agenden mit allein und ausschließlich örtlicher Relevanz impliziert als notwendige Folge, daß sich solche Aufgaben, die infolge der tatsächlichen Entwicklung über den bloßen räumlich-örtlichen Wirkungskreis hinaus Bedeutung gewinnen, automatisch aus dem Schutzbereich der Selbstverwaltungsgarantie ausgrenzen[16]. Der materielle Gehalt des Art. 28 Abs. 2 S. 1 GG bestimmt sich also bei traditioneller Interpretation durch tatsächliche Entwicklungen in der Verfassungswirklichkeit; das Verhältnis von Verfassungsnorm und Verfassungsrealität[17] wird verkehrt.

In seiner Konsequenz führt der traditionelle Ansatz zu einer so weitgehenden Reduktion der Selbstverwaltungsgarantie, daß selbst der völlige Entzug gemeindlicher Kompetenzen und ihre Übertragung auf überörtliche Aufgabenträger im Hinblick auf Art. 28 Abs. 2 S. 1 GG gerechtfertigt erscheint, sobald die betreffende Agende faktisch über den ausschließlich örtlichen Bereich hinaus bedeutsam wird[18]. Da aber kaum noch Aufgaben existieren, die allein und ausschließlich von örtlicher Relevanz sind, verliert die Selbstverwaltungsgarantie nach und nach ihre sämtlichen Inhalte.

Bei Zugrundelegung der traditionellen Betrachtungsweise mit der ihr immanenten Fixierung der gemeindlichen Kompetenzen auf Angelegenheiten mit ausschließlich örtlichem Bezug kann Art. 28 Abs. 2 S. 1 GG keinen wirksamen Schutz gegen den fortschreitenden, entwicklungsbedingten Substanzverlust gemeindlichen Selbstverwaltungspotentials gewähren. Die herkömmliche Interpretation der „Angelegenheiten der örtlichen Gemeinschaft" trägt vielmehr selbst maßgeblich zur permanenten Entwertung der verfassungsrechtlichen Selbstverwaltungsgarantie bei[19].

Angesichts dieses Befundes ist die Frage nach einer neuen oder veränderten Interpretation des Art. 28 Abs. 2 S. 1 GG gestellt, mit deren Hilfe die Bedeutung der Selbstverwaltung in der Verfassungsordnung des Grundgesetzes heute noch gewahrt werden kann.

---

[16] Zur Kritik des traditionellen Selbstverwaltungsverständnisses unter diesem Aspekt vgl. *Burmeister*, Verfassungstheoretische Neukonzeption der kommunalen Selbstverwaltungsgarantie, 1977, S. 21 ff., 71 ff.

[17] Zum Primat der Norm vgl. *Ronneberger*, Der Staat 7 (1968), 409 (420); *Rupp*, AöR 101 (1976), 161 (162); *Richter*, Verfassungsprobleme der kommunalen Funktionalreform, 1977, S. 74 f.

[18] Vgl. dazu jüngst die „Rastede-Entscheidung" des Bundesverwaltungsgerichts, DVBl 1983, 1152 (1154).

[19] Vgl. *Burmeister*, Neukonzeption, S. 72; zustimmend *Richter*, DVBl 1978, 783 (784/785).

b) Das funktionale Selbstverwaltungsverständnis

Für eine völlige Ablösung der herkömmlichen Interpretation des Art. 28 Abs. 2 S. 1 GG zugunsten eines „modernen" Verständnisses dieser Verfassungsnorm plädieren die Vertreter der sog. „funktionalen Selbstverwaltungstheorie"[20].

Sie sehen in den allseitigen Verflechtungen, Abhängigkeiten und dem fortschreitenden Entörtlichungsprozeß ein Indiz dafür, daß die Konturen der örtlichen Gemeinschaft gänzlich im Staat aufgegangen seien. Die soziale Realität weise nach, daß der Begriff der örtlichen Gemeinschaft in Auflösung begriffen und das Festhalten an den Grundsätzen gemeindlicher Allzuständigkeit und Eigenverantwortlichkeit überholt sei[21]. Nicht mehr eigenverantwortliche Aufgabenwahrnehmung, sondern funktionsgerechte Mitwirkung der Gemeinde an einer gesamtstaatlichen, arbeitsteiligen Aufgabenerfüllung werde durch Art. 28 Abs. 2 S. 1 GG gewährleistet[22]. Kommunale Selbstverwaltung verwirkliche sich ausschließlich in der funktionalen Partizipation der Gemeinden an umfassenden, höherstufigen Entscheidungsprozessen[23].

Diese Überlegungen verdichten sich zu einer verwaltungswissenschaftlichen Konzeption, die einem zentralistischen Einheitsstaat mit dekonzentrierten Basiseinheiten angemessen wäre[24]. Mit dem vom Grundgesetz konzipierten Föderalismus, dem in Art. 28 Abs. 2 GG zum Ausdruck kommenden Dezentralisationsprinzip und der demokratischen Funktion der Gemeinden im zweistufigen Staatsaufbau läßt es sich indes nicht vereinbaren[25].

Kritik ist schon an den Prämissen des funktionalen Selbstverwaltungsverständnisses zu üben.

Wenn man nämlich von einer gänzlichen Auflösung der örtlichen Gemeinschaft im Staate ausgeht, so verkennt man, daß die Gemeinden trotz aller faktischen Verflechtungen als rechtlich verselbständigte, organisatorisch gesonderte, dezentrale Aufgabenträger agieren und nach der gegenwärtigen Rechtslage selbst in komplexen Zusammenhängen, wie etwa auf dem Gebiet der Raumordnung, Landes- und Stadtplanung, für bestimmte Sektoren eigenverantwortliche Entschei-

---

[20] *Pappermann*, DÖV 1973, 505 ff.; *ders.*, JuS 1973, 689 (691); *ders.*, DVBl 1976, 766 ff.; *Roters*, Kommunale Mitwirkung an höherstufigen Entscheidungsprozessen, 1975; *Pappermann/Roters/Vesper*, Maßstäbe für eine Funktionalreform im Kreis, 1976; *v. Münch/Roters*, Art. 28 Rn. 40 ff.
[21] Vgl. *Pappermann*, DÖV 1973, 505 (507 f.).
[22] *Pappermann*, JuS 1973, 689 (690 f.); *ders.*, DÖV 1975, 181 (187).
[23] *Pappermann*, DÖV 1973, 505 (508); *ders.*, DÖV 1975, 181 (188).
[24] So *Knemeyer*, DVBl 1976, 380 (382).
[25] Vgl. *Stern*, Festschr. f. Fröhler, 1980, S. 473 (484).

III. Der Inhalt der Selbstverwaltungsgarantie

dungen treffen[26]. Angesichts dieser Tatsache hätte eine Reduzierung der Selbstverwaltungsgarantie auf bloße Mitwirkungsrechte eine weitere erhebliche Beschneidung noch vorhandener gemeindlicher Kompetenzen zur Folge. Damit verbunden wäre ein tiefer Einschnitt in die Funktion der Selbstverwaltung als Mittel vertikaler Gewaltenteilung[27]. Die Gefahr, daß eine möglicherweise feststellbare Verfassungswirklichkeit an die Stelle der Verfassungsnorm gesetzt würde, läge nahe[28].

Noch bedenklicher erscheint, daß die von der funktionalen Theorie vorgenommene Reduzierung der gemeindlichen Selbstverwaltungsgarantie auf bloße Mitwirkungs- und Kooperationsrechte bei höherstufigen Entscheidungsprozessen in eindeutigem Widerspruch zum Wortlaut des Art. 28 Abs. 2 S. 1 GG steht.

Diese Norm garantiert den Gemeinden die Kompetenz zur Regelung aller Angelegenheiten der örtlichen Gemeinschaft „in eigener Verantwortung". Die damit eröffnete gemeindliche Allzuständigkeit und Eigenverantwortlichkeit in der Aufgabenerfüllung kann durch die Gewährung bloßer Teilkompetenzen im Sinne von Funktionsleistungen zu einem integrierten Verbundsystem weder ersetzt, noch kompensiert werden[29]. Denn Mitwirkungs- und Teilhaberechte stellen stets ein Minus gegenüber gemeindlicher Alleinverantwortung dar[30]. Die mindere Qualität bloßer Kooperationsrechte wird deutlich, wenn man sich vor Augen führt, daß in der Gemeinde eine Vielzahl von Mitgliedern der unmittelbar demokratisch legitimierten Vertretungskörperschaft unter Beteiligung der Öffentlichkeit über die gemeindlichen Angelegenheiten befinden, während sich höherstufige Entscheidungsprozesse nur unter Beteiligung weniger Gemeindevertreter regelmäßig im verwaltungsinternen Bereich vollziehen[31]. Eine unmittelbare Bürgerbeteiligung findet

---

[26] Vgl. dazu *Brohm*, JuS 1977, 500 (505); *Grawert*, VVDStRL 36 (1978), 277 (290).

[27] Vgl. *Knemeyer*, DVBl 1976, 380 (382).

[28] Vgl. dazu *v. Mutius*, Juristentagsgutachten, 1980, S. 18; ders., Jura 1982, 28 (30).

[29] Vgl. *Knemeyer*, StGB 1976, 297 (298); *Brohm*, JuS 1977, 500 (505); *Pfaff*, VerwArch 70 (1979), 1 (10 ff.); *Thiele*, DÖD 1979, 141 (146); *Stern*, Festschr. f. Fröhler, 1980, S. 473 (484 f.); als Beispiel für eine derartige Beteiligung der Gemeinden an höherstufigen Entscheidungen sei hier auf die Einrichtung des Bezirksplanungsrates nach §§ 5 ff. LPlG/NW hingewiesen.

[30] Vgl. VerfGH NW, DVBl 1981, 216 (217): „Die ausschließliche Zuständigkeit der Gemeinde in ihrem Gebiet für eine von ihr als Gewährsträgerin allein getragene Sparkasse verwirklicht das Prinzip der Allzuständigkeit und Eigenverantwortlichkeit der Gemeinde für ihre Einrichtungen besser als eine bloße Mitwirkung kommunaler Organe im Rahmen einer Zweckverbandslösung. Die ... mehr oder weniger große Mitbestimmung der Gemeinde im Verband ist jedenfalls geringer als die Alleinbestimmung in einer wenn auch kleinen gemeindlichen Sparkasse."

[31] Kritisch dazu *v. Mutius*, Juristentagsgutachten, 1980, S. 21 f.; *Schink*, DVBl 1983, 1165 (1174).

dann nicht mehr statt³². Gleichzeitig wird die durch Berücksichtigung lokaler Besonderheiten bedingte Vielfalt gemeindlicher Entscheidungsalternativen aufgegeben, was weder mit der demokratischen Funktion der Gemeinden noch mit ihrer Stellung als dezentralisierte, eigenständige Verwaltungseinheiten im föderativen Staatsaufbau vereinbar ist.

An der verfassungsrechtlichen Zuordnung eines grundsätzlich alle Angelegenheiten der örtlichen Gemeinschaft erfassenden Aufgabenbereichs zur eigenverantwortlichen Regelung durch die Gemeinden läßt sich daher nicht rütteln.

Die extreme Position der funktionalen Selbstverwaltungstheorie, die jegliche gemeindliche Eigenverantwortlichkeit negiert, verläßt nach alledem den Rahmen dessen, was Wortlaut und Normzweck des Art. 28 Abs. 2 S. 1 GG an Interpretationsmöglichkeiten bieten³³.

c) Das „dynamische" Selbstverwaltungsverständnis auf der Basis eines erweiterten Begriffs der Angelegenheiten der örtlichen Gemeinschaft

Art. 28 Abs. 2 S. 1 GG eröffnet den Gemeinden das Recht, alle Angelegenheiten der örtlichen Gemeinschaft eigenverantwortlich wahrzunehmen.

Welche Agenden dem so umschriebenen gemeindlichen Kompetenzbereich zuzurechnen sind, ist allerdings wegen der angedeuteten allseitigen sachlichen und räumlichen Verflechtung der Gemeinden nur schwer feststellbar³⁴. Weder das traditionelle noch das funktionale Selbstverwaltungsverständnis tragen heute zu einer Effektuierung der Selbstverwaltungsgarantie bei. Damit bleibt die Frage nach einer neuen Interpretation des Art. 28 Abs. 2 S. 1 GG gestellt, die der Selbstverwaltung die ihr angemessene Geltung verschafft. Eine Lösung des Problems kann nicht darin liegen, die verfassungsrechtlich garantierte gemeindliche Eigenverantwortlichkeit in der Aufgabenwahrnehmung mit dem bloßen Hinweis auf einen sich vorgeblich in der Auflösung befindlichen Begriff der örtlichen Gemeinschaft aufzugeben. Ebensowenig hilft eine Fixierung der gemeindlichen Kompetenzen auf Angelegenheiten mit allein und ausschließlich örtlicher Relevanz weiter.

---

[32] Vgl. dazu eingehend *Oebbecke*, Zweckverbandsbildung und Selbstverwaltungsgarantie, 1982.
[33] Vgl. *Knemeyer*, DVBl 1976, 380 f.; *ders.*, StGB 1976, 297 (298); *Hoffmann*, StGB 1977, 132 (133 f.); *Grawert*, VVDStRL 36 (1978), 277 (290); *v. Mutius*, Jura 1982, 28 (30).
[34] Vgl. *Brohm*, JuS 1977, 500 (505); *Stern*, Festschr. f. Fröhler, 1980, S. 473 (484).

III. Der Inhalt der Selbstverwaltungsgarantie 37

Man wird vielmehr fragen müssen, ob nicht auf der Basis der dogmatischen Einordnung des Art. 28 Abs. 2 S. 1 GG unter die Kategorie der institutionellen Garantien und unter Zugrundelegung der verfassungstextlichen Vorgaben eine Dynamisierung der Selbstverwaltungsgarantie möglich ist, die den erforderlichen Schutz der Gemeinden vor Aushöhlung ihres Aufgabenbereichs ermöglicht.

aa) Erweiterung der gemeindlichen Selbstverwaltung durch Beteiligung an höherstufigen Entscheidungsprozessen nach dem Gegenstromprinzip

Interpretativer Anknüpfungspunkt zur Neubestimmung der Selbstverwaltungsgarantie muß der Text des Art. 28 Abs. 2 S. 1 GG sein, wonach den Gemeinden das „Recht" zur Regelung „aller Angelegenheiten der örtlichen Gemeinschaft" zusteht.

Das traditionelle Selbstverwaltungsverständnis basiert auf einer Lesart dieser Formulierung, die so tut, als ob es dort hieße: „... alle örtlichen Angelegenheiten der Gemeinschaft" und nicht „alle Angelegenheiten der örtlichen Gemeinschaft"[35]. Nach traditioneller Interpretation sind die Begriffe „örtliche Angelegenheiten" und „Angelegenheiten der örtlichen Gemeinschaft" bedeutungsgleich. Diese Interpretation übersieht aber, daß in Art. 28 Abs. 2 S. 1 GG das Adjektiv „örtlich" nicht als Attribut zur Qualifikation der „Angelegenheiten" verwendet wird, sondern zur Kennzeichnung des von den gemeindlichen Verwaltungsaktivitäten in seiner Rechts- und Interessensphäre betroffenen Personenkreises[36]. Die gemeindliche Selbstverwaltung knüpft damit nicht nur an eine räumliche[37], sondern auch an eine soziologische Komponente an[38]. „Angelegenheiten der örtlichen Gemeinschaft" sind folglich nicht identisch mit ausschließlich gebietsbezogen verstandenen „örtlichen Angelegenheiten". Für eine derart restriktive Interpretation des verfassungsrechtlich gewährleisteten gemeindlichen Kompetenzbereichs auf Angelegenheiten mit *ausschließlich* örtlichem Bezug gibt der Verfassungstext keine Anhaltspunkte[39].

Das von Art. 28 Abs. 2 S. 1 GG garantierte Recht zur Regelung „aller Angelegenheiten der örtlichen Gemeinschaft" bedeutet vielmehr, daß

---

[35] Vgl. *Partsch*, Festschr. f. Bilfinger, 1954, S. 301 (310); *Seele*, Die besonderen staatlichen Exekutivbefugnisse im Bereich der kommunalen Selbstverwaltung, Diss. Göttingen 1964, S. 143 f.; *Niemeier*, Juristenjahrbuch 1965/66, S. 109 ff. (115); *Schultze*, Raumordnungspläne und gemeindliche Selbstverwaltung, 1970, S. 67.
[36] Vgl. *Burmeister*, Neukonzeption, S. 70, 71.
[37] So aber das traditionelle Verständnis des Art. 28 Abs. 2 GG.
[38] Vgl. *Schmidt-Jortzig*, DVBl 1980, 1 (4 ff.).
[39] Vgl. *Burmeister*, Neukonzeption, S. 71; *Richter*, DVBl 1978, 783 (784).

nach der Verfassung den Gemeinden überall dort Wahrnehmungs- und Mitwirkungsbefugnisse eingeräumt werden müssen, wo die Erfüllung von Aufgaben mit unmittelbarer Bedeutung für die Belange der örtlichen Gemeinschaft ansteht, gleichgültig, ob diese Aufgaben zugleich auch von überörtlicher Relevanz sind[40]. Keinesfalls beabsichtigt das Grundgesetz eine Begrenzung der gemeindlichen Zuständigkeit auf den ausschließlich lokalen Bereich. Das macht sowohl der dynamische Begriff der „örtlichen Gemeinschaft" deutlich[41], wie auch eine Interpretation aus dem systematischen Zusammenhang der Selbstverwaltungsgarantie mit der finanzverfassungsrechtlichen Vorschrift des Art. 104 a Abs. 4 GG, die nach ihrer Konzeption mit der überregionalen Bedeutung gemeindlicher Aktivitäten rechnet[42].

Der anhaltende Prozeß der Integration von Staats- und Kommunalverwaltung muß daher — wie die Enquête-Kommission Verfassungsreform zutreffend feststellte — zu einer Erweiterung der kommunalen Selbstverwaltung „vom örtlichen Bereich auf die Mitwirkung an überörtlichen Aufgaben, Programmen, Plänen und Projekten" führen[43]. Die Gemeinden sind folglich entsprechend dem jeweiligen konkreten Bezug einer Sachaufgabe auf die örtliche Gemeinschaft an tendenziell überörtlich oder arbeitsteilig zu erledigenden Angelegenheiten zu beteiligen[44]. Nach Maßgabe dieses sog. Kompensationsmodells[45] müssen die auf einzelnen Gebieten notwendigen Beschränkungen der Selbstverwaltung durch unterschiedliche Mitwirkungs- und Beteiligungsrechte ausgeglichen werden, wenn der Bedeutung des Art. 28 Abs. 2 S. 1 GG hinreichend Rechnung getragen werden soll[46].

Die Selbstverwaltungsgarantie ist danach auch als Garantie der Integration gemeindlicher Einflußnahme in übergreifende und interdependente Entscheidungsprozesse aufzufassen. Das Maß der gemeindlichen Beteiligung hängt dabei vom Grad des jeweiligen konkreten Bezuges der Aufgabe auf die örtliche Gemeinschaft ab und kann von bloßen Anhörungsrechten[47] über andere Formen der Beteiligung[48] bis

---

[40] Vgl. *Burmeister*, Neukonzeption, S. 71.
[41] Vgl. *Grawert*, VVDStRL 36 (1978), 277 (295); *Stern*, Festschr. f. Fröhler, 1980, S. 473 (485).
[42] Dazu BVerfGE 41, 291 (312 f.); zur überörtlichen Bedeutung gemeindlicher Aufgabenerfüllung vgl. auch *Weitzel*, DÖV 1971, 842 (844).
[43] Vgl. Enquête-Kommission Verfassungsreform, BT-Drcks. 7/5924, S. 221.
[44] Vgl. dazu *Stern*, DÖV 1975, 515 (522); ders., Festschr. f. Fröhler, 1980, S. 473 (485); *Reuter*, StGB 1976, 98 (100); *Knemeyer*, StGB 1976, 297 (298).
[45] Vgl. dazu *Blümel*, VVDStRL 36 (1978), 171 (245 ff.).
[46] Vgl. *Blümel*, VVDStRL 36 (1978), 171 (248) m. w. N.
[47] Zu der Ableitung derartiger Anhörungsrechte aus der Selbstverwaltungsgarantie vgl. BVerwG, DVBl 1969, 362 ff.; in dieser Entscheidung hat das Bundesverwaltungsgericht der betroffenen Gemeinde ein Recht auf Be-

III. Der Inhalt der Selbstverwaltungsgarantie

hin zur Annahme einer echten kondominalen Verwaltung[49] zwischen Staat und Gemeinden in einzelnen Sachgebieten[50] reichen[51].

bb) Aufrechterhaltung eines Bereichs gemeindlicher Eigenverantwortlichkeit

Die von Art. 28 Abs. 2 S. 1 GG erhobene Forderung nach Kompensation der Verluste im Bereich eigenverantwortlicher gemeindlicher Aufgabenerfüllung durch Einräumung von Mitwirkungs- und Mitspracherechten bei überörtlichen, aber konkret gemeinderelevanten Entscheidungsprozessen[52] darf jedoch nicht dahingehend mißverstanden werden, daß gemeindliche Selbstverwaltung sich *ausschließlich* auf bloße Beteiligungsrechte reduzieren ließe[53]. Ein solches Verständnis würde sich mit dem eindeutigen Wortlaut des Art. 28 Abs. 2 S. 1 GG, der den Gemeinden explizit die Erledigung gewisser Aufgaben „in eigener Verantwortung" garantiert, ebensowenig vereinbaren lassen, wie es der verfassungsrechtlichen Stellung der Gemeinden als primären demokratischen und politischen Integrationsfaktoren sowie ihrer staatsorgani-

---

teiligung an einem Genehmigungsverfahren zugesprochen, das eine überörtliche Planung mit Auswirkungen auf den örtlichen Bereich zum Gegenstand hatte; vgl. in diesem Zusammenhang ferner BVerwG, NJW 1976, 2175 ff. m. w. N. sowie BVerwG, DVBl 1976, 786 (787); ein unmittelbar aus der Selbstverwaltungsgarantie herzuleitendes Anhörungsrecht wurde auch in den Neugliederungsverfahren anerkannt: vgl. dazu VerfGH NW, OVGE 26, 270 (272); 26, 306 (311); 28, 291 (292 ff.); *Scholtissek*, DVBl 1968, 825 (830); *Ossenbühl*, DÖV 1969, 548 (551); *Ule*, VerwArch 60 (1969), 101 (120); *Ule/Laubinger*, DVBl 1970, 760 ff.; *Knemeyer*, BayVBl 1971, 371; *Seibert*, Selbstverwaltungsgarantie und kommunale Gebietsreform, 1971, S. 41; *Stern/Bethge*, Anatomie eines Neugliederungsverfahrens, 1977, S. 16 ff.

[48] Zum Formenbestand möglicher Mitwirkungsrechte vgl. insb. *Stern*, DÖV 1975, 515 (522) und *Roters*, Mitwirkung, S. 68 ff.; danach kommen hier etwa Auswahl-, Vorschlags- oder Vetorechte sowie die Koordinationsformen des Benehmens und des Einvernehmens in Betracht.

[49] Zur Theorie vom Kondominium vgl. *Köttgen*, HKWP, 1. Aufl. 1956, S. 185 (219 ff.); *Weber*, Kommunalaufsicht als Verfassungsproblem, 1963, S. 31 f.; *Badura*, Festschr. f. Weber, 1974, S. 911 (916 f., 930 f.); *Schmidt-Aßmann*, AöR 101 (1976), 520 (528 f., 533 ff., 537 ff.).

[50] Zur Einschränkung der Kondominatsverwaltung auf einzelne Sachgebiete vgl. *Scheuner*, AfK 1973, 1 (14).

[51] Als Beispiel für eine derartige Kondominatsverwaltung sei auf die Entscheidung BVerfGE 26, 228 (239 f.) verwiesen, wonach die Unterhaltung der Volksschulen Staat und Kommunen als Gemeinschaftsaufgabe zugewiesen ist. In diesem Zusammenhang beachtenswert ist auch die Regelung des § 1 Abs. 3 LPlG/NW, der die Landesplanung zur gemeinschaftlichen Aufgabe von Staat und Selbstverwaltung erklärt; vgl. dazu *Evers*, Regionalplanung als gemeinsame Aufgabe von Staat und Gemeinden, 1976, S. 99 ff.

[52] Vgl. dazu OVG Lüneburg, DVBl 1980, 81 (82), wo von einem „Funktionsausgleich" zugunsten der Gemeinden durch wirksame Mitwirkungsrechte bei einer höherstufigen Aufgabenerfüllung die Rede ist.

[53] Vgl. *Knemeyer*, StGB 1976, 297 (298); *Siedentopf*, StGB 1977, 161 (163 f.); *Brohm*, JuS 1977, 500 (505); *Blümel*, VVDStRL 36 (1978), 171 (251).

satorischen Bedeutung als eigenständige, dezentralisierte Verwaltungseinheiten mit dem Ziel vertikaler Gewaltenteilung gerecht würde[54]. Gemeindliche Selbstverwaltung erschöpft sich weder in Funktionsleistungen zu einem integrierten Verbundsystem, noch ist sie, wie es der Vorstellung des traditionellen Selbstverwaltungsverständnisses entspricht, auf die Wahrnehmung bloß solcher Aufgaben fixiert, die von ausschließlich örtlicher Bedeutung sind. Den Gemeinden muß vielmehr *neben* ihrer Befugnis zur Mitwirkung an überörtlichen Entscheidungen das Recht erhalten bleiben, gewisse Angelegenheiten grundsätzlich in eigener Kompetenzträgerschaft[55] und Regie durchzuführen[56]. Um der Selbstverwaltungsgarantie heute noch die ihr adäquate Bedeutung zu verschaffen, müssen sich daher der Kompensationsgesichtspunkt und das Prinzip der Eigenverantwortlichkeit ergänzen[57].

Bei dieser Interpretation hängen Umfang und Grenzen der gemeindlichen Selbstverwaltung nicht mehr von der strikten Unterscheidung des „örtlichen" vom „überörtlichen" Verwaltungsraum ab. Der Gewährleistungsgehalt der Selbstverwaltungsgarantie bestimmt sich vielmehr maßgeblich durch die Klassifizierung einer Verwaltungsaufgabe als „mehr-" oder „weniger-ortsbezogen" und reicht entsprechend dem jeweiligen tendenziellen Bezug der anfallenden Aufgaben auf die örtliche Gemeinschaft von bloßen verfahrensmäßigen Beteiligungsrechten bei konkret gemeinderelevanten Angelegenheiten mit ganz überwiegend überörtlicher Bedeutung (z. B. Fernstraßen-, Funktrassen-, Bahnlinienplanung) über Formen kondominaler Zusammenarbeit von Staat und Gemeinden in einzelnen Sachgebieten (z. B. Gebietsentwicklungsplanung nach dem LPlG/NW) bis hin zu grundsätzlich eigenverantwortlicher Erledigung solcher Verwaltungsagenden, die primär und schwergewichtig als örtliche Angelegenheiten einzustufen sind.

Je geringer also der konkrete Bezug einer Aufgabe auf die örtliche Gemeinschaft ist, um so größer sind nach dem Grundgesetz die staatlichen Steuerungsbefugnisse, oder anders ausgedrückt: je stärker eine

---

[54] Vgl. *Grawert*, VVDStRL 36 (1978), 277 (292 ff.); *v. Mutius*, Juristentagsgutachten, 1980, S. 31.

[55] Anders *Burmeister*, Neukonzeption, S. 100, der in der Selbstverwaltungsgarantie keine Kompetenzbegründung für die Gemeinden sieht; dagegen zutreffend *Richter*, DVBl 1978, 783 (785) unter Hinweis auf den Wortlaut des Art. 28 Abs. 2 S. 1 GG, der den Gemeinden ein „Recht" zur Aufgabenwahrnehmung einräumt, was nur als kompetentielle Zuordnung eines gewissen Funktionskreises verstanden werden kann.

[56] Vgl. *Knemeyer*, StGB 1976, 297 (298); *Hoffmann*, StGB 1977, 132 (134, 135); *Blümel*, VVDStRL 36 (1978), 171 (247); *Stern*, Festschr. f. Fröhler, 1980, S. 473 (485).

[57] In diesem Sinne insbesondere *Blümel*, VVDStRL 36 (1978), 171 (247); *Stern*, Festschr. f. Fröhler, 1980, S. 473 (485).

III. Der Inhalt der Selbstverwaltungsgarantie

Angelegenheit ortsbezogen ist, um so mehr muß sie der gemeindlichen Eigenverantwortlichkeit überlassen bleiben.

Als Maßstäbe für die tendenzielle Zuordnung einer Verwaltungsaufgabe zu den „mehr"-örtlichen bzw. „mehr"-überörtlichen Angelegenheiten können das Merkmal der lokalen Besonderheit[58] und das Kriterium der beteiligten örtlichen bzw. überörtlichen Interessen herangezogen werden[59].

Spielt danach bei der Erledigung einer anfallenden Aufgabe die Berücksichtigung lokaler Besonderheiten eine entscheidende Rolle, so ist die betreffende Verwaltungsagende tendenziell als örtliche Angelegenheit einzustufen, die von der Gemeinde grundsätzlich eigenverantwortlich wahrgenommen werden kann, mag sie auch gleichzeitig von überörtlicher Relevanz sein. Weist eine Aufgabe dagegen Kriterien auf, die zu einer in jeder Gemeinde gleichmäßigen, von lokalen Besonderheiten unabhängigen Art der Durchführung verpflichten, so handelt es sich um eine tendenziell überörtliche Angelegenheit, an der die Gemeinden allenfalls zu beteiligen sind. Werden durch die Aufgabenerledigung primär örtliche Interessen berührt, so spricht eine Vermutung für eine eigenständige Wahrnehmungskompetenz der Gemeinden; überwiegen die überörtlichen Belange, so wird die Aufgabe tendenziell dem staatlichen Bereich zuzuordnen sein.

In diesem System bilden die Aufgabenfelder „Beteiligung der Gemeinden an höherstufigen Entscheidungsprozessen" und „Aufrechterhaltung eines Kernbestandes von Aufgaben zur eigenverantwortlichen Erledigung" keine Alternativen. Beide Bereiche sind vielmehr als einander ergänzend zu verstehen. Dabei ist die unterschiedliche Intensität gemeindlicher Kompetenzen auf dem breiten Aktionsfeld tendenziell ortsbezogener bzw. überörtlicher, aber konkret gemeinderelevanter Aufgabenerfüllung Ausdruck eines Selbstverwaltungsverständnisses, das nicht mehr auf der Vorstellung von der säuberlichen Separierbarkeit des örtlich-gemeindlichen vom überörtlich-staatlichen Verwaltungsraum basiert, sondern die in Art. 28 Abs. 2 S. 1 GG verbürgte gemeindliche Allzuständigkeit und Eigenverantwortlichkeit als einen sich entsprechend dem Maß des Bezuges einer Verwaltungsagende auf die örtliche Gemeinschaft graduell nach außen abstufenden Kompetenzbereich auffaßt.

---

[58] Vgl. dazu *Fröhling*, Landesplanung in Nordrhein-Westfalen und Garantie der gemeindlichen Selbstverwaltung, Diss. Münster, 1976, S. 61.
[59] Vgl. *Schmidt-Aßmann*, Grundfragen, S. 131; *ders.*, Gesetzliche Maßnahmen zur Regelung einer praktikablen Stadtentwicklungsplanung, in: Raumplanung — Entwicklungsplanung, 1972, S. 101 ff. (146).

Nach alledem muß das in Art. 28 Abs. 2 S. 1 GG normierte Recht zur eigenverantwortlichen Regelung aller Angelegenheiten der örtlichen Gemeinschaft in gleichem Maße als ein verfassungsrechtlich verbürgter Anspruch der Gemeinden auf Integration in komplexe und übergreifende, aber konkret gemeinderelevante Entscheidungszusammenhänge verstanden werden, wie als kompetentielle Berechtigung zur grundsätzlich eigenverantwortlichen Wahrnehmung solcher Verwaltungsagenden, die primär und schwergewichtig als örtliche Angelegenheiten einzustufen sind.

2. Die Eigenverantwortlichkeit in der Aufgabenerfüllung

Nach dem Wortlaut des Art. 28 Abs. 2 S. 1 GG haben die Gemeinden das Recht, die Angelegenheiten der örtlichen Gemeinschaft „in eigener Verantwortung" zu regeln. Dies bedeutet, daß die anfallenden Aufgaben von den Gemeinden fachweisungsfrei und ohne staatliche Bevormundung im Rahmen der Rechtsordnung zu erfüllen sind[60]. Die Gemeinden sollen über die Selbstverwaltungsaufgaben in eigener Zuständigkeit und aufgrund selbständiger Willensbildung durch ihre verfassungsmäßigen Organe entscheiden[61]. Sie sollen die ihnen zweckmäßig erscheinenden Entscheidungen über die Modalitäten der Aufgabenerfüllung grundsätzlich nach eigenem Ermessen und nur beschränkt durch staatliche Rechtsaufsicht[62] treffen können[63]. Die anstehenden Sachaufgaben dürfen wegen der Garantie der Eigenverantwortlichkeit nicht in einen enumerativen, staatlich vorgeordneten Wirkungsbereich verwandelt werden, in dem die Gemeinden vorformulierte und außerhalb ihrer Sphäre getroffene Entscheidungen nur noch nachzuvollziehen haben[64]. Das Prinzip der Eigenverantwortlichkeit besagt vielmehr, daß bei Planung und Durchführung der Selbstverwaltungsangelegenheiten nicht der staatliche, sondern der gemeindliche Wille entscheidend sein soll[65].

---

[60] *Becker*, HGrR, Bd. IV/2, S. 717 ff.; *BK Stern*, Art. 28 Rn. 94; *Pagenkopf*, KomR I, S. 39.

[61] Vgl. *v. Münch/Roters*, Art. 28 Rn. 47; *Pagenkopf*, KomR I, S. 46; *Klein*, Die Stellung der Gemeinden im Grundgesetz und in der Finanzverfassung der Bundesrepublik, S. 8.

[62] Zur staatlichen Rechtsaufsicht als Korrelat der Selbstverwaltung vgl. BVerfGE 6, 104 (118).

[63] Vgl. statt vieler *BK Stern*, Art. 28 Rn. 94; *ders.*, StaatsR I, § 12 II 4 S. 413 m. w. N.

[64] Vgl. VerfGH Rh.-Pf., DÖV 1983, 113; *BK Stern*, Art. 28 Rn. 96; *Tettinger*, Ingerenzprobleme, S. 43.

[65] Vgl. *BK Stern*, Art. 28 Rn. 94.

III. Der Inhalt der Selbstverwaltungsgarantie 43

3. Der gegenwärtige Bestand gemeindlicher Agenden

Einen Überblick über den gegenwärtigen Bestand gemeindlicher Selbstverwaltungsaufgaben gibt eine, allerdings nicht abschließend zu verstehende, Aufzählung der herkömmlicherweise als sog. „Gemeindehoheiten"[66] bezeichneten Befugnisse zu denen exemplarisch gehören:

— das Recht zur Bestimmung der Einrichtung und Gliederung der Verwaltungsorganisation (Organisationshoheit)[67]

— die Kompetenz, das Personal, insbesondere die Gemeindebeamten auszuwählen, anzustellen, zu befördern und zu entlassen (Personalhoheit)[68]

— die eigenverantwortliche Gestaltung der gemeindlichen Einnahmen- und Ausgabenwirtschaft im Rahmen eines gesetzlich geordneten Haushaltswesens (Finanzhoheit)[69]

— die Befugnis zur Regelung der Angelegenheiten der örtlichen Gemeinschaft durch gemeindliche Satzungen (Rechtssetzungshoheit)[70]

— das Recht zur Erschließung eigener Einnahmequellen durch Erhebung von Steuern, Gebühren und Beiträgen (Abgabenhoheit)[71]

— das Vorhalten notwendiger Leistungen der öffentlichen Verwaltung zur Befriedigung der Grundbedürfnisse der Bevölkerung (Daseinsvorsorge)[72]

Die vorstehende Enumeration macht deutlich, daß die einzelnen Begriffe der jeweiligen „Gemeindehoheiten" lediglich zur plakativen und

---

[66] Vgl. statt vieler *Stern*, StaatsR I, § 12 II 4 S. 413 f.; *v. Münch/Roters*, Art. 28 Rn. 47 ff.

[67] *Rauball*, Die Gemeindebezirke, Bezirksausschüsse und Ortsvorsteher, 1972; *Brückner*, Die Organisationsgewalt des Staates im kommunalen Bereich, Diss. Würzburg 1974; *Schmidt-Jortzig*, Kommunale Organisationshoheit, 1979; *Willamowski*, Zur Verteilung der innergemeindlichen Organisationsgewalt in Nordrhein-Westfalen, Diss. Bochum 1983.

[68] Vgl. BVerfGE 1, 167 (175 ff.); 8, 332 (359); 17, 172 (182); VerfGH Rh.-Pf., RiA 1982, 155; *Schmidt-Aßmann*, Festschr. f. Ule, 1977, S. 461 ff.; *v. Mutius/Schoch*, DVBl 1981, 1077 ff.; *Lecheler*, Festschr. f. v. Unruh, 1983, S. 541 ff.

[69] BVerfGE 26, 228 (244); 23, 353 (367 f.); VerfGH Rh.-Pf., DVBl 1978, 802; *Wixforth*, Die gemeindliche Finanzhoheit und ihre Grenzen, Diss. Münster 1964; *Tettinger*, Ingerenzprobleme, S. 54 ff.; *Rosenschon*, Gemeindefinanzsystem und Selbstverwaltungsgarantie, 1980; *Grawert*, Festschr. f. v. Unruh, 1983, S. 587 ff.

[70] BVerfGE 12, 319 (325); BVerfG, DVBl 1982, 27; *Meyn*, Gesetzesvorbehalt und Rechtssetzungsbefugnis der Gemeinden, 1977; *Schmidt-Aßmann*, Die kommunale Rechtssetzung im Gefüge der administrativen Handlungsformen und Rechtsquellen, 1981.

[71] Vgl. BVerwG, DÖV 1980, 44; VGH Ba.-Wü., DÖV 1981, 636; *Pagenkopf*, KomR I, S. 84 ff.; *v. Mutius*, Jura 1982, 28 (33).

[72] *Forsthoff*, Allgemeines Verwaltungsrecht, S. 567 ff.; *Wallerath*, Allgemeines Verwaltungsrecht, S. 27 ff.; *v. Mutius*, Juristentagsgutachten, 1980, 106 ff.; *Mombaur*, Festschr. f. v. Unruh, 1983, S. 503 ff.

pauschalen Sammelbezeichnung eines ganzen Bündels detaillierter, konkreter gemeindlicher Befugnisse bezüglich der Gestaltung der örtlichen Lebensverhältnisse dienen können, ohne selbst schon bestimmte gemeindliche Kompetenzen inhaltlich und rechtlich zu definieren. Dies gilt um so mehr, als die jeweiligen Hoheiten unter dem Vorbehalt des „Rahmens der Gesetze" stehen und infolgedessen erheblichen gesetzgeberischen Ingerenzen unterliegen. Umfang und Grenzen des Schutzbereichs der Selbstverwaltungsgarantie können daher nicht bezüglich einer plakativ bezeichneten „Gemeindehoheit", sondern nur im Hinblick auf die einzelnen gemeindlichen Kompetenzen, die die betreffende, pauschal bezeichnete Materie konkret konstituieren, festgestellt werden.

IV. Verpflichtungsadressaten der Selbstverwaltungsgarantie

Den aus der Selbstverwaltungsgarantie herzuleitenden Berechtigungen für die Gemeinden korrespondieren Verpflichtungen, die andere Verwaltungsträger treffen. Wer indes Normadressat des Art. 28 Abs. 2 S. 1 GG ist, wird nicht ausdrücklich von der Verfassung klargestellt und muß daher unter Berücksichtigung des zweistufigen Verwaltungsaufbaus in Bund und Ländern, wie ihn das Grundgesetz vorsieht, ermittelt werden.

1. Wirkung der Selbstverwaltungsgarantie gegenüber Bund und Ländern

Die Gemeinden sind in der föderalistischen Ordnung des Grundgesetzes als örtliche Verwaltungsstufen Bestandteile der Länder. Infolgedessen sind in erster Linie die Länder Adressaten der aus Art. 28 Abs. 2 S. 1 GG resultierenden Verpflichtungen. Dies ist aus der Systematik der organisationsrechtlichen Regelungen des Grundgesetzes zu schließen[1]. Für dieses Ergebnis spricht auch Art. 28 Abs. 3 GG, wonach der Bund die Einhaltung der in Art. 28 Abs. 1 und 2 GG genannten Grundsätze „in den Ländern" zu gewährleisten hat[2], sowie die Tatsache, daß den Ländern nach Art. 30 GG die ausschließliche Gesetzgebungskompetenz im Bereich des Kommunalrechts zusteht[3].

Darüber hinaus ist jedoch festzustellen, daß durch die Gewährleistung der kommunalen Selbstverwaltung im Grundgesetz prinzipiell

---
[1] Vgl. *Pagenkopf*, KomR I, S. 65.
[2] Vgl. *v. Mutius*, Juristentagsgutachten, 1980, S. 30.
[3] Vgl. dazu *Stern/Gröttrup*, Kommunalrecht und Kommunalverfassung, in: Kommunalwissenschaftliche Forschung, Schriftenreihe des Vereins für Kommunalwissenschaften Bd. 12 (1966), S. 141 ff.

die gesamte Staatsgewalt, also auch der Bund, an die Garantie des Art. 28 Abs. 2 GG gebunden ist[4]. Dies wirkt sich vor allem in den Bereichen aus, wo der Bund kraft der in Art. 72 ff., 84, 85 GG festgelegten Gesetzgebungs- und Verwaltungskompetenzen für einzelne Sachgebiete in den örtlichen Wirkungskreis hineinregieren kann. Wichtig wird die unmittelbare Bindung der Bundesstaatsgewalt an Art. 28 Abs. 2 GG insbesondere für die Ausgestaltung der Finanzverfassung und des Finanzausgleichs[5]. Hierbei trifft den Bund die Verpflichtung, den Gemeinden und Gemeindeverbänden die zur Erfüllung ihrer Aufgaben notwendigen Finanzmittel zur Verfügung zu stellen[6].

2. Interkommunale Wirkung der Selbstverwaltungsgarantie

Umstritten ist, ob auch andere Träger kommunaler Selbstverwaltung an Art. 28 Abs. 2 GG gebunden sind.

Eine solche interkommunale Geltung der Selbstverwaltungsgarantie wird von den Vertretern der funktionalen Selbstverwaltungstheorie[7] insbesondere im Zusammenhang mit Fragen der funktionalen Aufgabenverteilung zwischen Kreis und kreisangehörigen Gemeinden bestritten[8]. Art. 28 Abs. 2 GG sei ausschließlich staatsgerichtet und entfalte ebensowenig Drittwirkung wie die Grundrechte[9].

Bei dieser Interpretation reduziert sich die Selbstverwaltungsgarantie zumindest im interkommunalen Bereich auf die bloße Gewährleistung einer der Funktion der Selbstverwaltungsträger entsprechenden Interessenwahrnehmung innerhalb des kooperativen, arbeitsteiligen Verbundes im Kreis. Demgegenüber ist an dieser Stelle erneut darauf hinzuweisen, daß Art. 28 Abs. 2 GG die Städte und Gemeinden auch im kreisangehörigen Raum als originäre und primäre Selbstverwaltungsträger statuiert, während die Kreise lediglich subsidiäre und derivative[10] Ausgleichs- und Ergänzungsfunktion haben[11].

---

[4] h. M., vgl. statt vieler *Stern/Püttner*, Die Gemeindewirtschaft, 1965, S. 142 m. w. N.; *Linden*, Rechtsstellung und Rechtsschutz der gemeindlichen Selbstverwaltung, Diss. Köln 1969.
[5] Vgl. dazu Bericht der Enquête-Kommission Verfassungsreform, BT-Drcks. 7/5924, S. 221.
[6] Vgl. *v. Mutius*, Juristentagsgutachten, 1980, S. 30.
[7] Vgl. dazu ausführlich oben III. 1. b).
[8] Vgl. insb. *Pappermann/Roters/Vesper*, Funktionalreform, 1976.
[9] Vgl. *Pappermann*, DVBl 1976, 766 (767).
[10] Zu dieser Abgrenzung vgl. *Knemeyer*, DVBl 1976, 380 (383).
[11] *Schnapp*, Zuständigkeitsverteilung, S. 12 ff.; *Wiese*, Gemeindeverbandsebene, S. 41; ders., SKV 1975, 226; VerfGH NW, DVBl 1981, 216 (217); DVBl 1983, 714 (715).

1. Teil: Die Verfassungsgarantie der Selbstverwaltung

Art. 28 Abs. 2 S. 1 GG beinhaltet mit der Formulierung der Allzuständigkeit in allen Angelegenheiten der örtlichen Gemeinschaft eine gesetzliche Zuständigkeitsvermutung für die Gemeinden. Zugleich wird damit der Subsidiaritätsgrundsatz in Selbstverwaltungsangelegenheiten zugunsten der Gemeinden verfaßt. Danach besteht bei der Erledigung von Selbstverwaltungsaufgaben eine vorrangige Zuständigkeit der Gemeinden vor den Gemeindeverbänden. Die Gemeinden sind die originären Verwaltungsträger auf der Ortsstufe[12]. Demgegenüber steht den Kreisen das Selbstverwaltungsrecht nur in Bezug auf die Aufgaben zu, die ihnen durch staatliches Gesetz zugewiesen sind[13]. Die Kompetenz der Kreise ist danach eine abgeleitete, die hinter der originären Zuständigkeit der Gemeinden zurücksteht[14].

Schließlich ist zu berücksichtigen, daß die Verfassung, wie aus Art. 20, 30, 70, 83 GG und insbesondere dem Merkmal der Eigenverantwortlichkeit in Art. 28 Abs. 2 S. 1 GG deutlich wird, der öffentlichen Verwaltung die Organisationsstruktur der Dezentralisation als Mittel vertikaler Gewaltenteilung vorgibt[15]. Dieses subjektiv-rechtlich verstärkte Organisationsprinzip kann aber nicht nur seitens der unmittelbaren Staatsverwaltung, sondern durch jeden Verwaltungsträger, der mit eigenen Aktionen den autonomen Entscheidungsspielraum einer kommunalen Körperschaft einengt, verletzt werden[16].

Nach alledem ist die Wahrung der objektiven Rechtsinstitutionsgarantie zugunsten der Gemeinden durch Art. 28 Abs. 2 S. 1 GG nicht nur gegenüber „dritten" Gemeinden, die durch eigene Maßnahmen das nachbargemeindliche Selbstverwaltungsrecht berühren, sondern auch gegenüber den Landkreisen und den sonstigen kommunalen Körperschaften gewährleistet[17]. Eine interkommunale Wirkung der Selbstverwaltungsgarantie ist damit zu bejahen.

---

[12] Vgl. OVG Lüneburg, Jura 1980, JK GG Art. 28 Abs. 2/3.
[13] Vgl. BVerfGE 21, 117 (129); 23, 353 (365); *Pagenkopf*, KomR I, S. 60 f.
[14] Vgl. *BK Stern*, Art. 28 Rn. 165 ff.; *Knemeyer*, DVBl 1984, 23 (28).
[15] Vgl. *Salzwedel*, DÖV 1963, 871; *Scheuner*, AfK 1973, 1 ff.; *Merk*, StGB 1975, 171 ff.; *Knemeyer*, DVBl 1976, 380 (382); *Stern*, Festschr. f. Fröhler, 1980, S. 473 (477).
[16] Vgl. BVerwGE 40, 323 (330); *Fingerhut*, Die planungsrechtliche Gemeindenachbarklage, 1976, S. 10 ff.; *Hoppe*, Festschr. f. Wolff, 1973, S. 307 (317 f.); *v. Mutius*, Juristentagsgutachten, 1980, S. 31; ders., Jura 1982, 28 (36); von der Vorstellung der interkommunalen Wirkung gemeindlicher Aktivitäten ist auch die Vorschrift des § 4 Abs. 2 BBauG getragen; vgl. dazu Regierungsentwurf zum BBauG, BT-Drcks. 3/336, S. 62.
[17] Vgl. dazu BVerwG, DVBl 1983, 1152 (1153).

V. Schranken des institutionell gewährleisteten gemeindlichen Selbstverwaltungsrechts

Das verfassungsrechtlich verbürgte gemeindliche Selbstverwaltungsrecht wird nicht unbegrenzt gewährleistet, sondern unterliegt vielfachen normativen Beschränkungen, die sich einerseits aus der Einbettung der Selbstverwaltungsgarantie in die Gesamtheit der Verfassung, andererseits aus dem in Art. 28 Abs. 2 S. 1 GG normierten Gesetzesvorbehalt ergeben.

1. Verfassungsunmittelbare Begrenzungen der gemeindlichen Selbstverwaltung

Der Sinn- und Bedeutungszusammenhang der Selbstverwaltungsgarantie mit anderen Verfassungsnormen führt zu Rückwirkungen auf den gemeindlichen Handlungsspielraum, die im Rahmen einer systematischen Interpretation des Art. 28 Abs. 2 GG zu berücksichtigen sind. Dabei ist nach dem Grundsatz der Einheit der Verfassung[1] und dem Prinzip der praktischen Konkordanz[2] derjenigen Auslegung der Vorzug zu geben, die sich nicht einseitig zu Lasten der Selbstverwaltungsgarantie auswirkt[3], sondern allen auszulegenden Normen ein Höchstmaß an Wirkung in der Verfassungswirklichkeit verleiht. Vorschriften, die eine verfassungsunmittelbare Begrenzung der kommunalen Befugnisse bewirken, sind die im folgenden beispielhaft genannten:

a) Art. 74 a GG

Nach Art. 74 a GG erstreckt sich die konkurrierende Gesetzgebungskompetenz des Bundes auch auf die Besoldung und Versorgung der Gemeindebediensteten. Regelungen, die auf diese Verfassungsnorm gestützt werden, führen zu einer — verfassungsrechtlich im Grundsatz unbedenklichen — Beeinträchtigung der kommunalen Personalhoheit[4].

b) Art. 105 Abs. 2 a GG

Art. 105 Abs. 2 a GG wirkt sich auf die gemeindliche Finanzhoheit aus, indem er die Schaffung neuer örtlicher Verbrauchssteuern durch das Gleichartigkeitsverbot begrenzt[5].

---
[1] Vgl. BVerfGE 1, 14 (32); 19, 206 (220); 28, 243 (261); 30, 1 (19).
[2] *Hesse*, Verfassungsrecht, S. 27 f.
[3] Dazu insbesondere VerfGH NW, DVBl 1981, 216 (217); DVBl 1983, 714 (715).
[4] Vgl. v. *Mutius*, Juristentagsgutachten, 1980, S. 33, 34.
[5] Vgl. BVerfGE 40, 56 (63); *Jakob*, BayVBl 1971, 249 ff. und 294 (296); v. *Münch/Fischer-Menshausen*, Art. 105 Rn. 26.

c) Art. 109 Abs. 3 und 4 GG

Die Finanzhoheit der Gemeinden wird ferner durch die Vorschrift des Art. 109 Abs. 3 und 4 GG begrenzt, die verfassungsrechtliche Vorgaben für eine konjunkturgerechte Haushaltspolitik und eine mittelfristige Finanzplanung beinhaltet, sowie staatliche Steuerungen der gemeindlichen Kreditaufnahme vorsieht[6].

2. Der Gesetzesvorbehalt

Bedeutsamere Einschränkungen der Selbstverwaltung, als sie aus der systematischen Einbindung des Art. 28 Abs. 2 GG in die Gesamtheit der Verfassung zu folgern sind, bringt der in Art. 28 Abs. 2 S. 1 GG normierte Gesetzesvorbehalt mit sich. Aus der Formulierung dieser Vorschrift, wonach die Befugnisse der Gemeinden zur Regelung der Angelegenheiten der örtlichen Gemeinschaft in eigener Verantwortung nur „im Rahmen der Gesetze" gewährleistet sind, wird deutlich, daß die objektive Rechtsinstitutionsgarantie des Art. 28 Abs. 2 S. 1 GG die gemeindlichen Rechte nicht in allen Einzelheiten verbürgt[7], sondern legislatorische Beschränkungen der Selbstverwaltung durch Gesetz oder administrative Ingerenzen aufgrund eines Gesetzes von der Verfassung grundsätzlich akzeptiert werden. Dabei bezieht sich der Gesetzesvorbehalt nach richtiger Ansicht sowohl auf den Umfang der von den Gemeinden wahrzunehmenden Aufgaben, wie auch auf Art und Weise der Aufgabenerfüllung[8]. Kraft des Gesetzesvorbehalts dürfen daher Kompetenzverlagerungen zwischen Gemeinden und Kreisen sowie zwischen kommunalen Körperschaften und der unmittelbaren Staatsverwaltung erfolgen; ebenso kann das Ausmaß der gemeindlichen Eigenverantwortlichkeit durch Normierung von Aufsichtsrechten, Genehmigungsvorbehalten, Zustimmungserfordernissen u. ä. m. begrenzt werden[9].

---

[6] Vgl. *Tettinger*, Ingerenzprobleme staatlicher Konjunktursteuerung auf kommunaler Ebene, 1973.

[7] Vgl. BVerfGE 56, 298 (312) m. w. N.

[8] Ganz h. M., vgl. statt vieler BVerfGE 1, 167 (178); 7, 358 (364); StGH Ba.-Wü., ESVGH 26, 1 (3); *Gönnenwein*, GemR, S. 49 ff.; *Maunz/Dürig/Herzog*, Art. 28 Rn. 52; a. A. *Weber*, Staats- und Selbstverwaltung, S. 50, der den Gesetzesvorbehalt nicht auf die Universalität, sondern nur auf die Eigenverantwortlichkeit bezogen sieht; dagegen zu Recht *Tettinger*, Ingerenzprobleme, S. 44 m. w. N.

[9] Vgl. dazu *v. Mutius*, Jura 1982, 28 (37) m. w. N.

VI. Verfassungsrechtliche Grenzen gesetzgeberischer Beschränkungen des Selbstverwaltungsrechts

Der in Art. 28 Abs. 2 S. 1 GG normierte Gesetzesvorbehalt darf allerdings nicht so verstanden werden, daß Einschränkungen der gemeindlichen Selbstverwaltung durch oder aufgrund eines Gesetzes in jedem beliebigen Umfang zulässig wären. Die gesetzgeberische Dispositionsfreiheit ist vielmehr ihrerseits formell und materiell begrenzt.

1. Formelle Grenzen

In formeller Hinsicht hat der ingerierende Gesetzgeber vor allem die Zuständigkeitsordnung und die verfassungsrechtlich vorgegebene Eingriffsform zu beachten.

a) Zuständigkeitsordnung

Die Gesetzgebungszuständigkeit für den kommunalen Bereich liegt gem. Art. 30, 70, 83 ff. GG grundsätzlich bei den Ländern. Art. 28 Abs. 2 S. 1 GG enthält keine davon abweichende besondere Zuständigkeitsbegründung, sondern geht von der bestehenden Kompetenzordnung aus[1]. Damit ist die Materie „Kommunalrecht" einer landesgesetzlichen Regelung vorbehalten.

Die föderative Struktur des Grundgesetzes sieht eine Gesetzgebungskompetenz des Bundes, die einen unmittelbaren Durchgriff auf die Gemeinden ermöglichen würde, grundsätzlich nicht vor[2]. Allerdings kann der Bund kraft seiner Normsetzungsbefugnis für bestimmte, etwa in Art. 73 ff., 75, 104, 106 GG genannte Materien Regelungen auch mit Wirkung für den kommunalen Bereich treffen und dabei den gesetzlichen Rahmen für die kommunale Selbstverwaltung abstecken[3].

b) Anforderungen an die Form des Eingriffs

Einschränkungen des kommunalen Handlungsspielraums können nach Art. 28 Abs. 2 GG durch oder aufgrund eines Gesetzes erfolgen[4]. Der Begriff des Gesetzes ist dabei im materiellen Sinne zu verstehen: er umfaßt nicht nur parlamentarische Gesetze, sondern auch Rechtsver-

---

[1] Vgl. v. *Mangold/Klein*, S. 710 f.; v. *Mutius*, Juristentagsgutachten, 1980, S. 38.
[2] Vgl. BVerfGE 8, 122 (137); 26, 172 (181).
[3] Vgl. *Köttgen*, JöR 11 (1962), 173 (231); *BK Stern*, Art. 28 Rn. 118; *Gönnenwein*, GemR, S. 165 ff.; *Bethge*, Die Verwaltung, 1982, 213 ff.
[4] Vgl. v. *Mutius*, Juristentagsgutachten, 1980, S. 38 f. m. w. N.

ordnungen, die auf einer den Anforderungen des Art. 80 Abs. 1 S. 2 GG entsprechenden, hinreichend bestimmten Ermächtigung beruhen[5]. Der Gesetzesvorbehalt hat zur Folge, daß jeder nicht gesetzlich fundierte Eingriff in den Bereich der Selbstverwaltung als verfassungswidrig anzusehen ist[6].

2. Materielle Grenzen

Zu der Frage, wo die materiellen Grenzen für legislatorische Eingriffe in den Bestand gemeindlicher Agenden verlaufen, besteht in der Rechtswissenschaft keine einheitliche Meinung.

Gegen die herkömmliche Auffassung von Rechtsprechung und Rechtslehre[7], wonach Beschränkungen der gemeindlichen Allzuständigkeit und Eigenverantwortlichkeit solange mit Art. 28 Abs. 2 S. 1 GG vereinbar sind, wie sie den Wesensgehalt[8] der Selbstverwaltung unangetastet lassen[9], werden in der jüngeren Literatur zunehmend Einwände erhoben.

Kritisch vermerkt man, alle überkommenen Ansätze zur Bestimmung des Wesensgehaltes seien nicht nur rational unüberprüfbar, sondern auch schlechthin uneinsichtig. Deshalb führe es am ehesten zu sachgerechten Ergebnissen, die These vom unantastbaren Kernbereich der Selbstverwaltung, die ohnehin nie eine wirksame Barriere gegen staatliche Steuerungsinteressen gewesen sei, aufzugeben und stattdessen allein das Übermaßverbot als Verfassungsmaßstab für gesetzgeberische Ingerenzen heranzuziehen[10].

Von einem anderen Standpunkt aus argumentiert man, der Gewährleistungsgehalt der Selbstverwaltungsgarantie lasse sich ohne die müßige Wesensgehaltsdiskussion ausschließlich aus dem Normzusammenhang der Verfassung herleiten. Beschränkungen der gemeindlichen Selbstverwaltung seien daher nicht am Gehalt der Institution, sondern

---

[5] BVerfGE 26, 228 (237); VerfGH NW, NJW 1979, 1201; *Schmidt-Jortzig*, KomR, S. 168; a. A. ohne nähere Begründung *Maunz/Dürig/Herzog*, Art. 28 Rn. 51.

[6] Vgl. BK *Stern*, Art. 28 Rn. 115.

[7] Vgl. statt vieler BVerfGE 11, 266 (274); 17, 172 (182); 21, 117 (130); 26, 172 (180); 38, 258 (278 f.); 56, 298 (312); DVBl 1982, 27 (28); VerfGH NW, DVBl 1983, 714 (715); *Maunz/Dürig/Herzog*, Art. 28 Rn. 53; *Stern*, StaatsR I, § 12 II 4 S. 416; *Blümel*, VerwArch 1982, 329 (337 ff.) m. w. N.

[8] Synonym werden für diesen Begriff auch Formulierungen gebraucht wie: Kernbereich, Fundamentalgehalt, Mindestgehalt und andere; zur Begrifflichkeit vgl. *Lerche*, Verfassungsfragen, S. 105.

[9] Dies wird entweder aus einer die Regelung des Art. 19 Abs. 2 GG vergleichend heranziehenden systematischen Interpretation des Art. 28 Abs. 2 GG oder aus der Wirkungsweise institutioneller Garantien selbst hergeleitet.

[10] Vgl. *Roters*, Mitwirkung, S. 9; *v. Mutius*, Juristentagsgutachten, 1980, S. 43 f.; *ders.*, Jura 1982, 28 (38); *Schink*, DVBl 1983, 1165 (1172) m. w. N.

VI. Grenzen legislatorischer Eingriffe in die Selbstverwaltung

in analoger Anwendung des Art. 72 Abs. 2 GG allein daran zu messen, ob sie durch Gründe des Gemeinwohls gerechtfertigt seien[11].

Beide Theorien verdienen Beachtung. Man wird sich in der Tat fragen müssen, ob nicht neben oder anstelle der Wesensgehaltsgarantie andere Verfassungsmaßstäbe für gesetzgeberische Einflußnahmen auf den gemeindlichen Funktionskreis existieren. Zur Beantwortung dieser Frage sollen im folgenden der Gemeinwohlaspekt und das Übermaßverbot differenziert daraufhin überprüft werden, ob sie die These vom unantastbaren Wesensgehalt der Selbstverwaltung als absoluter Schranke für legislatorische Ingerenzen derogieren können, oder ob ihre Anwendung zumindest im Vorfeld des Wesensgehaltsschutzes zu einer verfassungsrechtlich gebotenen Effektuierung der Selbstverwaltungsgarantie beiträgt.

a) Orientierung am Gemeinwohl als verfassungsrechtliches Postulat

Der traditionellen Dogmatik zu Art. 28 Abs. 2 S. 1 GG, die von der Unantastbarkeit des Wesensgehaltes der Selbstverwaltung ausgeht, steht eine neuere Auffassung gegenüber, die unabhängig von der Garantie eines solchen Kernbereichs ausschließlich auf den Eingriff abstellt und diesen am Gemeinwohlprinzip auf seine Verfassungsmäßigkeit überprüft[12].

aa) Wahrung des Gemeinwohls als ausschließliches Verfassungserfordernis?

Eine Ingerenz in die institutionell gewährleistete gemeindliche Selbstverwaltung kann nach dieser Theorie ohne Rücksicht auf einen wie auch immer gearteten Wesensgehalt verfassungskonform dann erfolgen, wenn sie bei verständiger Betrachtungsweise durch Gemeinwohlinteressen gerechtfertigt ist[13]. Die Befugnis des Staates, den Handlungs- und Entfaltungsspielraum der Gemeinden zu beschneiden, resultiere daraus, daß es seine Aufgabe sei, das Wohl der Gesamtheit zu wahren. Wegen dieser Verpflichtung auf das Gemeinwohl könne der Staat seinen Untergliederungen nur soviel an öffentlichen Aufgaben zur eigenständigen Wahrnehmung belassen, wie es die Sorge um das Wohl der Gesamtheit gestatte[14].

---

[11] Vgl. *Korte*, Die Aufgabenverteilung zwischen Gemeinde und Staat unter besonderer Berücksichtigung des Subsidiaritätsprinzips, VerwArch 61 (1970), 3 ff.

[12] *Korte*, Die Aufgabenverteilung zwischen Gemeinde und Staat unter besonderer Berücksichtigung des Subsidiaritätsprinzips, Diss. Würzburg 1968, S. 118 ff.; *ders.*, VerwArch 61 (1970), 3 (55 ff.).

[13] *Korte*, VerwArch 61 (1970), 3 (58, 59).

[14] *Korte*, VerwArch 61 (1970), 3 (56).

Die damit zugleich aufgeworfene Frage, in welchen Fällen das Gemeinwohl den Entzug oder die Beschränkung einer gemeindlichen Kompetenz verlangt, wird durch analoge Anwendung der in Art. 72 Abs. 2 GG für das Bund-Länder-Verhältnis getroffenen Regelung beantwortet. Nach dieser Theorie kann der Staat also in den Aufgabenbereich der Gemeinden eingreifen, soweit sich ein Bedürfnis danach aus den in Art. 72 Abs. 2 GG genannten Gründen ergibt[15].

An der dargelegten Anschauung ist soviel richtig: Der Gesetzesvorbehalt des Art. 28 Abs. 2 S. 1 GG erlaubt dem Staat Eingriffe in die gemeindliche Selbstverwaltung nur dann, wenn Gründe des Gemeinwohls die Beschneidung der gemeindlichen Aktionsfreiheit erfordern. Dies folgt aus der prinzipiellen Verpflichtung des Staates auf das Gemeinwohl, wie sie in der Verfassung als allgemeine Begrenzung der Staatszwecke zum Ausdruck kommt. Denn das Grundgesetz „hat nicht eine virtuell allumfassende Staatsgewalt verfaßt, sondern den Zweck des Staates materialiter auf die Wahrung des Gemeinwohls beschränkt"[16]. Insofern verdient die geschilderte Auffassung Zustimmung.

Nicht gefolgt werden kann ihr dagegen in der Konsequenz, ohne Rücksichtnahme auf einen Kernbereich gemeindlicher Selbstverwaltung legislatorische Ingerenzen *ausschließlich* am Gemeinwohl zu messen. Hält man nämlich gesetzgeberische Eingriffe in den Bestand gemeindlicher Aufgaben schon dann für verfassungsgemäß, wenn ein aus Gemeinwohlgründen resultierendes Bedürfnis nach staatlicher Regelung behauptet oder auch nachgewiesen wird, so hat dies eine völlige Relativierung der Selbstverwaltungsgarantie zur Folge. Der Staat könnte dann je nach Bedürfnis den gemeindlichen Kompetenzbereich substantiell beschränken oder gar beseitigen. Derart weitreichende Dispositionsbefugnisse des Gesetzgebers lassen sich aber mit der von der Gemeinwohltheorie ausdrücklich anerkannten dogmatischen Einordnung des Art. 28 Abs. 2 S. 1 GG unter die Kategorie der institutionellen Garantien[17] auf keinen Fall vereinbaren[18]. Dies ergibt sich aus den spezifischen Schutzwirkungen der institutionellen Garantie sowie aus dem Wortlaut des Art. 28 Abs. 2 S. 1 GG.

---

[15] *Korte*, Diss., S. 118 ff.; ders., VerwArch 61 (1970), 3 (57).
[16] BVerfGE 42, 312 (332).
[17] Vgl. *Korte*, VerwArch 61 (1970), 3 (54 f.).
[18] Kritisch daher auch *Richter*, Verfassungsprobleme, S. 122; *Macher*, Gemeindefreundliches Verhalten, S. 64; *v. Unruh*, Gemeinderecht, in: v. Münch (Hrsg.), Bes. VerwR, S. 108.

VI. Grenzen legislatorischer Eingriffe in die Selbstverwaltung 53

*(1) Begriff und Schutzwirkungen der institutionellen
Garantie gemeindlicher Selbstverwaltung*

Institutionelle Garantien sind per definitionem Verfassungsvorschriften, die auf die Gewährleistung einer öffentlich-rechtlichen Rechtseinrichtung abzielen, ohne sie in allen Einzelheiten festzulegen. Die Wirkung solcher Garantien ist, daß sie der verbürgten Einrichtung verfassungskräftigen Schutz gegen völlige Abschaffung oder auch nur Verletzung des Minimums dessen, was ihr Wesen ausmacht, gewähren[19]. Dieser Schutzzweck der Einrichtungsgarantien wirkt auch gegenüber dem Gesetzgeber[20]. Das spezifische einer institutionellen Garantie ist danach, daß legislatorische Ingerenzen zwar die Rahmenbedingungen für die öffentlich-rechtliche Rechtseinrichtung setzen können, am Kernbereich der Institution aber ihre Grenzen finden müssen[21].

(2) Analyse des Verfassungstextes „Rahmen der Gesetze"

Diesem Gedanken trägt speziell für die Selbstverwaltungsgarantie der Wortlaut des Art. 28 Abs. 2 S. 1 GG Rechnung, wenn der Verfassungstext die gesetzgeberischen Dispositionsbefugnisse darauf beschränkt, den „Rahmen" des gemeindlichen Handlungsspielraums abzustecken. Der Begriff des „Rahmens der Gesetze" bringt bei grammatikalischer Interpretation einerseits zum Ausdruck, daß der Gesetzgeber berechtigt ist, die Grenzen der gemeindlichen Kompetenzen aufzuzeigen, wobei der „Rahmen" des gemeindlichen Aktionsfeldes grundsätzlich weit, aber auch eng gezogen werden kann; andererseits impliziert dieser Begriff aber als sprachlogische Notwendigkeit, daß — bei aller Anerkennung der gesetzgeberischen Dispositionsfreiheit — die gemeindliche Selbstverwaltung insgesamt nicht beseitigt werden darf, sondern gewisse Mindestinhalte, die den Wesensgehalt der Selbstverwaltung ausmachen, unangetastet bleiben müssen. Denn ein „Rahmen" bezieht sich immer auf gewisse Inhalte. Dort wo überhaupt keine Inhalte mehr verbleiben, hört er auf, „Rahmen" zu sein.

Das Spezifikum der Selbstverwaltungsgarantie des Art. 28 Abs. 2 S. 1 GG ist danach die Verbürgung eines gegenüber gesetzgeberischen Ingerenzen absolut geschützten Minimums eigenverantwortlicher Aufgabenwahrnehmung durch die Gemeinden.

Nach alledem können staatliche Eingriffe in den institutionell gewährleisteten gemeindlichen Aufgabenbestand nicht schon dann ver-

---

[19] *Anschütz*, Die Verfassung des Deutschen Reiches, Kommentar, vor Art. 109 Anm. 8; *Schmitt*, Verfassungsrechtliche Aufsätze, S. 161.
[20] *Schmitt*, Verfassungsrechtliche Aufsätze, S. 170.
[21] Vgl. BVerfGE 56, 298 (312); dazu auch *Isensee*, Subsidiaritätsprinzip und Verfassungsrecht, 1968, S. 283.

fassungskonform erfolgen, wenn aus Gründen des Gemeinwohls ein Bedürfnis nach staatlicher Regelung besteht. Zur Beantwortung der Frage, wo die Grenzen für staatliche Einflußnahmen auf das gemeindliche Selbstverwaltungsrecht verlaufen, wird man vielmehr beide Aspekte — Wesensgehaltsschutz und Orientierung am Gemeinwohl — kombinieren müssen[22].

bb) Pflicht zur Orientierung am Gemeinwohl
als Ergänzung der Wesensgehaltsgarantie

Diese Auffassung scheint sich auch in der jüngeren verfassungsgerichtlichen Rechtsprechung durchzusetzen[23]. Danach kann der Gesetzgeber bis hin zur Grenze des Wesensgehaltes der Selbstverwaltung auf den Umfang der gemeindlichen Agenden und das Ausmaß der Eigenverantwortlichkeit nur noch dann im Einklang mit der Verfassung Einfluß nehmen, wenn die Eingriffe in die Selbstverwaltungsangelegenheiten nicht ausschließlich von politischen Zweckmäßigkeitserwägungen getragen, sondern aus Gründen des übergeordneten Gemeinwohls vorgenommen werden[24].

Bei der Konkretisierung des Gemeinwohlmaßstabes ergeben sich allerdings Schwierigkeiten, da der wertbezogene, abstrakte Rechtsbegriff des „Gemeinwohls" in einer pluralistischen Gesellschafts- und Verfassungsordnung nicht durch allgemeingültige, einer unmittelbaren Tatsachensubsumtion zugängliche Merkmale definiert werden kann[25]. Ebensowenig läßt sich „das" Gemeinwohl als solches ausmachen; feststellbar sind lediglich „die" betroffenen öffentlichen Belange, d. h. eine Summe von Partikularinteressen, die sich durchaus diametral gegenüberstehen können[26]. Aus diesen Gründen kommt es zur Bestimmung des allgemeinen Wohls letztlich auf eine Operationalisierung von Teilaspekten und auf eine wertende Abwägung der beteiligten Einzelinteressen an[27]. Die danach erforderliche Gesamtwürdigung setzt eine umfassende Sachverhaltsermittlung voraus und verpflichtet zur Beachtung der verfassungsrechtlichen Wertordnung[28].

---

[22] In diesem Sinne auch *Macher*, Gemeindefreundliches Verhalten, S. 64 f.; *Bethge*, Die Verwaltung, 1982, 205 (212).
[23] Vgl. VerfGH NW, DÖV 1969, 568; NJW 1979, 1201; VerfGH Rh.-Pf., DÖV 1969, 560 (561 ff.); RiA 1982, 155 (156).
[24] Besonders deutlich VerfGH NW, NJW 1979, 1201 wonach als *ein* Verfassungsmaßstab für staatliche Eingriffe in den kommunalen Bereich neben der Wahrung des Kernbereichs und des Übermaßverbotes die Orientierung am Gemeinwohl zu gelten hat.
[25] Vgl. dazu VerfGH NW, OVGE 25, 310 (314).
[26] Vgl. *Tettinger*, Rechtsanwendung und gerichtliche Kontrolle im Wirtschaftsverwaltungsrecht, 1980, S. 198 f. m. w. N.
[27] Vgl. *Häberle*, Öffentliches Interesse als juristisches Problem, 1970, S. 704 m. w. N.

VI. Grenzen legislatorischer Eingriffe in die Selbstverwaltung 55

Für einen gesetzgeberischen Eingriff in die Selbstverwaltung bedeutet die Pflicht zur Orientierung am Gemeinwohl daher zunächst, daß der entscheidungserhebliche Sachverhalt detailliert aufbereitet, die Gründe, die für bzw. gegen eine Beschränkung der gemeindlichen Aktionsfreiheit sprechen, sorgfältig analysiert und substantiiert dargelegt werden müssen. Nachfolgend hat eine Abwägung der Vor- und Nachteile, die eine Ingerenz für das Staatsganze bzw. die Gemeinden mit sich bringt, unter Beachtung der verfassungsrechtlichen Wertordnung stattzufinden. Nur dann, wenn sich bei diesem Wertungsprozeß die involvierten überörtlichen Interessen gegenüber den örtlichen als deutlich schutzwürdiger erweisen, ist der Eingriff unter dem Gesichtspunkt des Gemeinwohls gerechtfertigt[29].

Die verfassungsrechtlich vorgegebene Verpflichtung des Staates auf das Gemeinwohl eröffnet den Gemeinden die Möglichkeit, Angriffe auf ihr Selbstverwaltungsrecht bereits im Vorfeld des Kernbereichsschutzes abzuwehren. Sie trägt so zu der gebotenen Effektuierung des Selbstverwaltungsgedankens bei, ohne die herkömmliche Einordnung des Art. 28 Abs. 2 S. 1 GG unter die Kategorie der institutionellen Garantien in Frage zu stellen.

b) *Beachtung des Verhältnismäßigkeitsprinzips als Rechtmäßigkeitsvoraussetzung für gesetzgeberische Eingriffe in die Selbstverwaltung*

Gegen das traditionelle Verständnis vom Wesensgehalt der Selbstverwaltung als absoluter Schranke für gesetzgeberische Ingerenzen erheben sich in der neueren Literatur Stimmen, die kritisch anmerken, daß es allen herkömmlichen Ansätzen zur Definition des Kernbereichs gemeindlicher Selbstverwaltung an rationaler Überprüfbarkeit und intersubjektiver Vermittelbarkeit fehle[30]. Deshalb führe es am ehesten zu sachgerechten Ergebnissen, wenn man in Anlehnung an die Rechtsprechung des Bundesgerichtshofs[31] sowie unter Berücksichtigung neuerer Literaturmeinungen[32] zu Art. 19 Abs. 2 GG die Vorschrift des Art. 28

---

[28] Vgl. VerfGH NW, OVGE 25, 310 (314); *Tettinger*, JR 1973, 407 (408 f.).
[29] Vgl. BVerfG, DVBl 1982, 534 (535) wonach eine Beschneidung gemeindlicher Kompetenzen nur dann zulässig ist, wenn schutzwürdige überörtliche Belange die Einschränkung des gemeindlichen Selbstverwaltungsrechts erfordern.
[30] Vgl. *v. Mutius*, JuS 1977, 459 (460); ders., Jura 1982, 28 (39); *v. Unruh*, Gemeinderecht, in: v. Münch (Hrsg.), Bes. VwR, S. 108; *v. Mutius/Schoch*, DVBl 1981, 1077 (1079 ff.); *Schmidt-Jortzig/Schink*, Subsidiaritätsprinzip und Kommunalordnung, 1982, S. 25 (62 f.); *Schink*, DVBl 1983, 1165 (1172).
[31] BGHSt 4, 375 (376 f.); DÖV 1955, 729 (730, 731).
[32] Vgl. *Erichsen*, Staatsrecht und Verfassungsgerichtsbarkeit, Bd. 1, 1982, S. 191 ff.; *v. Münch/Hendrichs*, Art. 19 Rn. 25.

Abs. 2 S. 1 GG relativierend im Sinne einer Verpflichtung zur Abwägung zwischen den Zielen, die mit dem Eingriff in das Selbstverwaltungsrecht verfolgt werden, einerseits und der konkreten Erhaltung des Dezentralisationsprinzips, wie es in Art. 28 Abs. 2 GG zum Ausdruck komme, andererseits interpretiere. Davon ausgehend verbiete Art. 28 Abs. 2 S. 1 GG nur übermäßige, mithin nicht geeignete, nicht erforderliche und unangemessene Eingriffe in das gemeindliche Selbstverwaltungsrecht[33].

aa) Übermaßverbot als Verfassungsmaßstab
anstelle der Kernbereichsgarantie?

In der Tat stellt das Übermaßverbot[34] eine Schranke für gesetzgeberische Beeinträchtigungen der Selbstverwaltungsgarantie dar. Denn die aus dem Rechtsstaatsprinzip resultierenden Grundsätze der Geeignetheit, Erforderlichkeit und Angemessenheit sind mit Verfassungsrang ausgestattete Leitregeln, die jegliches staatliches Handeln als solches disziplinieren[35].

Indes trifft die These, Wesensgehaltssperre und Übermaßverbot entfalteten identische Schutzwirkungen, so daß man annehmen könne, bei der institutionellen Garantie der gemeindlichen Selbstverwaltung seien Übermaßverbot und Kernbereichsschutz gleichzusetzen, nicht zu.

*(1) Die spezifischen Schutzwirkungen
der institutionellen Garantie des Art. 28 Abs. 2 S. 1 GG*

Das Spezifikum der institutionellen Garantie des Art. 28 Abs. 2 S. 1 GG ist die Verbürgung einer Verwaltungsform mit einem umgrenzbaren Komplex von Funktionen zur eigenverantwortlichen Regelung der Angelegenheiten der örtlichen Gemeinschaft, die in ihrem Kern der gesetzgeberischen Dispositionsfreiheit entzogen ist[36]. Die Wirkung dieser Einrichtungsgarantie ist, daß die Selbstverwaltung verfassungsrechtlichen Schutz gegen völlige Abschaffung oder auch nur Verletzung der Substanz dessen, was ihr Wesen ausmacht, genießt[37]. Der Kernbereich der garantierten Institution ist damit eine unter allen Umständen zu wahrende Grenze für jegliche legislatorische Beschneidung der gemeindlichen Aktionsfreiheit[38].

---
[33] Vgl. *v. Mutius*, Jura 1982, 28 (39) m. w. N.
[34] Dazu grundlegend *Lerche*, Übermaß und Verfassungsrecht, 1961.
[35] Vgl. BVerfGE 23, 127 (133 f.); 35, 382 (400); 38, 348 (368); *Stern*, Die verfassungsrechtliche Position der kommunalen Gebietskörperschaften in der Elektrizitätsversorgung, 1966, S. 46.
[36] Vgl. *Schmitt*, Verfassungsrechtliche Aufsätze, S. 170; *Stern/Burmeister*, Planungsgebot, S. 27.
[37] Anschütz, Kommentar zur Reichsverfassung, vor Art. 109 Anm. 8; *Schmitt*, Verfassungsrechtliche Aufsätze, S. 161.

VI. Grenzen legislatorischer Eingriffe in die Selbstverwaltung

Die vom Übermaßverbot errichteten Schranken sind dagegen nicht starr und unveränderlich, sondern weitgehend situationsgebunden und folglich variabel[39]. Knüpft man daher die Verfassungsmäßigkeit einer Einwirkung an den Grad der Notwendigkeit des Eingriffs, so wird der Wesensgehalt der Institution zu einer relativen Größe herabgemindert[40]. Damit aber würde die institutionelle Garantie des Art. 28 Abs. 2 S. 1 GG ihren Sinn verlieren. Denn der spezifische Zweck des Art. 28 Abs. 2 S. 1 GG, ein institutionelles Substrat eigenverantwortlicher gemeindlicher Aufgabenerfüllung gegenüber administrativen und gesetzgeberischen Eingriffen unter allen Umständen zu sichern, könnte dann nicht mehr erreicht werden[41].

Der Schutz gemeindlicher Kompetenzen, den die Wesensgehaltsgarantie gewährt, kann nach alledem nicht allein durch Anwendung des Übermaßverbotes zur Prüfung der Verfassungsmäßigkeit staatlicher Einflußnahmen auf die Selbstverwaltung erreicht werden.

*(2) Die Bedeutung des Art. 115 c Abs. 3 GG
für die Interpretation der Selbstverwaltungsgarantie*

Das vorgefundene Ergebnis findet seine Bestätigung bei einer Interpretation der Selbstverwaltungsgarantie aus dem systematischen Zusammenhang mit Art. 115 c Abs. 3 GG, einer Norm aus der Notstandsverfassung. Nach dieser Vorschrift können im Verteidigungsfalle Bundesgesetze mit Zustimmung des Bundesrates die Verwaltung und das Finanzwesen des Bundes und der Länder abweichend von den Abschnitten VIII, VIII a und X des Grundgesetzes regeln. Dabei sind die Modifikationsbefugnisse des Bundesgesetzgebers zunächst durch das Übermaßverbot beschränkt, wie aus der Erforderlichkeitsklausel in Art. 115 c Abs. 3 GG deutlich wird[42].

Über die Grenzen des Verhältnismäßigkeitsprinzips hinaus hat der Gesetzgeber ferner unter allen Umständen „die Lebensfähigkeit der Länder, Gemeinden und Gemeindeverbände insbesondere auch in finanzieller Hinsicht" zu wahren.

So schwierig eine Interpretation dieser Formulierung des Art. 115 c Abs. 3 GG sein mag, sie bringt doch unzweifelhaft zum Ausdruck, daß das Grundgesetz dem Gesetzgeber selbst in Ausnahmesituationen weder

---
[38] Vgl. BVerfGE 56, 298 (312) m. w. N.
[39] Vgl. *Stern*, Elektrizitätsversorgung, S. 47; *Schmidt-Jortzig*, Die Einrichtungsgarantien der Verfassung, 1979, S. 48 ff.
[40] Vgl. *Lerche*, Übermaß, S. 36 ff.; *Roters*, Mitwirkung, S. 10.
[41] Kritisch daher auch *Abel*, Einrichtungsgarantien, S. 39; *Stern*, Elektrizitätsversorgung, S. 46 f.; *Macher*, Gemeindefreundliches Verhalten, S. 65 f.
[42] Vgl. *Stern*, StaatsR II, S. 1424; *Maunz/Dürig/Herzog*, Art. 115 c Rn. 59.

die Möglichkeit eröffnet, die Institution der gemeindlichen Selbstverwaltung völlig zu beseitigen, noch ihre tragenden Elemente — Allzuständigkeit und Eigenverantwortlichkeit in Angelegenheiten der örtlichen Gemeinschaft — substantiell mit dem Ziel der Errichtung eines zentralistischen Einheitsstaates zu modifizieren[43]. Wenn dieses Verbot aber sogar in Notstandssituationen wie etwa im Verteidigungsfall gilt, so ist die Folgerung erlaubt, daß ein Substrat, ein Kern gemeindlicher Zuständigkeiten und gemeindlicher Eigenverantwortlichkeit erst recht in „normalen" Zeiten der gesetzgeberischen Disposition entzogen sein muß.

bb) Übermaßverbot als Verfassungsmaßstab
neben der Wesensgehaltsgarantie

Festzuhalten bleibt daher, daß der Wesensgehalt als Spezifikum der institutionellen Garantie und das Übermaßverbot als allgemeines Verfassungsprinzip gesetzgeberische Eingriffe in das gemeindliche Selbstverwaltungsrecht begrenzen, wobei sie unabhängig voneinander und *nebeneinander* ihre Wirkungen entfalten[44].

(1) Allgemeine Anforderungen des Übermaßverbotes an gesetzgeberische Ingerenzen

Die Grundsätze des Übermaßverbotes ergeben sich als allgemeine Disziplinierung jeglichen staatlichen Handelns aus dem Rechtsstaatsprinzip und haben daher Verfassungsrang[45].

Dabei verlangt der Grundsatz der Geeignetheit, daß eine hoheitliche Maßnahme zur Erreichung des angestrebten Zwecks nicht schlechthin untauglich ist[46]. Das Prinzip der Erforderlichkeit gebietet, von mehreren gleichermaßen geeigneten Mitteln dasjenige auszuwählen, das den Adressaten der staatlichen Maßnahme am geringsten belastet[47]. Der Grundsatz der Angemessenheit verbietet, eine zur Erreichung eines bestimmten Eingriffszwecks an sich geeignete und erforderliche Maßnahme dann zu ergreifen, wenn die mit dem Hoheitsakt unmittelbar verbundenen Nachteile erkennbar außer Verhältnis zu dem angestrebten und erreichbaren Erfolg stehen[48].

---
[43] Vgl. *Stern*, StaatsR II, S. 1424.
[44] Zur selbständigen Bedeutung des Übermaßverbotes neben der Wesensgehaltssperre vgl. BVerfG, DVBl 1969, 794 (795); VerfGH NW, NJW 1979, 1201 (1202); *Kölble*, Gemeindefinanzreform und Selbstverwaltungsgarantie, in: Die Finanzreform und die Gemeinden, 1966, S. 17 ff., 34; *Scholtissek*, DVBl 1968, 825 (830 f.); *Isensee*, Subsidiaritätsprinzip, S. 246.
[45] Vgl. BVerfGE 23, 127 (133); 35, 382 (400); 38, 348 (368).
[46] Vgl. BVerfGE 16, 147 (181); 19, 119 (126 f.); *Stern*, StaatsR I, § 20 IV 7 S. 866.
[47] Sog. „Zweck-Mittel-Relation", vgl. dazu BVerfGE 39, 156 (165); 57, 250 (270); *Stern*, StaatsR I, § 20 IV 7, S. 866

VI. Grenzen legislatorischer Eingriffe in die Selbstverwaltung 59

Die Anwendung des Übermaßverbotes auf Ingerenzen in den Kreis gemeindlicher Selbstverwaltungsangelegenheiten verlangt eine wertende Abwägung zwischen den Zielen, die mit dem Eingriff verfolgt werden, einerseits und der konkreten Erhaltung der gemeindlichen Aktionsfreiheit andererseits. Das Verhältnismäßigkeitsprinzip verbietet dabei übermäßige, d. h. nicht geeignete, nicht erforderliche und unangemessene Beschränkungen der gemeindlichen Selbstverwaltungsaufgaben.

(2) Besondere Anforderungen an die Erforderlichkeit des Eingriffs in die Selbstverwaltung

Den im vorbezeichneten Rahmen verbleibenden gesetzgeberischen Abwägungsspielraum hat die jüngere verfassungsgerichtliche Spruchpraxis insbesondere im Hinblick auf das Erforderlichkeitsprinzip weiter konkretisiert.

So hat etwa der Verfassungsgerichtshof NW in der sog. „Dürener-Sparkassen-Entscheidung" den Gesetzgeber als verpflichtet angesehen, von mehreren zur Erreichung des konkreten Eingriffszieles gleichermaßen geeigneten Maßnahmen diejenige auszuwählen, die das Prinzip der gemeindlichen Allzuständigkeit am besten verwirklicht[49]. Darüber hinaus hat der Verfassungsgerichtshof NW in seiner Entscheidung betreffend den zwangsweisen Zusammenschluß von Gemeinden zu kommunalen Datenverarbeitungszentralen festgestellt, daß Einschnitte in den Bestand gemeindlicher Selbstverwaltungsaufgaben nur noch dann verfassungskonform erfolgen können, wenn sie aus Gründen des öffentlichen Wohles *dringend* geboten sind[50]. Dieser Grad der Erforderlichkeit sei erst erreicht, wenn die Eingriffsziele durch freiwillige Zusammenschlüsse nicht oder nicht in ausreichendem Maße verwirklicht werden könnten[51]. Bei der Prüfung dieser Frage sei ein strenger Maßstab anzulegen. Gleichzeitig hob das Gericht hervor, daß Eingriffe in den verfassungsrechtlich durch die objektive Rechtsinstitutionsgarantie geschützten gemeindlichen Aufgabenbestand strengeren Legitimationsanforderungen unterliegen als Eingriffe in die nur begrenzt geschützte Existenz der einzelnen Gemeinde. Im Hintergrund dieser, die

---

[48] Sog. „Schaden-Nutzen-Relation" vgl. dazu VerfGH NW, StGR 1975, 367 (371); *Hoppe*, StGR 1972, 257 ff.; *ders./Stüer*, StGR 1976, 38 ff.; *Stüer*, Funktionalreform und kommunale Selbstverwaltung, 1980, S. 147 f.

[49] VerfGH NW, DVBl 1981, 216; in concreto hat das Gericht entschieden, daß der Gesetzgeber zunächst alle Möglichkeiten zur Schaffung leistungsfähiger kommunaler Sparkassen durch Neuordnung von Haupt- und Zweigstellen auszuschöpfen hat, bevor er mit diesem Ziel die betroffenen Gemeinden zu Zweckverbandssparkassen zusammenschließt; eine ähnliche Aussage enthält die „Kreisumlagen-Entscheidung" VerfGH NW, DVBl 1983, 714 (715).

[50] Vgl. VerfGH NW, NJW 1979, 1201 (1202).

[51] Vgl. dazu auch *Püttner*, DVBl 1979, 670; *Schink*, DVBl 1983, 1165 (1173).

gemeindliche Selbstverwaltung stärkenden Aussage steht die Auffassung, daß die nach Abschluß der kommunalen Gebietsreform verbliebenen Gemeinden grundsätzlich für längere Zeit zur Erfüllung ihrer eigenen Angelegenheiten und zur Durchführung von Bundes- und Länderaufgaben in der Lage sind[52]. Diese Vermutung rechtfertigt sich durch den Umstand, daß es erklärtes Ziel der Gebietsreform war, um den Preis tiefgreifender Einschnitte in den Bestand der vorhandenen Gemeinden die Leistungs- und Verwaltungskraft der verbliebenen oder neugebildeten Kommunalkörperschaften auf ein Niveau zu heben, das dauerhaft zur umfassenden Erledigung der anfallenden Aufgaben in eigener Regie befähigt[53]. Bei Eingriffen in den Kreis gemeindlicher Agenden muß der Gesetzgeber dieses selbstgesetzte Ziel berücksichtigen, um dem rechtsstaatlichen Gebot der Systemgerechtigkeit staatlicher Hoheitsmaßnahmen[54] zu entsprechen. Durch bloße Wünsche nach Vereinfachung oder Vereinheitlichung des Verwaltungsvollzuges können daher Beschränkungen des gemeindlichen Handlungs- und Entfaltungsspielraums nicht mehr legitimiert werden. Der Gesetzgeber hat vielmehr substantiiert darzulegen, daß die Aufgabenwahrnehmung durch die Gemeinden zumindest in hohem Maße unwirtschaftlich und insgesamt gesehen ineffizient ist, damit ein Entzug bzw. eine substantielle Beschränkung gemeindlicher Kompetenzen den Anforderungen des Übermaßverbotes genügt[55].

Diesen rechtlichen Folgen und Auswirkungen der kommunalen Funktional- und Gebietsreform trägt das Bundesverwaltungsgericht in seiner Revisionsentscheidung des „Rastede-Falles"[56] nicht hinreichend Rechnung.

Insbesondere prüft es nicht mit der gebotenen Strenge, ob ein derart schwerer Eingriff in den gemeindlichen Aufgabenbestand, wie ihn der gänzliche Entzug der mit der Abfallbeseitigung zusammenhängenden Aufgaben darstellt, gemessen am Verhältnismäßigkeitsprinzip zur Erreichung einer geordneten Abfallwirtschaft unbedingt erforderlich war.

---

[52] In diesem Sinne auch *Wagener*, DÖV 1979, 639 (640); *Blümel*, DÖV 1980, 693 (694); *Stern*, Festschr. f. Fröhler, 1980, S. 473 (490 f.).

[53] Zu den Zielvorstellungen der kommunalen Gebietsreform vgl. etwa die Bekanntmachung des Bay. Staatsministerium des Inneren vom 10. 8. 1971 (MABl, S. 845 ff.); ferner *Andriske*, Aufgabenneuverteilung im Kreis, Diss. Bochum 1978; *Benke*, Kommunalpolitische Blätter, 1983, 1107; *Schink*, DVBl 1983, 1165.

[54] Zum Gebot der Systemgerechtigkeit vgl. jeweils mit ausführlichen Nachweisen Degenhardt, Systemgerechtigkeit und Selbstbindung des Gesetzgebers als Verfassungspostulat, 1976; *Stüer*, Funktionalreform, S. 138 ff.; *Schink*, DVBl 1983, 1165 (1174).

[55] Vgl. *Wagener*, DÖV 1976, 639 (640); *Schink*, DVBl 1983, 1165 (1173).

[56] Abgedruckt in DVBl 1983, 1152 ff.

VI. Grenzen legislatorischer Eingriffe in die Selbstverwaltung

Das Verhältnismäßigkeitsprinzip verpflichtet den Gesetzgeber, von mehreren zur Erreichung des Eingriffszieles gleichermaßen geeigneten Mitteln, dasjenige auszuwählen, das den Grundsatz der gemeindlichen Allzuständigkeit am besten verwirklicht[57]. Unter diesem Gesichtspunkt verbietet das Erforderlichkeitsprinzip den völligen Entzug einer gemeindlichen Aufgabe insbesondere dann, wenn eine funktionsgerechte Partizipation örtlicher und überörtlicher Aufgabenträger bei der Aufgabenwahrnehmung unter Aufrechterhaltung eines Bereichs gemeindlicher Eigenverantwortlichkeit möglich ist.

Diesen Gedanken hat der nordrhein-westfälische Gesetzgeber aufgegriffen und die Kompetenz zur Abfallbeseitigung zwischen Kreisen und kreisfreien Städten einerseits und kreisangehörigen Gemeinden andererseits aufgeteilt. Entsprechend ihrer Leistungskraft sind die Gemeinden für das Einsammeln und Befördern der Abfälle, die Kreise und kreisfreien Städte zur Beseitigung des Mülls zuständig[58]. Das praxiserprobte und reibungslos funktionierende nordrhein-westfälische Modell belegt, daß die Gemeinden nach Abschluß der Reformen über eine gesteigerte Leistungskraft verfügen, die sie befähigt, auch auf komplexen, technisch schwierigen und kostenintensiven Aufgabengebieten selbständig und eigenverantwortlich zu agieren. Diesen Umstand darf der Gesetzgeber bei Eingriffen in den gemeindlichen Kompetenzbereich aus Gründen der Systemgerechtigkeit und um seinen eigenen Reformzielen gerecht zu werden, nicht einfach ignorieren.

Deshalb ist dem OVG Lüneburg zuzustimmen, das in seiner „Rastede-Entscheidung" vom 8. März 1979[59] strengere Verfassungsmaßstäbe für legislatorische Beschneidungen des gemeindlichen Selbstverwaltungsrechts angelegt hat. Danach gebietet Art. 28 Abs. 2 S. 1 GG i. V. m. dem Übermaßverbot, daß im Spannungsfeld zwischen den Zwängen zur wirtschaftlichen Konzentration der Mittel und Kräfte einerseits und der Wahrung des Kernbereichs gemeindlicher Selbstverwaltung andererseits weitere Aufgabenbereiche aus dem gemeindlichen Zuständigkeitskreis nur herausgelöst werden dürfen, wenn sich ein solcher Eingriff als *unerläßlich* erweist[60]. Ein genereller Entzug gemeindlicher Kompetenzen kommt mithin auch im Vorfeld der Wesensgehaltsgarantie nur noch als ultima ratio möglicher gesetzgeberischer Steuerungsmittel auf kommunaler Ebene in Betracht.

Das Übermaßverbot ist also ein Verfassungsmaßstab für legislatorische Eingriffe in den Bestand gemeindlicher Agenden. Es untersagt

---
[57] VerfGH NW, DVBl 1981, 216 (217); DVBl 1983, 714 (715).
[58] Vgl. § 1 LAbfG/NW.
[59] Abgedruckt in DVBl 1980, 81 ff.
[60] Vgl. OVG Lüneburg, DVBl 1980, 81 (82).

solche Beschränkungen des gemeindlichen Handlungs- und Entfaltungsspielraums, die zur Erreichung des angestrebten Erfolges untauglich oder nicht erforderlich sind. Den Anforderungen des Erforderlichkeitsprinzips halten Ingerenzen nur dann stand, wenn sie zur Realisierung des Eingriffszwecks unbedingt notwendig und aus Gründen des öffentlichen Wohles dringend geboten sind. Darüber hinaus verpflichtet das Verhältnismäßigkeitsprinzip zu einer Güterabwägung zwischen dem Nutzen für das Gemeinwohl, der mit dem Eingriff angestrebt wird, einerseits und dem Verlust an gemeindlicher Selbstverwaltungssubstanz, d. h. an unmittelbar demokratisch legitimierter, dezentraler, bürgernaher Aufgabenerfüllung andererseits. Nur wenn die übergeordneten öffentlichen Interessen deutlich schutzwürdiger sind, muß ein Nachteil für das gemeindliche Selbstverwaltungsrecht hingenommen werden.

Der These, daß der Wesensgehalt der Selbstverwaltung durch das Übermaßverbot zu bestimmen sei, kann indes aus den dargelegten Gründen nicht gefolgt werden.

c) Die Wesensgehaltsgarantie als Spezifikum der institutionellen Garantie gemeindlicher Selbstverwaltung

Art. 28 Abs. 2 S. 1 GG gewährleistet den Gemeinden das Recht, alle Angelegenheiten der örtlichen Gemeinschaft im Rahmen der Gesetze in eigener Verantwortung zu regeln. Diese institutionelle Garantie sichert den Gemeinden einen grundsätzlich alle Angelegenheiten der örtlichen Gemeinschaft umfassenden Aufgabenbereich sowie die Befugnis zu eigenverantwortlicher Führung der Geschäfte auf diesem Sektor. Die damit eröffnete gemeindliche Allzuständigkeit und Eigenverantwortlichkeit steht zwar unter dem Vorbehalt des „Rahmens der Gesetze". Das besagt jedoch, wie die Analyse des Begriffs „Rahmen" und die Berücksichtigung des Aussagewertes des Art. 115 c Abs. 3 GG im Wege systematischer Interpretation gezeigt haben, nicht, daß die gemeindliche Selbstverwaltung völlig zur Disposition des Gesetzgebers steht.

Sinn und Zweck der institutionellen Garantie des Art. 28 Abs. 2 S. 1 GG entspricht es vielmehr, daß legislatorische Ingerenzen zwar die Rahmenbedingungen für die verbürgte Rechtseinrichtung setzen können, am Kernbereich der Selbstverwaltung aber ihre Grenze finden müssen[61]. Gemeinhin wird das durch die Formulierung zum Ausdruck gebracht, Abstriche am gemeindlichen Handlungs- und Entfaltungs-

---
[61] Vgl. *Anschütz*, Die Verfassung des Deutschen Reichs, vor Art. 109 Anm. 8; *Schmitt*, Verfassungsrechtliche Aufsätze, S. 161 ff.; *Isensee*, Subsidiaritätsprinzip, S. 283.

spielraum seien nur dann mit Art. 28 Abs. 2 S. 1 GG vereinbar, wenn der Wesensgehalt der Selbstverwaltung unangetastet bliebe[62].

Die gesetzgeberische Dispositionsfreiheit ist folglich nicht allein durch die Pflicht zur Orientierung am Gemeinwohl und zur Berücksichtigung des Übermaßverbotes beschränkt; darüber hinaus stellt die konkrete Erhaltung des Kernbereichs der Institution einen notwendigen Verfassungsmaßstab für jede gesetzgeberische Maßnahme dar, die auf eine allgemeine Einschränkung[63] der gemeindlichen Selbstverwaltung hinausläuft.

aa) Begriff und Schutzwirkungen des Wesensgehaltes der Selbstverwaltung

Schwierigkeiten bereitet seit jeher die Beantwortung der Frage, wie Begriff und Schutzwirkungen der Garantie eines „unantastbaren Wesensgehaltes" der Selbstverwaltung zu bestimmen sind. Rechtsprechung und Literatur haben zur Lösung dieses Problems divergierende Interpretationsansätze entwickelt, die im folgenden kritisch analysiert werden sollen.

(1) Die Subtraktionsmethode

Eine inhaltliche Bestimmung des Wesensgehaltes der Selbstverwaltungsgarantie im Wege negativ-quantitativen Vorgehens versucht die sog. „Subtraktionsmethode" oder „Resttheorie" vorzunehmen[64].

Diese vom Bundesverwaltungsgericht entwickelte Theorie bestimmt die Zulässigkeit eines Eingriffs danach, wieviel an gemeindlicher Selbstverwaltungssubstanz nach einer gesetzgeberischen Ingerenz quantitativ noch übrig bleibt[65].

Durch den Eingriff darf danach den Gemeinden nicht die Masse der Aufgaben genommen werden, die ihrem Wesen nach Angelegenheiten der örtlichen Gemeinschaft sind. Andererseits ist der Kernbereich der Selbstverwaltung nicht schon dann verletzt, wenn den Gemeinden weniger wichtige Aufgabenbereiche entzogen oder andere als örtliche

---

[62] Vgl. BVerfGE 11, 266 (274); 17, 172 (182); 21, 117 (130); 26, 172 (180); 38, 258 (278 f.); 56, 298 (312); aus der Literatur vgl. statt vieler *BK Stern*, Art. 28 Rn. 120 ff. m. w. N.

[63] Grund für diese Restriktion der Kernbereichsgarantie ist, daß die objektive Rechtsinstitutionsgarantie des Art. 28 Abs. 2 S. 1 GG keinen individuellen, sondern nur einen institutionellen Schutz gewährt; vgl. dazu oben S. 28 ff.

[64] Vgl. *Denninger*, DÖV 1960, 812 ff.; *Thieme*, DVBl 1966, 325 (327); diese Methode wurde auch in der früheren Rechtsprechung des Bundesverwaltungsgerichts angewendet, vgl. BVerwGE 6, 19 (24 f.) zuletzt DÖV 1969, 856 (858).

[65] Vgl. BVerwGE 1, 266 (273); 2, 295 (300); 2, 324 (336); 6, 19 (25).

Angelegenheiten übertragen werden. Selbst die Herauslösung grundlegender Sachbereiche aus ihren Kompetenzen wird für zulässig erachtet, soweit der verbleibende Rest noch für eine sinnvolle, eigenverantwortliche Tätigkeit ausreicht[66].

Im Ergebnis hält die Resttheorie Beschneidungen gemeindlicher Befugnisse solange für unbedenklich, wie der verbleibende Restbestand nur in einem quantitativ unbedeutenden Maße von dem zuvor angetroffenen Kompetenzumfang abweicht, oder anders ausgedrückt: Ingerenzen dringen dann in den Kernbereich ein, wenn sie die Selbstverwaltung, gemessen an dem zuvor verzeichneten Zustand, in einem erheblichen Quantum verändern.

Die Subtraktionsmethode vermag indes nicht, die Selbstverwaltung in ihrem Kernbereich wirksam zu schützen.

Denn von einer stets auf die jeweilige Ist-Situation zugeschnittenen, quantitativen Beurteilung der Selbstverwaltung her kann ein Eingriff nie als verfassungswidrig verworfen werden, solange er behutsam genug dosiert ist, um gegenüber den verbleibenden Restkompetenzen nicht ins Gewicht zu fallen[67]. Die Subtraktionsmethode kann deshalb nicht verhindern, daß bei Häufung von einzelnen gesetzgeberischen Ingerenzen, von denen jede für sich nicht schwer genug wiegt, um den Kernbereichsschutz eingreifen zu lassen, sukzessiv mehr und mehr kommunale Substanz verloren geht[68]. Der Schutzmechanismus der Resttheorie wirkt immer bloß relativ und greift letztlich erst ein, wenn nur noch zwei Einzelfunktionen der Selbstverwaltung vorhanden sind und nun die eine entzogen werden soll. Aus diesen Gründen kann der Subtraktionsmethode mit ihrem negativ-quantitativen Ansatz zur Bestimmung des Kernbereichs der Selbstverwaltungsgarantie nicht gefolgt werden.

(2) Der politisch-demokratische Ansatz

Nach einer anderen Auffassung[69] ist der garantierte Wesenskern der Selbstverwaltung in seinem Sinnverständnis nicht von den „Grundsätzen des republikanischen, demokratischen und sozialen Rechtsstaates" im Sinne des Art. 28 Abs. 1 S. 1 GG zu trennen.

Bei systematischer Interpretation der Verfassungsnorm des Art. 28 GG sei Selbstverwaltung vor allem zu verstehen als wesentliches Element einer von der Verfassung gewollten Dezentralisation innerhalb

---
[66] Vgl. BVerwGE 6, 19 (24 f.).
[67] Vgl. *Schmidt-Jortzig*, Einrichtungsgarantien, S. 39 ff.; *Thiele*, DÖD 1979, 141 (146); *Tettinger*, Ingerenzprobleme, S. 48.
[68] Vgl. dazu auch OVG Lüneburg, DVBl 1980, 81 (82).
[69] Vgl. OVG Lüneburg, DVBl 1970, 801 ff.; *Pappermann*, DVBl 1976, 766 (768).

VI. Grenzen legislatorischer Eingriffe in die Selbstverwaltung

der Exekutive. Selbstverwaltungskörperschaften als dezentrale Verwaltungseinheiten dienen danach nicht nur einer ortsnahen Entscheidung administrativer Maßnahmen, sondern auch und vor allem der Erfüllung des verfassungsrechtlichen Gebotes, „das Volk" durch von ihm gewählte und gebildete Organe oder Beauftragte in und an der Verwaltung zu beteiligen. Das Wesen der Selbstverwaltung werde infolgedessen solange nicht berührt, wie die besondere Art dezentraler öffentlicher Aufgabenerfüllung durch das Tätigwerden von Organen oder Organwaltern, welche ihre Legitimation durch unmittelbare oder mittelbare Wahl der Einwohner besitzen, rechtlich und tatsächlich vollziehbar bleibt. Das Kriterium der Selbstverwaltung liege also in der Form des Handelns, vor allem im Zusammenwirken von ehren- und hauptamtlich tätigen gewählten Organträgern, und unterscheide sich so vom monokratischen System der Staatsverwaltung[70].

Zutreffend an dieser Auffassung ist, daß die gemeindliche Selbstverwaltung das staatsorganisatorische Prinzip der Dezentralisation als Mittel vertikaler Gewaltenteilung beinhaltet[71]. Ebenso zutreffend verweist die dargelegte Ansicht auf die politisch-demokratische Funktion der Gemeinden[72]. Gleichwohl kann ihr im Ergebnis nicht gefolgt werden.

Einwände erheben sich vor allem gegen die These, das Wesen der Selbstverwaltung sei solange nicht beeinträchtigt, wie die besondere Art dezentraler Aufgabenerfüllung durch unmittelbar demokratisch legitimierte Gemeindeorgane rechtlich und tatsächlich vollziehbar bleibt.

Insoweit ist zunächst darauf hinzuweisen, daß die demokratische Legitimation kein besonderes Merkmal der Selbstverwaltung ist. Denn auch die unmittelbare staatliche Verwaltung stellt keine „undemokratische" Einrichtung dar, sondern ist gem. Art. 20 Abs. 2 GG zumindest mittelbar demokratisch legitimiert[73].

Entscheidend gegen die dargelegte Auffassung spricht aber, daß Art. 28 Abs. 2 S. 1 GG die Selbstverwaltung nicht an die handelnden Organe oder Organwalter bindet, sondern die eigenverantwortliche Aufgabenerfüllung in den Mittelpunkt stellt. Art. 28 Abs. 2 S. 1 GG verbürgt die Gemeinden als staatsorganisatorische Rechtseinrichtungen und sichert ihnen institutionell einen gewissen Aufgabenbestand zur eigenverantwortlichen Erledigung. Fehlt es an umfassenden und autonomen Entscheidungskompetenzen, so mangelt es schon an der Grundvoraussetzung für eine effiziente gemeindliche Selbstverwaltung. Denn

---

[70] OVG Lüneburg, DVBl 1970, 801 (802 f.).
[71] Vgl. dazu oben I. 2. a).
[72] Vgl. dazu oben I. 2. b).
[73] Vgl. BVerfGE 49, 89 (125); NJW 1979, 359.

die unmittelbar demokratisch legitimierten kommunalen Mandatsträger benötigen Sachaufgaben, um ihr Mandat wahrnehmen zu können. Die Selbständigkeit und Eigenverantwortlichkeit der Gemeinden ist demnach nicht nur formal und organisatorisch gesichert, sie hängt vielmehr wesentlich von Anzahl und Qualität der wahrzunehmenden Aufgaben ab[74]. Im Falle fremdbestimmter Handlungsinhalte und vorgegebener Entscheidungsalternativen wäre eine eigenverantwortliche Entscheidung über „Ob" und „Wie" der Erledigung der anfallenden Aufgaben auch durch unmittelbar demokratisch legitimierte Gemeindeorgane nicht mehr möglich.

Aus dem Spezifikum der unmittelbaren demokratischen Legitimation der Gemeindevertretung kann folglich nicht der Wesensgehalt der kommunalen Selbstverwaltung abgeleitet werden. Erforderlich ist vielmehr eine materiell-inhaltliche Bestimmung des Kernbereichs der institutionellen Aufgabengarantie[75].

(3) Der Wesensgehalt der Selbstverwaltung als institutionelles Substrat eigenverantwortlicher Aufgabenerfüllung

Um den Begriff und die Schutzwirkungen der Wesensgehaltsgarantie zu bestimmen, muß man sich zunächst vor Augen führen, daß Selbstverwaltung nach heutiger Anschauung nicht mehr als gesellschaftlich verwurzelte, völlig staatsfreie oder sogar antistaatliche Institution einzustufen ist[76]. Gemeindliche Selbstverwaltung konstituiert sich vielmehr in der föderativen Ordnung des Grundgesetzes entsprechend den verfassungsrechtlich grundgelegten Prinzipien der Allzuständigkeit und Eigenverantwortlichkeit in Angelegenheiten der örtlichen Gemeinschaft durch selbstverantwortliche, dezentrale Aufgabenwahrnehmung mit dem Ziel einer eigenständigen Verwaltung und Gestaltung der örtlichen Lebensverhältnisse durch unmittelbar demokratisch legitimierte Gemeindeorgane. Gemeindliche Selbstverwaltung resultiert danach aus dem Vorhandensein solcher gemeindlicher Kompetenzen, die zur grundsätzlich eigenverantwortlichen Wahrnehmung von konkret auf die örtliche Gemeinschaft bezogenen Verwaltungsagenden berechtigen. Gegenüber dem so zu umschreibenden verfassungsrechtlichen Begriff der Selbstverwaltung[77] stellt der Wesensgehalt kein „aliud", sondern ein „essentiale" dar. Die Verbürgung eines „unantastbaren Kernbereichs" gemeindlicher Selbstverwaltung ist daher zunächst die Garantie be-

---

[74] Vgl. *v. Mutius*, Juristentagsgutachten, 1980, S. 24.
[75] So auch *Püttner/Schneider*, Stadtentwicklungsplanung und Kreisentwicklungsplanung im Gefüge öffentlicher Planung, 1974, S. 29.
[76] Vgl. dazu oben I.
[77] Vgl. dazu oben I. 1. b).

VI. Grenzen legislatorischer Eingriffe in die Selbstverwaltung

stimmter, dem Schutzbereich des Art. 28 Abs. 2 S. 1 GG unterfallender Wahrnehmungszuständigkeiten.

Die Wirkung dieser Garantie ist, daß den Gemeinden die den Wesensgehalt der Selbstverwaltung prägenden Kompetenzen auch vom Gesetzgeber nicht ohne Verstoß gegen Verfassungsrecht entzogen werden können. Insofern ist der Fundamentalgehalt der Selbstverwaltung zu bestimmen als ein institutionelles Substrat bestimmter Verwaltungsfunktionen, die nicht zur freien Disposition des Gesetzgebers stehen, sondern in ihrer kompetentiellen Zuordnung zu den Gemeinden bestandsgeschützt sind.

Indes definiert sich der Wesensgehalt der Selbstverwaltung nicht allein durch das bloße Vorhandensein gewisser gemeindlicher Kompetenzen. Denn Wahrnehmungszuständigkeiten sind den Gemeinden auch bei den in weisungsgebundener Abhängigkeit von staatlichen Ober- und Mittelbehörden zu erledigenden Fremdverwaltungsangelegenheiten[78] übertragen, bei denen es sich — wie etwa bei den Pflichtaufgaben zur Erfüllung nach Weisung[79] — trotz der kompetentiellen Einschaltung der Gemeinden in den Prozeß der Aufgabenerfüllung nicht um Selbstverwaltungsangelegenheiten handelt. Wesensbestimmend für gemeindliche „Selbst"-verwaltung ist vielmehr, daß die Gemeinden über die Wahrnehmung der ihnen kompetentiell zugeordneten und unentziehbaren Angelegenheiten „selbst", d. h. „in eigener Verantwortung" entscheiden können. Mit der Aufnahme des Kriteriums der Eigenverantwortlichkeit in die institutionelle Garantie gemeindlicher Selbstverwaltung bringt die Verfassung zum Ausdruck, daß den Gemeinden bei der Wahrnehmung der ihnen kompetentiell indisponibel zustehenden Verwaltungsagenden ein Gestaltungsspielraum offenstehen muß, in dem sie die ihnen zweckmäßig erscheinenden Entscheidungen über die Modalitäten der Aufgabenerfüllung nach eigenem Ermessen und frei von staatlichen Weisungen treffen können.

Diese Aussage darf allerdings nicht zu der Schlußfolgerung verleiten, mit der Zuordnung einer bestimmten Aufgabe zum Kern der Selbst-

---

[78] Unter Fremdverwaltung versteht man im Gegensatz zur Selbstverwaltung die kraft organisatorischen Rechtssatzes erfolgende weisungsabhängige Wahrnehmung von Aufgaben eines Trägers öffentlicher Verwaltung durch einen anderen im eigenen Namen; vgl. dazu *Schmidt-Jortzig*, DÖV 1981, 393 (394).

[79] Dazu gehören in Nordrhein-Westfalen etwa die Aufgaben der Gefahrenabwehr nach §§ 1, 3, 9 Ordnungsbehördengesetz/NW (GVBl, NW 1980, S. 528) sowie die Aufgaben nach dem Gesetz über den Feuerschutz und die Hilfeleistung bei Unglücksfällen und öffentlichen Notständen (GVBl, NW 1975, S. 182); zum Rechtscharakter der Pflichtaufgaben zur Erfüllung nach Weisung vgl. die übersichtliche Darstellung bei *v. Mutius*, JuS 1978, 28 (31) mit zahlreichen Nachweisen.

verwaltung sei den Gemeinden auf dem betreffenden Sektor eine totale Autonomie eröffnet, kraft derer sie nach ihren engen Kommunalegoismen ohne Rücksicht auf andere Kommunen und das Staatsganze frei schalten und walten könnten[80]. Ein solches Verständnis würde nicht hinreichend dem Umstand Rechnung tragen, daß das gemeindliche Ermessen in der Aufgabenwahrnehmung verfassungskräftig durch Art. 20 Abs. 3 GG in die Rechtsordnung eingebunden ist. Der Gesetzgeber darf daher den rechtlichen Rahmen für die gemeindlichen Zweckmäßigkeitserwägungen setzen und Instrumentarien für die Überwachung der Rechtmäßigkeit der gemeindlichen Verwaltungstätigkeit schaffen. Er hat dafür zu sorgen, daß die Gemeinden nicht willkürlich, sondern verantwortlich agieren und auch bei der Ausübung der zum Wesensgehalt zählenden Wahrnehmungskompetenzen ihre Stellung als Glied im dezentralisierten Staatsaufbau und die daraus resultierenden Notwendigkeiten zu Zusammenarbeit, Rücksichtnahme und Ausgleich in Betracht ziehen[81]. Gemeindliche Selbstverwaltung zeichnet sich daher auch im Kern nicht durch totale gemeindliche Autonomie aus. Sie konstituiert sich vielmehr wesensmäßig durch ein dem gesetzgeberischen Zugriff entzogenes Mindestmaß gemeindlichen Ermessens bei der inhaltlichen Ausgestaltung derjenigen Aufgaben, die der Gesetzgeber unter allen Umständen in gemeindlicher Kompetenzträgerschaft zu belassen hat.

Die Wesensgehaltsgarantie schützt folglich nicht nur den faktischen Bestand bestimmter gemeindlicher Kompetenzen. Sie untersagt dem Gesetzgeber darüber hinaus, die zum Kernbereich zählenden Agenden unter Beibehaltung der gemeindlichen Kompetenzträgerschaft in Fremdverwaltungsangelegenheiten umzustrukturieren, wodurch die Gemeinden zumindest einer beschränkten Fachaufsicht unterstellt und in Weisungsabhängigkeit von staatlichen Stellen gebracht würden. Die Garantie eines unantastbaren Wesensgehaltes gemeindlicher Selbstverwaltung hindert den Gesetzgeber schließlich daran, den gemeindlichen Gestaltungsspielraum hinsichtlich der Art und Weise der Aufgabenerfüllung in den zum Kernbereich zählenden Angelegenheiten durch „Vergesetzlichung", d. h. durch rechtssatzmäßige Detailvorgaben, die im Wege der Rechtsaufsicht durchsetzbar sind, substantiell in einer Weise zu beschränken, daß den Gemeinden kein Raum mehr für autonome Willensentscheidungen in der konkreten sachlichen Ausgestaltung der ihnen indisponibel zustehenden Aufgaben verbleibt. Der rechtliche Rahmen der gemeindlichen Eigenverantwortlichkeit darf also nicht so eng gezogen werden, daß die staatliche Rechtsaufsicht infolge der Quantität und Dichte der von den Gemeinden zu beachtenden Gesetze

---

[80] Vgl. BVerfG, NVwZ 1982, 95.
[81] Vgl. BVerfG, NVwZ 1982, 95.

qualitativ in eine Fachaufsicht umschlägt, wodurch letztlich Zweckmäßigkeitserwägungen dritter Stellen normativ und faktisch für die gemeindliche Aufgabenerledigung ausschlaggebend würden.

Ein mit der Wesensgehaltsgarantie unvereinbarer Eingriff in die Substanz gemeindlicher Selbstverwaltung liegt nach alledem nicht nur bei Totalentzug einer zum Kernbereich zählenden Aufgabe vor; der Wesensgehalt ist vielmehr schon dann verletzt, wenn der Gesetzgeber die den Kern der Selbstverwaltung ausmachenden Wahrnehmungsbefugnisse durch Normierung von staatlichen Weisungs- und Fachaufsichtsrechten in Fremdverwaltungsangelegenheiten umstrukturiert, respektive den gemeindlichen Ermessensspielraum hinsichtlich der konkreten Art und Weise der Aufgabenwahrnehmung, d. h. die Befugnis der Gemeinden, von mehreren rechtmäßigen Möglichkeiten die ihnen zweckmäßig erscheinende auszuwählen, durch engmaschige rechtliche Vorgaben, die aufgrund ihrer Anzahl oder Regelungsdichte qualitativ von rechtlichen Rahmenregelungen in fachliche Zweckmäßigkeitsvorschriften umschlagen, substantiell einschränkt.

Nach alledem ist der Wesensgehalt der Selbstverwaltung als ein institutionelles Substrat gemeindlicher Zuständigkeiten und Eigenverantwortlichkeit in dem Sinne unantastbar, daß bestimmte Kompetenzen den Gemeinden nicht entzogen und der gemeindliche Ermessensspielraum hinsichtlich der Modalitäten der Wahrnehmung dieser Verwaltungsfunktionen nicht substantiell reduziert werden darf. Bis hin zu diesen Grenzen, die jeweils im Einzelfall anhand des konkreten Eingriffs zu bestimmen sind, bleibt der Gesetzgeber jedoch, soweit er sich am Gemeinwohl orientiert und die Gebote des Verhältnismäßigkeitsprinzips beachtet, zur Regelung befugt.

bb) Inhaltliche Bestimmung
des Kernbereichs der Selbstverwaltung

Mit der Feststellung, daß der Wesensgehalt der Selbstverwaltung bestimmte gemeindliche Zuständigkeiten und ein Mindestmaß an Eigenverantwortlichkeit bei der Wahrnehmung dieser Agenden verbürgt, wirft sich naturgemäß die Frage auf, welche der gemeindlichen Kompetenzen dem so zu definierenden Kernbereich zuzurechnen sind. Kriterien für eine derartige Zuordnung sollen im folgenden erarbeitet werden.

*(1) Berücksichtigung der geschichtlichen
Entwicklung und der historischen Erscheinungsformen der Selbstverwaltung*

Der Wesensgehalt der Selbstverwaltung läßt sich abschließend weder durch Enumeration einzelner gemeindlicher Agenden noch in negativ-quantitativer Weise danach bestimmen, wieviel nach einem Eingriff an gemeindlicher Restsubstanz übrig bleibt. Welche einzelnen Befugnisse konkret zum Kernbereich der Selbstverwaltung gehören, kann nicht durch eine allgemeingültige Formel festgelegt werden[82]. Eine exakte Begrenzung gesetzgeberischer Befugnisse ist nur im Einzelfall möglich[83].

Ausgehend von diesem Ansatz bedienen sich das Bundesverfassungsgericht[84] und mit ihm ganz überwiegende Teile der Literatur[85] zur Beantwortung der Frage, wann anläßlich eines konkreten Eingriffs der Kernbereich der Selbstverwaltung verletzt ist, der historischen Interpretationsmethode. Danach ist zur Bestimmung dessen, was zum Wesen der Selbstverwaltung gehört und damit dem unantastbaren Kernbereich der Selbstverwaltungsgarantie unterfällt maßgeblich der geschichtlichen Entwicklung und den historischen Erscheinungsformen der Selbstverwaltung Rechnung zu tragen[86].

Mit dieser Formulierung knüpft das Bundesverfassungsgericht an die Rechtsprechung des Staatsgerichtshofes des Deutschen Reiches zu Art. 127 WRV an[87], die sich in ihrer Aussage eng an die von Carl

---

[82] Vgl. BVerfGE 17, 172 (182); 26, 172 (180, 181); 26, 228 (238).

[83] Vgl. *Stern/Burmeister*, Planungsgebot, S. 27 f.

[84] Vgl. BVerfGE 1, 167 (178); 7, 358 (364); 11, 351 (356); 17, 172 (182); 26, 172 (181); 26, 228 (238); 38, 258 (278 f.).

[85] Vgl. zur Übersicht *Thiele*, DÖD 1979, 141 (145) mit zahlreichen Nachweisen.

[86] BVerfGE 7, 358 (364); 11, 266 (274); 17, 172 (182); 23, 353 (366); 26, 228 (238); 38, 258 (278 f.); 50, 195 (201); im eingangs erwähnten „Memmingen-Beschluß" (BVerfGE 56, 298) fehlt diese Standardformulierung zwar; gleichwohl scheint das BVerfG auch in dieser Entscheidung auf seinem historischen Interpretationsansatz zu beharren, wenn es bei der Darstellung des Streitstandes hinsichtlich der Frage, ob die Bauleitplanung zu dem unantastbaren Kern der Selbstverwaltung zähle, auf die Stimmen hinweist, die behaupten, daß diese Materie nicht immer zum historischen Bild der Selbstverwaltung gehört habe.

[87] Vgl. das Urteil vom 10./11. Dezember 1929 (RGZ 126, Anhang, S. 14 ff.), in dem es u. a. heißt: „Art. 127 WRV bedeutet kein bloßes Programm ohne rechtlichen Gehalt. Er setzt vielmehr bindend fest, daß den Gemeindeverbänden das Recht der Selbstverwaltung zustehe. Die Landesgesetzgebung darf daher dieses Recht nicht aufheben und die Verwaltung der Gemeindeangelegenheiten nicht den Staatsbehörden übertragen. Sie darf die Selbstverwaltung auch nicht derart einschränken, daß sie innerlich ausgehöhlt wird, die Gelegenheit zu kraftvoller Betätigung verliert und nur noch ein Scheindasein führen kann". Dieses Urteil wurde vom Bundesverfassungsgericht in seiner ersten Entscheidung zu Art. 28 Abs. 2 GG (BVerfGE 1, 167, 174 ff.) ausdrücklich in Bezug genommen; vgl. dazu auch BVerfGE 11, 266 (273, 274).

VI. Grenzen legislatorischer Eingriffe in die Selbstverwaltung

Schmitt[88] entwickelte Lehre von den institutionellen Garantien anlehnte. Danach wurde der Gesetzgeber als durch Art. 127 WRV verpflichtet angesehen, in jedem Fall einen Rechtszustand aufrechtzuerhalten, der die geschichtlich gewachsene Selbstverwaltung in ihrem traditionellen Grundbestand bewahrte[89].

Legt man den historischen Ansatz des Bundesverfassungsgerichts einer Interpretation des Art. 28 Abs. 2 S. 1 GG zugrunde, so verletzt eine gesetzgeberische Ingerenz den Kernbereich der Selbstverwaltungsgarantie nur dann, wenn sie mit dem überkommenen Bild der Selbstverwaltung nicht in Einklang steht. Das ist der Fall, wenn der Eingriff im geschichtlich gewachsenen Kommunalverfassungsrecht ohne Vorbild ist[90]. Daraus folgt, daß die historisch gewachsenen und traditionell der Selbstverwaltung zuzurechnenden Besitzstände der Gemeinden besonderen Schutz gegenüber gesetzlichen Ingerenzen genießen. Damit sind, um eine Formulierung Sterns[91] zu gebrauchen, nicht etwa schon die Betätigungen garantiert, die die Gemeinden in einer günstigen Stunde besaßen, sondern nur diejenigen, die nach einem historisch nachzuweisenden Erfahrungssatz das Bild der deutschen Gemeinde prägen.

Dieser historische Interpretationsansatz basiert auf der dogmatischen Einordnung des Art. 28 Abs. 2 GG unter die Kategorie der institutionellen Garantien. Durch diese Art von Garantie hat das Grundgesetz die Institution der gemeindlichen Selbstverwaltung als eine bereits zum Zeitpunkt seines Inkrafttretens verfassungsrechtlich notwendige und funktionsfähige Rechtseinrichtung übernommen[92]. Als institutionelle Garantie formiert und organisiert Art. 28 Abs. 2 S. 1 GG diese Einrichtung zunächst so, wie sie vom garantiegewährenden Verfassungsgeber in der Rechtswirklichkeit vorgefunden wurde[93]. Die historisch gewachsenen Strukturen geben daher ein Indiz zur Bestimmung von Umfang und Grenzen der Verfassungsgewährleistung. Aus diesem Grunde erscheint das geschichtsbezogene Interpretationsverfahren prinzipiell zur Ermittlung des Wesensgehaltes der Institution gemeindlicher Selbstverwaltung angemessen.

Gleichwohl wird man sich fragen müssen, ob das ausschließliche Abstellen auf das historisch geprägte Bild der Selbstverwaltung unter den dargelegten veränderten Rahmenbedingungen und unter dem Gesichts-

---
[88] *C. Schmitt*, Verfassungslehre, S. 170 ff.
[89] Vgl. *Weber*, Staats- und Selbstverwaltung in der Gegenwart, 1967, S. 35.
[90] Vgl. BVerfGE 38, 258 (279); VerfGH Rh.-Pf., RiA 1982, 155 (156).
[91] Vgl. *Stern*, AfK 3 (1964), 81 (94); *ders./Burmeister*, Planungsgebot, S. 27.
[92] Vgl. *v. Mutius*, Juristentagsgutachten, 1980, S. 25 m. w. N.
[93] Vgl. *C. Schmitt*, Verfassungslehre, S. 170, 171; *ders.*, Verfassungsrechtliche Aufsätze, S. 149; *Klein*, Institutionelle Garantien, S. 165; *Abel*, Einrichtungsgarantien, S. 44, 56 f. insb. S. 59.

punkt einer Effektuierung der Selbstverwaltungsgarantie heute noch zeitgemäß ist[94].

Gegen einen solchen Ansatz spricht zunächst und vor allem, daß bei ausschließlicher Untersuchung der traditionellen Zuordnung einzelner Bereiche zur eigenverantwortlichen Regelung durch die Gemeinden dem aktuellen Gehalt, den die Selbstverwaltungsgarantie den sich wandelnden Gegenwartsanforderungen folgend stets neu finden muß, nicht hinreichend Rechnung getragen wird[95]. Den dynamischen Entwicklungen der Zeit, die eine stete Veränderung und Anpassung des Inhalts der Selbstverwaltungsgarantie verlangen, ist die Interpretation des Art. 28 Abs. 2 S. 1 GG unter ausschließlich historischem Blickwinkel nicht gewachsen. Eine zeitgemäße Entwicklung der kommunalen Selbstverwaltung wird auf diese Weise verhindert[96]. Denn ein ausschließlich geschichtsbezogenes Interpretationsverfahren mit retrospektiver Ausrichtung beinhaltet stets statische Elemente und führt damit notwendig zu einer Versteinerung gewachsener Kompetenzen und Strukturen. Junge gemeindliche Agenden, die sich erst in den letzten Jahren und Jahrzehnten zu eigenständigen Rechtsgebieten entwickelt haben, können bei historischer Betrachtungsweise nicht in den Kernschutzbereich hineinwachsen. Damit aber erschöpft sich die Selbstverwaltungsgarantie letztlich in einer Gewährleistung des bei Verfassungsgebung bestehenden status quo. Aus diesen Gründen stößt das ausschließlich geschichtsbezogene Interpretationsverfahren mit wachsender zeitlicher Distanz der Verfassung zu dem bei ihrem Inkrafttreten vorherrschenden Selbstverwaltungsverständnis auf immer größer werdende Bedenken[97].

Indes ist zu vergegenwärtigen, daß das Bundesverfassungsgericht selbst seine historische Betrachtungsweise mehrfach relativiert[98] und bis zu einem „gewissen Ausmaß"[99] eingeschränkt hat.

Nach der Anschauung des Gerichts bedeutet die Bezugnahme auf die historischen Erscheinungsformen der Selbstverwaltung nicht, daß alles beim alten bleiben müsse, und keine Regelung hingenommen werden

---

[94] Kritisch vor allem *Schultze*, Raumordnungspläne und gemeindliche Selbstverwaltung, 1970, S. 61 ff.; *Blümel*, VerwArch 1982, 329 (341).
[95] Vgl. *Schultze*, Raumordnungspläne, S. 61 ff.; *Schmidt-Aßmann*, Grundfragen, S. 129.
[96] Vgl. *Korte*, VerwArch 61 (1970), 3 (52); *ders.*, S. 58 stellt im Anschluß an *Henrichs*, DVBl 1954, 728 (734) und *Weber*, Staats- und Selbstverwaltung, S. 58 zutreffend fest, daß es nicht darum gehe, die Selbstverwaltung als „Mumie" zu erhalten, sondern sie den jeweiligen Anforderungen anzupassen.
[97] Vgl. *Schmidt-Aßmann*, Grundfragen, S. 127 ff.; *Korte*, VerwArch 61 (1970), 3 (58); *Laux*, AfK 9 (1970), 217 ff.; *Badura*, Festschr. f. Weber, 1974, S. 911 ff.; *Blümel*, VerwArch 1982, 329 (341 ff.).
[98] Vgl. BVerfGE 11, 266 (274); 23, 353 (367); 38, 258 (279); 52, 95 (117).
[99] Vgl. BVerfGE 11, 266 (274); 38, 258 (278 f.).

VI. Grenzen legislatorischer Eingriffe in die Selbstverwaltung   73

könne, die neu und ohne Vorbild ist[100]. Auch Änderungen, die in der Linie einer Fortentwicklung des überkommenen Systems liegen, sind danach zulässig, wenn sie nicht zu einer Aushöhlung der kommunalen Selbstverwaltung führen[101].

Zwar stand in den angeführten Entscheidungen, in denen das Bundesverfassungsgericht selbst seinen historischen Interpretationsansatz relativiert hat, die Bewertung neuer, die Selbstverwaltung der Gemeinden *einschränkender* Regelungen an; die Tendenz der Rechtsprechung zeigt aber, daß auch eine Fortentwicklung der Selbstverwaltungsgarantie, die zu einer Verstärkung des gemeindlichen Selbstverwaltungsrechts führt, nicht ausgeschlossen sein soll[102]. Daraus folgt, daß trotz historischer Betrachtungsweise in der Rechtsprechung des Bundesverfassungsgerichts keine „status-quo-Garantie" ausgesprochen sein soll, etwa mit Bezug auf den beim Inkrafttreten des Grundgesetzes vorhandenen Aufgabenbestand der Gemeinden[103].

Wenn folglich der historische Interpretationsansatz einer gewissen Relativierung und Modifizierung bedarf, so stellt sich die Frage nach den Grenzen dieses Auslegungsmaßstabes.

(2) Ergänzung des historischen Leitbildes
durch Berücksichtigung der aktuellen Bedeutung
einer Aufgabe für die Selbstverwaltung

Zur Beantwortung der aufgeworfenen Frage ist zunächst der methodische Hinweis erforderlich, daß die historische Auslegung zwar eines, nicht aber das ausschließliche Interpretationsverfahren zur Erschließung des Rechtsgehalts der institutionellen Garantie des Art. 28 Abs. 2 S. 1 GG darstellt[104]. Daneben stehen zur Verfassungsinterpretation die Wortlautanalyse, die Interpretation aus der systematischen Stellung der Norm im Verfassungskontext sowie das teleologische Auslegungsverfahren zur Verfügung[105].

Geht man vom Wortlaut des Art. 28 Abs. 2 S. 1 GG aus, so ist zunächst festzustellen, daß die Verfassung selbst keinen eindeutig fixierten und abschließend definierten Selbstverwaltungsbegriff parat hält[106]. Sie hebt

---

[100] Vgl. BVerfGE 23, 353 (367); 38, 258 (279); 52, 95 (117).
[101] Vgl. BVerfGE 23, 353 (367); 38, 258 (279); 52, 95 (117).
[102] Vgl. *Blümel*, VerwArch 1982, 331 (342 f.); ders., Festschr. f. v. Unruh, 1983, S. 265 (273).
[103] Vgl. *Stern*, Festschr. f. Fröhler, 1980, S. 473 (481).
[104] Vgl. dazu *Stern*, AfK 3 (1964), 81 (86 f.); *Stern/Burmeister*, Planungsgebot, S. 29.
[105] Zu den Grundsätzen objektiver Verfassungsinterpretation vgl. BVerfGE 11, 126 (130).
[106] Vgl. *Thiele*, DÖD 1979, 141; *v. Mutius*, Juristentagsgutachten, 1980, S. 27; *Bethge*, Festschr. f. v. Unruh, 1983, S. 149 m. w. N.

lediglich die tragenden Prinzipien gemeindlicher Allzuständigkeit und Eigenverantwortlichkeit in Angelegenheiten der örtlichen Gemeinschaft hervor. Insofern erscheint es gerechtfertigt, den Rechtsbegriff der Selbstverwaltung[107] als ein gegenüber zeitgemäßen Entwicklungen offenes Strukturprinzip zu bezeichnen[108].

Der Sinn und Zweck des Art. 28 Abs. 2 S. 1 GG besteht also nicht allein darin, nur die im Zeitpunkt des Inkrafttretens der Verfassung vorhandenen gemeindlichen Agenden verfassungskräftig zu schützen. Die Selbstverwaltungsgarantie ist vielmehr eine dynamisch angelegte, zukunftsorientierte Verbürgung eines dezentralisierten und demokratisch legitimierten, Autonomie vermittelnden Verwaltungstypus[109].

Um den zeitgemäßen Entwicklungen im Hinblick auf Art. 28 Abs. 2 S. 1 GG Rechnung zu tragen, muß man deshalb zur inhaltlichen Bestimmung des Wesensgehaltes der Selbstverwaltung einen der Auslegung von Institutionsgarantien im Grundsatz angemessenen historischen Interpretationsmaßstab mit einer teleologisch-sachspezifischen Betrachtungsweise verbinden[110]. Denn erst durch die Analyse der effektiven Bedeutung und des gegenwärtigen Integrationswertes eines jeden zu den Angelegenheiten der örtlichen Gemeinschaft zählenden Sachbereichs für die gemeindliche Selbstverwaltung in der Gegenwart können die Schwächen eines ausschließlich geschichtsbezogenen Interpretationsverfahrens überwunden werden.

Deshalb kommt es zur inhaltlichen Bestimmung des Kernbereichs der Institution weder auf die Anzahl gesetzlicher Zugriffe auf den Bestand der Selbstverwaltungsangelegenheiten noch auf die Intensität der legislatorischen Ingerenzen in die Eigenverantwortlichkeit an, noch darauf, was nach dem Eingriff quantitativ an Selbstverwaltungsrechten übrig bleibt[111]. Den Wesensgehalt der Selbstverwaltung konstituieren vielmehr diejenigen gemeindlichen Kompetenzen, die entweder nach einem historisch zu belegenden Erfahrungssatz[112] oder aber aufgrund ihrer effektiven aktuellen Bedeutung[113] zu denjenigen integralen Elementen gehören, die den Typus „Selbstverwaltung", d. h. die mit dieser Bezeichnung umschriebene Verwaltungsform, entscheidend prägen[114].

---
[107] Zum juristischen insb. verfassungsrechtlichen Begriff der Selbstverwaltung vgl. oben I. 1. b).
[108] Vgl. *Stern*, AfK 3 (1964), 81 (94); *Tettinger*, JZ 1984, 400 (408).
[109] Vgl. *Stern*, Festschr. f. Fröhler, 1980, S. 473 (477).
[110] Vgl. *Schmidt-Aßmann*, Fortentwicklung, S. 36 f. m. w. N.
[111] Vgl. BK *Stern*, Art. 28 Rn. 123.
[112] Vgl. *Stern*, AfK 3 (1964), 81 (94); *Stern/Burmeister*, Planungsgebot, S. 27.
[113] Vgl. *Schmidt-Aßmann*, Gesetzliche Maßnahmen zur Regelung einer praktikablen Stadtentwicklungsplanung, in: Raumplanung — Entwicklungsplanung, 1972, 101 ff. (144); ders., Fortentwicklung, S. 36.

VI. Grenzen legislatorischer Eingriffe in die Selbstverwaltung

So unscharf diese Aussage auf den ersten Blick sein mag, sie erfährt doch eine Konkretisierung, wenn es um die Existenz ganz bestimmter gemeindlicher Aufgaben geht. Denn als typusbestimmend sind neben den geschichtlich gewachsenen und verfestigten Besitzständen nur diejenigen gemeindlichen Befugnisse zu qualifizieren, die von derart integraler Bedeutung für die Eigenständigkeit der Gemeinden sind, daß ohne ihre eigenverantwortliche und staatsunabhängige Wahrnehmung die Gemeinden nicht mehr als selbständige, dezentralisierte Verwaltungsträger mit autonomen Entscheidungskompetenzen und eigenem Ermessensspielraum hinsichtlich der zweckmäßigen sachlichen Ausgestaltung der Aufgabenwahrnehmung, sondern als bloße nachgeordnete, weisungsabhängige Vollzugsinstanzen unmittelbarer staatlicher Verwaltung erscheinen würden.

Zu diesen Struktur und Typus der Selbstverwaltung prägenden Befugnissen gehören zunächst diejenigen Existenzaufgaben, durch deren Erfüllung die notwendigen institutionellen, strukturellen, personellen, organisatorischen und finanziellen Voraussetzungen für eine eigenverantwortliche Erfüllung der im örtlichen Bereich anfallenden Aufgaben geschaffen werden. Den Wesensgehalt der Selbstverwaltung konstituieren ferner diejenigen Zweckfunktionen, die der funktionellen Entfaltung der Gemeinden dienen, und deren eigenverantwortliche Erledigung ein unabdingbares Erfordernis für eine autonome Gestaltung und Verwaltung der örtlichen Lebensverhältnisse durch die Gemeinden darstellt.

Zusammenfassend bleibt festzuhalten, daß die zum Wesensgehalt zählenden gemeindlichen Befugnisse einerseits durch Untersuchung der historischen Entwicklung und der geschichtlichen Erscheinungsformen der Selbstverwaltung, andererseits in der Weise zu ermitteln sind, daß man nach der effektiven Bedeutung und dem aktuellen Integrationswert eines jeden zu den Angelegenheiten der örtlichen Gemeinschaft zählenden Kompetenzbereichs in der Gegenwart fragt. Nur auf diese Weise kann der Kernbereich der Selbstverwaltung qualitativ bestimmt und eine dynamische gemeindliche Selbstverwaltung gesichert werden.

---

[114] Vgl. StGH Ba.-Wü., ESVGH 26, 1 (4); VerfGH NW, DVBl 1983, 714 (715); *Sasse*, AöR 85 (1960), 423 (433); *Stern*, AfK 3 (1964), 81 (87, 94); *Lerche*, Verfassungsfragen, S. 99, 107; *Scholz*, Das Wesen und die Entwicklung der gemeindlichen öffentlichen Einrichtungen, 1967, S. 55; *Siedentopf*, DVBl 1975, 13 (17); *Schmidt-Jortzig*, Einrichtungsgarantien, S. 42.

Zweiter Teil

Verfassungsrechtliche Verankerung der gemeindlichen Planungshoheit in der Selbstverwaltungsgarantie des Art. 28 Abs. 2 S. 1 GG

Gegenstand des ersten Teils der Arbeit war die grundlegende Befassung mit dem verfassungsrechtlichen Gehalt des Art. 28 Abs. 2 S. 1 GG. Nunmehr soll der Frage nachgegangen werden, ob und in welchem Umfang speziell die gemeindliche Planungshoheit unter dem Schutz der Selbstverwaltungsgarantie steht. Zur Beschäftigung mit dieser Frage ist es vorab erforderlich, sich dem Phänomen „Planung" als staatlicher Aufgabe zuzuwenden.

I. Begriff und Bedeutung der Planung im sozialen Rechtsstaat

1. Der Begriff der Planung

Eine Definition des vielfach gebräuchlichen Begriffs der Planung ist wegen des komplexen Systems, das dieser Terminus bezeichnet, äußerst schwierig. Herausarbeiten lassen sich aber einige Kriterien, die den Inhalt des Planungsbegriffs kennzeichnen:

— Der Planung liegt das Bestreben zugrunde, zukünftige Verhaltensweisen beeinflussend zu gestalten, um ein vorgegebenes oder selbstgesetztes Ziel mit bestimmten Mitteln, innerhalb einer bestimmten Zeit und nach einer vorher bestimmten Methode zu erreichen[1]. Planung stellt damit das Gegenteil einer rein reaktiven Verhaltensweise dar; sie ist ein komplexes, final determiniertes, Aktivität, Information und Koordination voraussetzendes Gestaltungsmittel[2].

---

[1] Vgl. *Luhmann*, Politische Planung, 1971, S. 67; *Graf Vitzthum*, Parlament und Planung, 1978, S. 60 ff.; *Würtenberger*, Staatsrechtliche Probleme politischer Planung, 1979, S. 38 ff.

[2] Vgl. *Stern*, StaatsR II, S. 704; *Thieme*, Verwaltungslehre, Rn. 964, 977; *Scheuner*, Verfassungsrechtliche Probleme einer zentralen staatlichen Planung, in: J. H. Kaiser (Hrsg.), Planung I, 1965, 67 (73); *Ossenbühl*, Welche normativen Anforderungen stellt der Verfassungsgrundsatz des demokratischen Rechtsstaates an die planende staatliche Tätigkeit, dargestellt am Beispiel der Entwicklungsplanung, Gutachten B zum 50. DJT 1974, S. 36 f. m. w. N.

— Planung in diesem Sinne ist das Planen als Prozeß, d. h. als Entscheidungsvorgang[3]. Produkt der Planung ist ein Plan oder Programm[4]. Dieses Produkt enthält eine Summe von Handlungsanweisungen zur Lösung eines bestimmten Problems[5]. Der Plan ist also eine je nach Bedürfnis unterschiedlich konkret und bestimmt gefaßte — insbesondere räumlich und zeitlich fixierte — Beschreibung und Koordination der zur Verwirklichung der Planziele erforderlichen zukünftigen Verhaltensweisen[6].

— Planung und Pläne dienen der Optimierung von Entscheidungen im Hinblick auf bestimmte Ziele. Deshalb ist die Planung ein Instrument zur Bewältigung unterschiedlichster Aufgaben aus allen möglichen Lebensbereichen. Planung betreiben Individuen und Gemeinschaften, Verwaltungen und Wirtschaften, Staaten und supranationale Organisationen. Planung ist deshalb keine spezifisch staatliche oder kommunale Angelegenheit.

— Planung setzt ihrer Konzeption nach eine teilweise gedankliche Vorwegnahme komplexer zukünftiger Vorgänge voraus. Sie basiert auf einer Analyse bestehender Gegebenheiten und enthält eine Prognose über den zukünftigen Verlauf umfassender, interdependenter Prozesse[7]. Die Schwierigkeiten einer zutreffenden Prognose liegen dabei vor allem in einer sicheren Bestandsaufnahme und Beherrschung aller planungsrelevanten Faktoren[8]. Aus prognostischen Fehlern und aus der möglichen Veränderung der Planziele während der Planungsphase resultieren unvermeidbare Unsicherheitskoeffizienten, die eine ständige Kontrolle und Anpassung der erarbeiteten Pläne erforderlich machen[9]. Unabdingbare Voraussetzung für eine erfolgreiche Planung ist deshalb eine permanente Rückkopplung zwischen planerischen Gestaltungsabsichten einerseits und Akzeptanz durch die betroffenen Kreise andererseits.

2. Planung als staatliche Funktion

Planung als staatliche Aufgabe ist kein Phänomen, das erst dem Staats- und Verwaltungsrecht der Gegenwart geläufig wäre. Denn

---
[3] Vgl. *Thieme*, Verwaltungslehre, Rn. 965.
[4] Beide Begriffe werden synonym verwendet; in bestimmten Bereichen hat sich der Terminus „Plan" (z. B. Bauleitplan), in anderen der Begriff „Programm" (z. B. Raumordnungsprogramm) durchgesetzt.
[5] Vgl. *Thieme*, Verwaltungslehre, Rn. 963.
[6] Vgl. *Wolff/Bachof*, VwR I, § 18 I b 4 und § 47 IX a.
[7] Vgl. *Schmidt-Aßmann*, DÖV 1974, 541 (542); *Stern*, StaatsR II, S. 704.
[8] Vgl. *Stern*, StaatsR II, S. 704.
[9] Vgl. *Erichsen/Martens*, Allg. VwR, § 23.

Planung als verhaltenssteuernden Entscheidungsprozeß hat es seit jeher in staatlichen Gemeinschaften gegeben. Paradigmatisch sei insoweit auf Haushalts- und Fluchtlinienpläne hingewiesen, die schon zum traditionellen Bestand hoheitlicher Handlungskategorien zählen.

Neu sind allerdings Anzahl, Bedeutung und Funktionen gegenwärtiger staatlicher Planungen.

Während staatliche Planung traditionell eher reaktiv ausgerichtet war und in erster Linie dem Krisenmanagement diente, liegt der Planung im Staat der Gegenwart eine aktiv politisch-gestalterische Konzeption zugrunde[10]. Planung dient heute primär der Umsetzung politischen Gestaltungs- und Veränderungswillens. Moderne Planung wirkt influenzierend und determinierend[11]. Sie vollzieht sich auf der Basis zunehmender Kenntnis von der Interdependenz und Komplexität gesellschafts-, wirtschafts- und staatspolitischer Vorgänge[12]. Seit Mitte der 60er Jahre, als infolge der Etablierung des Sozialstaates eine deutliche Zunahme staatlicher Aufgaben zu verzeichnen war[13], ist die Planung zum zentralen Steuerungsinstrument der staatlichen Entwicklung geworden.

Anzahl und Bedeutung staatlicher Pläne haben dementsprechend in der jüngeren Geschichte der Bundesrepublik erheblich zugenommen. Die Erscheinungsformen der Pläne und Programme reichen von Bauleitplänen, Landesentwicklungsplänen, Gebietsentwicklungsplänen und Raumordnungsprogrammen über Generalverkehrspläne, Investitions- und Finanzpläne bis hin zu Organisations-, Personalbedarfs- und Schulentwicklungsplänen. Die beliebig fortsetzbare Aufzählung gibt einen Überblick über die Sachbereiche, in denen sich ein Bedürfnis nach staatlicher bzw. kommunaler Planung und Lenkung gezeigt hat.

Die Notwendigkeit öffentlicher Planungen ist in weiten Bereichen unumstritten, wenn auch die Grenzen sinnvoller Planung in den letzten Jahren deutlich geworden ist. Planung und Pläne sind aus unserem Staat nicht mehr wegzudenken. Planung ist ein Phänomen, das nicht nur einen sicheren Platz unter den vorhandenen staatlichen Handlungskategorien einnimmt, sondern inzwischen selbst zu einer der bedeutsamsten Staatsfunktionen geworden ist. Dabei ist Planung für Verwaltung und Politik von gleicher Relevanz. Sie durchdringt alle Lebens-

---

[10] Vgl. *Thieme*, Verwaltungslehre, Rn. 972 ff.; *Ossenbühl*, DJT-Gutachten, S. 31 f. m. w. N.
[11] Vgl. *Stern*, StaatsR II, S. 712.
[12] Vgl. *Erichsen/Martens*, Allg. VwR, § 21.
[13] Zu den sozialen Antriebskräften staatlicher Planungen vgl. *Stern*, StaatsR II, S. 706 f.; *Schatz*, Auf der Suche nach neuen Problemlösungsstrategien: Die Entwicklung der politischen Planung auf Bundesebene, in: R. Mayntz/F. Scharpf (Hrsg.), Planungsorganisation, 1973, S. 9 (16 ff.).

bereiche und berührt die Rechts- und Interessensphäre des einzelnen Bürgers unmittelbar. Deshalb muß die staatliche Planung in das verfassungsrechtliche System der Machtverteilung und -begrenzung, wie es das Grundgesetz vorsieht, einbezogen werden.

3. Die funktionelle Zuordnung der Planung

Planung ist ein Thema, das dem Grundgesetz nicht fremd ist. Art. 53 a Abs. 2 S. 1 GG erwähnt die Verteidigungsplanung, Art. 91 a Abs. 3 GG die Rahmenplanung, Art. 91 b GG die Bildungsplanung, Art. 109 Abs. 3 GG die Finanzplanung und Art. 110 GG die Haushaltsplanung. Im übrigen enthält das Grundgesetz aber keine ausdrückliche Regelung der Planungskompetenz. Insbesondere etabliert es keine eigenständige Planungsgewalt[14]. Deshalb muß für die funktionelle Verteilung der Planungsbefugnis in der Horizontalen auf das Gewaltenteilungsprinzip zurückgegriffen werden[15]. Planungskompetent sind danach, sieht man einmal von der Geschäftsverteilungsplanung der Gerichte ab, nur die Organe der Legislative und Exekutive[16].

Dabei liegt es nahe, daß die Aufgabe der Planerarbeitung von der Exekutive wahrgenommen wird[17]. Dafür spricht neben Gründen der Arbeitsteilung vor allem, daß bei der Exekutive die nötige Sachkompetenz und der erforderliche bürokratische Apparat zu vermuten ist[18].

Der Regierung obliegt es entsprechend ihrer politischen Führungsrolle, planerische Initiativen zu ergreifen[19].

Das Parlament kann über Planungen beschließen, wenn es das will. Das liegt in seiner Kompetenz, die nur durch die Verfassung begrenzt ist[20]. Darüber hinaus muß der Gesetzgeber nach der Wesentlichkeitstheorie dann selbst über Planungen entscheiden, wenn diese grundlegende normative Bereiche, insbesondere Fragen der Grundrechtsausübung, betreffen[21].

---
[14] Vgl. *Vogel*, VVDStRL 24 (1966), 125 (178); *Böckenförde*, Der Staat 11 (1972), 429 (444); *Fricke*, DÖV 1973, 406 (408); *Kleffmann*, BayVBl, 1979, 421 (423).
[15] Vgl. *Ossenbühl*, DJT-Gutachten, S. 65 m. w. N.
[16] Vgl. *Stern*, StaatsR II, S. 715; *Ossenbühl*, DJT-Gutachten, S. 62.
[17] Vgl. *Thieme*, Verwaltungslehre, Rn. 1001 ff.
[18] Vgl. *Grimm*, ZParl 1970, 448 (456 ff.); *Jahn*, Verfassungsrecht und Verfassungswirklichkeit — zum Spannungsverhältnis zwischen planender Demokratie und Grundgesetz, 1971, S. 26.
[19] *Fricke*, DÖV 1973, 406 (408); *Vitzthum*, Parlament und Planung, S. 266; *Kaufmann*, VVDStRL 9 (1952), 1 (7).
[20] Vgl. *Stern*, StaatsR II, S. 719; *Ossenbühl*, DJT-Gutachten, S. 71 ff.; *Siegmund*, Die Planungskompetenzen der Bundesregierung und ihre Schranken nach dem Bonner Grundgesetz, Diss. Köln 1976.
[21] Zur Wesentlichkeitstheorie vgl. BVerfGE 48, 89 (125).

Die Planungsgewalt unterliegt jedoch nicht nur auf horizontaler Ebene einer verfassungsrechtlichen Einbindung in das System der Gewaltenteilung. Sie ist darüber hinaus aufgrund der föderativen Verfassungsordnung in vertikaler Richtung zwischen Bund, Ländern und Gemeinden aufgeteilt. Das Prinzip der Dezentralisation durch Kompetenzverteilung auf selbständige Hoheitsträger ergänzt das System der Gewaltenteilung und -balance zwischen Legislative, Exekutive und Judikative.

In der föderativen Verfassungsordnung des Grundgesetzes steht die Befugnis zur Planung deshalb entsprechend den unterschiedlichen Planungsaufgaben nach Maßgabe der verfassungsrechtlichen Kompetenzordnung jedem Hoheitsträger in seinem Funktionsbereich zu[22]. Planungskompetent sind also jeweils für ihren Bereich neben dem Bund und den Ländern auch die Gemeinden[23].

II. Der Begriff der gemeindlichen Planungshoheit

Während Planungskompetenz in dem vorbezeichneten Sinne die umfassende Befugnis eines Hoheitsträgers zur Planung unterschiedlichster Sachgebiete beinhaltet, wird der Begriff der gemeindlichen Planungshoheit nach herkömmlicher Definition enger gefaßt.

Unter gemeindlicher Planungshoheit versteht man das Recht der Gemeinden, ohne durchgängige und strikte Bindung an staatliche Vorgaben aufgrund eigenen politisch-administrativen Entscheidungsspielraums über die bauliche und sonstige Nutzung des Grund und Bodens disponieren zu können[1]. Damit ist die gemeindliche Planungshoheit schon begrifflich auf die Befugnis zur grundsätzlich eigenverantwortlichen Ordnung und Gestaltung des Gemeindegebietes, insbesondere durch verbindliche Planungen bezüglich der baulichen und sonstigen Nutzung der Grundstücke, beschränkt[2]. Als Planungshoheit ist also die Kompetenz der Gemeinden zu bezeichnen, im gemeindlichen Raum eine Gesamtordnung raumbezogenen Verhaltens aktiv-gestalterisch zu entwickeln und verbindlich festzulegen.

---

[22] Vgl. *Hoppe*, Planung und Pläne in der verfassungsgerichtlichen Kontrolle, in: Ch. Starck (Hrsg.), Bundesverfassungsgericht und Grundgesetz, Festgabe, Bd. 1, 1976, S. 663 (667).
[23] Vgl. *Rothe*, Festschr. f. Weber, 1974, S. 893 (900).
[1] Grundlegend BVerwGE 34, 301 (304); vgl. dazu ferner *Heinemann*, DÖV 1982, 189 (191).
[2] Vgl. *Stern*, StaatsR I, § 12 II 4 S. 414 mit zahlreichen Nachweisen; *v. Mutius*, JuS 1977, 592 (593).

1. Gemeindliche Planungshoheit als plakative Bezeichnung eines Bündels gemeindlicher Kompetenzen zur Bodenordnung

Mit den eben getroffenen Feststellungen ist noch keine Aussage über die konkret der Planungshoheit unterfallenden gemeindlichen Agenden verbunden. Denn der Begriff der Planungshoheit bezeichnet lediglich relativ indifferent und plakativ ein ganzes Bündel gemeindlicher Rechte bezüglich der Ordnung und Gestaltung des Gemeindegebietes. Der Planungshoheit der Gemeinden unterfallen so unterschiedliche Kompetenzen wie die Bauleitplanung, die Maßnahmen zur Sicherung der Bauleitplanung, das Umlegungsverfahren, gewisse Einzelfallentscheidungen wie z. B. die Erklärung des Einvernehmens nach § 36 BBauG u. a. m.[3]. Diese Enumeration zeigt, daß der Begriff „Planungshoheit" lediglich zur pauschalen Bezeichnung eines Inbegriffs einzelner, konkreter gemeindlicher Befugnisse dienen kann, ohne selbst dazu beizutragen, bestimmte gemeindliche Zuständigkeiten konturenscharf und rechtsverbindlich festzulegen.

Insbesondere einer unmittelbaren Subsumtion unter die Verfassungsnorm des Art. 28 Abs. 2 S. 1 GG ist der Begriff der Planungshoheit nicht zugänglich. Deshalb muß die Frage, ob und in welchem Umfang die Planungshoheit der Gemeinden unter dem Schutz der Selbstverwaltungsgarantie steht, jeweils für die einzelnen, diese „Hoheit" konkret konstituierenden Kompetenzen beantwortet werden.

2. Bauleitplanungskompetenz und Planungsermessen als zentrale Elemente des Begriffs der gemeindlichen Planungshoheit

Von zentraler Bedeutung für die Umsetzung der Planungshoheit der Gemeinden ist ihre Kompetenz zur Bauleitplanung, also die Befugnis, Flächennutzungspläne (vorbereitende Bauleitpläne) und Bebauungspläne (verbindliche Bauleitpläne) in eigener Verantwortung aufzustellen. Im Verhältnis zur Bauleitplanung haben die anderen raumbeanspruchenden und raumrelevanten Planungen, die die Gemeinden in ihrem Raum zusätzlich entwickeln, wie etwa die Generalverkehrs- und Siedlungsschwerpunkteplanung, die Freiflächen- und Sportstättenleitplanung, die Festlegung von Sanierungs-, Ersatz-, Ergänzungs- und Anpassungsgebieten nach §§ 3 Abs. 1, 11 Abs. 1, 62 Städtebauförderungsgesetz sowie die planerischen Maßnahmen nach dem II. Wohnungsbaugesetz, nur begleitenden und ergänzenden Charakter[4]. Angesichts dieser

---
[3] Vgl. dazu *Holdheide*, Das Zusammenwirken der Gemeinde und der Baugenehmigungsbehörde nach dem Bundesbaugesetz, S. 15 ff.; *Ernst/Hoppe*, Bau- und Bodenrecht, S. 97 Rn. 175.
[4] Vgl. dazu *Schmidt-Aßmann*, VerwArch 71 (1980), 117 (127); *Krischmann*,

2. Teil: Die Verfassungsgarantie der Planungshoheit

Sachlage läßt sich die Planungshoheit der Gemeinden im wesentlichen definieren als die Kompetenz zur Erstellung der Bauleitpläne in eigener Verantwortung[5].

Diese Kompetenz schließt begriffsnotwendig ein Planungsermessen, d. h. einen planerisch-gestalterischen Freiraum der Gemeinden ein, in dem sie eigene Planvorstellungen frei von staatlichen Zweckmäßigkeitserwägungen entwickeln und verwirklichen können[6].

3. Einfachgesetzliche Normierung gemeindlicher Planungshoheit im Bundesbaugesetz

Die Befugnis, Bauleitpläne in eigener Verantwortung aufzustellen, wird den Gemeinden einfachgesetzlich durch § 2 Abs. 1 S. 1 BBauG zuerkannt. Der ihnen damit eröffnete Planungsspielraum ist jedoch rechtsnormativ auf vielfache Weise begrenzt. So sind die Gemeinden etwa gem. § 1 Abs. 4 BBauG verpflichtet, ihre Bauleitpläne an die Ziele der Raumordnung und Landesplanung anzupassen[7]. Um die Erfüllung dieser Anpassungspflicht verfahrensmäßig zu sichern, wird in § 2 Abs. 5 BBauG den Behörden und Stellen, die „Träger öffentlicher Belange" sind, ein Beteiligungsrecht eingeräumt[8].

Die Landesregierungen werden durch § 4 Abs. 2 BBauG ermächtigt, Gemeinden unter bestimmten Voraussetzungen zu Planungsverbänden zusammenzuschließen[9]. § 147 BBauG eröffnet die Möglichkeit, gemeindliche Planungszuständigkeiten auf eine andere Gebietskörperschaft oder einen Verband zu übertragen[10].

Der Einfluß staatlicher Raumplanung auf die kommunale Planungshoheit, 1983, S. 17.

[5] Vgl. *Bartlsperger*, DVBl 1967, 360 ff.; *Laux*, Landkreis 1973, 427 (429); *Rothe*, Festschr. f. Weber, 1974, S. 893 (899); *Stern/Burmeister*, Planungsgebot, S. 19; *Ernst/Hoppe*, Bau- und Bodenrecht, Rn. 167; *Finkelnburg/Ortloff*, Öffentliches Baurecht, S. 17; *Ernst/Zinkahn/Bielenberg*, BBauG, § 2 Rn. 1 ff.

[6] Vgl. BVerwGE 34, 301 (304); *Finkelnburg/Ortloff*, Öffentliches Baurecht, S. 17.

[7] Vgl. *Hendler*, Gemeindliches Selbstverwaltungsrecht und Raumordnung, 1972, S. 16 ff.; *Evers*, Das Recht der Raumordnung, 1973, S. 135 ff.; *Motyl*, Die Gemeinden in der Landesplanung, 1973, S. 76 ff.; *Rutkowski*, Einfluß der Regionalplanung auf die gemeindliche Bauleitplanung, Diss. Münster 1974, S. 61 ff.; *Fröhling*, Landesplanung in Nordrhein-Westfalen und Garantie der gemeindlichen Selbstverwaltung, Diss. Münster 1976, S. 29 ff.; *Wahl*, Rechtsfragen der Landesplanung und Landesentwicklung, 1978, S. 114 ff.

[8] Vgl. dazu *Ernst/Zinkahn/Bielenberg*, BBauG, § 2 Rn. 91 ff.; *Schrödter*, BBauG, § 2 Rn. 5.

[9] Als Beispiel für die zwangsweise Bildung eines Planungsverbandes vgl. OVG Lüneburg, BRS 28, 74 f.

[10] Vgl. *Ernst/Zinkahn/Bielenberg*, § 147 Rn. 2; *Schmidt-Aßmann*, VerwArch 1980, 117 (131); *Blümel*, VerwArch 1982, 329 (341, 344).

III. Bauleitplanung als Angelegenheit der örtlichen Gemeinschaft 83

Die beispielhaft genannten Beschränkungen gemeindlicher Planungsautonomie werfen die Frage auf, wo die Grenzen gesetzgeberischer und administrativer Eingriffe in die gemeindliche Planungshoheit zu ziehen sind. Damit wird das grundsätzlich bedeutsame Problem berührt, ob und inwieweit die eigenverantwortliche Bauleitplanung der Gemeinden unter dem Schutz der Selbstverwaltungsgarantie des Art. 28 Abs. 2 S. 1 GG steht. Insbesondere ist der Frage nachzugehen, ob § 2 Abs. 1 S. 1 BBauG eine konstitutive Kompetenzzuweisung enthält, die zur Disposition des Gesetzgebers steht und durch einen entsprechenden actus contrarius wieder beseitigt werden kann, oder ob darin nur die Bestätigung und Ausgestaltung einer den Gemeinden nach Art. 28 Abs. 2 S. 1 GG ohnehin zustehenden Planungskompetenz im örtlichen Wirkungskreis zu sehen ist.

Zur Beantwortung der aufgeworfenen Fragen sind die zu Art. 28 Abs. 2 S. 1 GG entwickelten Leitlinien heranzuziehen. Danach ist erste Voraussetzung für die Erstreckung des Schutzbereichs der Selbstverwaltungsgarantie auf die gemeindliche Bauleitplanung, daß es sich bei letzterer um eine „Angelegenheit der örtlichen Gemeinschaft" i. S. d. Art. 28 Abs. 2 S. 1 GG handelt.

III. Gemeindliche Bauleitplanung als Angelegenheit der örtlichen Gemeinschaft i. S. d. Art. 28 Abs. 2 S. 1 GG

Das Recht der Gemeinden zur Regelung der Angelegenheiten der örtlichen Gemeinschaft ist nach dem oben dargelegten Selbstverwaltungsverständnis nicht auf die Wahrnehmung solcher Sachaufgaben beschränkt, die von ausschließlich örtlicher Relevanz sind. Die gemeindlichen Befugnisse reichen vielmehr entsprechend dem jeweiligen tendenziellen Bezug einer anfallenden Aufgabe auf die örtliche Gemeinschaft von bloßen verfahrensmäßigen Beteiligungsrechten bei primär überörtlichen Angelegenheiten bis hin zur grundsätzlich eigenverantwortlichen Wahrnehmung solcher Verwaltungsagenden, die ganz überwiegend als örtliche Angelegenheiten einzustufen sind.

Zur Beantwortung der Frage, ob die Bauleitplanung zu denjenigen tendenziell örtlichen Angelegenheiten zählt, deren eigenverantwortliche Erledigung Art. 28 Abs. 2 S. 1 GG den Gemeinden im Grundsatz verfassungskräftig zusichert, ist der Grad der Bezogenheit der beiden Arten von Bauleitplänen auf die örtliche Gemeinschaft festzustellen. Vorrangig sollen zu diesem Zweck Inhalt, Aussagen und Bedeutung des Flächennutzungsplanes im System gemeinderelevanter Planungen untersucht werden.

2. Teil: Die Verfassungsgarantie der Planungshoheit

1. Der Grad der örtlichen Bezogenheit des Flächennutzungsplanes

Der Flächennutzungsplan (vorbereitender Bauleitplan, §§ 5 ff. BBauG) stellt für das gesamte Gebiet[1] der planenden Gemeinde[2] die sich aus der beabsichtigten städtebaulichen Entwicklung ergebende Art der Bodennutzung in sämtlichen Erscheinungsformen oder nach Teilgesichtspunkten geordnet[3] in den Grundzügen dar.

*a) Berücksichtigung überörtlicher Belange
bei der Flächennutzungsplanung*

Der vorbereitende Bauleitplan steht an der Nahtstelle zwischen örtlicher und regionaler Planung[4]. Diese besondere Position des Flächennutzungsplanes ergibt sich aus dem Faktum, daß er als gesamtgemeindlicher Plan bis an die Gemeindegrenzen vorstößt, infolgedessen nahezu automatisch in Kontakt mit nachbargemeindlichen Interessen tritt und die daraus sich ergebenden horizontalen, interkommunalen Interdependenzen bei der Planung der gemeindlichen Randzonen Beachtung finden müssen[5].

Darüber hinaus ist nicht zu verkennen, daß einzelne Aussagen des Flächennutzungsplans, wie etwa die Darstellung von Flächen für Industrieansiedlungen, großräumige Erholungsgebiete, überörtliche Verkehrswege oder sonstige Infrastrukturen regelmäßig über die Gemeindegrenzen hinaus Bedeutung gewinnen[6]. So kann z. B. die Planung von Industrieansiedlungen in einer Gemeinde zur Folge haben, daß ganze Industriezweige aus anderen Gemeinden abwandern[7], was seinerseits entsprechende Veränderungen des jeweiligen Realsteueraufkommens bewirken, Bevölkerungsfluktuationen auslösen, vorhandene Wohnbebauung und bestehende Infrastrukturen an der einen Stelle als überflüssig erscheinen lassen und an anderer Stelle erforderlich machen kann[8].

---

[1] Zur Unzulässigkeit eines räumlichen Teilplanes vgl. VGH Kassel, NJW 1978, 557.
[2] Zur Fortgeltung eines Flächennutzungsplanes bei kommunaler Gebietsänderung vgl. BVerwGE 45, 25 (28 ff.).
[3] Vgl. *Ernst/Zinkahn/Bielenberg*, BBauG, § 5 Rn. 5.
[4] Vgl. *Schmidt-Aßmann*, Stadtentwicklungsplanung, S. 101 ff. (140).
[5] Vgl. StGH Ba.-Wü., ESVGH 26, 1 (7); *Weitzel*, DÖV 1971, 842 (844); *Brohm*, JuS 1977, 500 (506); *Schmidt-Aßmann*, Fortentwicklung, S. 37.
[6] Vgl. *Evers*, Raumordnung, S. 142.
[7] Dieses Problem beschäftigt gegenwärtig einige nordrhein-westfälische Gemeinden entlang der Rheinschiene, wo vor allem Industrien aus den Ballungszentren in die ländlichen Zonen abwandern.
[8] Vgl. dazu die empirische Untersuchung von *Krischmann*, Planungshoheit, S. 30 ff.

III. Bauleitplanung als Angelegenheit der örtlichen Gemeinschaft   85

Die überörtliche Relevanz der Aussagen des Flächennutzungsplanes tritt vor allem in Ballungszentren und Stadt-Umland-Bereichen deutlich zutage[9].

Indes steht die gemeindliche Flächennutzungsplanung nicht nur in interkommunalen Bezügen. Hinzu kommt vielmehr, daß die Gemeinden nicht nur horizontal miteinander verflochten, sondern gerade auf dem Planungssektor ganz erheblichen vertikalen Einflüssen ausgesetzt sind[10]. Denn der zu beplanende Raum ist nicht nur der örtlich-gemeindliche, sondern zugleich der des Bundes und des betreffenden Landes. Daraus folgt, daß gemeindliche Planungen regelmäßig mit staatlichen Gestaltungsinteressen konkurrieren[11], was unter dem Aspekt der Vermeidung von Ziel- und Interessenkonflikten zu einer gegenseitigen Planungskoordination und Rücksichtnahme zwischen staatlichen und gemeindlichen Stellen verpflichtet.

Die genannten horizontalen und vertikalen Verflechtungen lassen den vorbereitenden Bauleitplan zu einer Schaltstelle werden, über die überörtliche Belange besonders stark in die gemeindliche, städtebauliche Planung einfließen[12]. Die Flächennutzungsplanung ist also keine *ausschließlich* örtliche Angelegenheit.

b) Örtliche Bezüge der Flächennutzungsplanung

Andererseits darf jedoch nicht verkannt werden, daß die Flächennutzungsplanung normativ ausschließlich auf die räumliche Ordnung und Gestaltung des Gemeindegebietes durch vorbereitende Planung der baulichen und sonstigen Nutzung der im Ort belegenen Grundstücke bezogen ist. Dementsprechend beschränkt sich die Befugnis der Gemeinden zur vorbereitenden Bauleitplanung, trotz aller faktischen Auswirkungen über die Gemeindegrenzen hinaus, normativ und kompetentiell auf das Gemeindegebiet[13]. Die Flächennutzungsplanung ist also ihrer Konzeption nach eine umfassende örtliche, städtebauliche und nicht eine überörtliche, regionale oder fachliche Planung. Sie wird im Gegensatz zu Raumordnung und Landesplanung[14], deren Spezifikum es ist, durch

---

[9] Vgl. *Schmidt-Aßmann*, Fortentwicklung, S. 37.
[10] Dazu insbesondere *Blümel*, VVDStRL 36 (1978), 171 (252 ff.); *Köstering*, VR 1979, 149 ff.
[11] Vgl. *Stern/Burmeister*, Planungsgebot, S. 31; *Heinemann*, DÖV 1981, 189 (192).
[12] *Schmidt-Aßmann*, Stadtentwicklungsplanung, S. 101 ff. (113); *Rothe*, Festschr. f. Weber, 1974, S. 893 (904).
[13] Vgl. § 5 Abs. 1 BBauG.
[14] Die Begriffe Raumordnung und Landesplanung sind weitestgehend bedeutungsgleich; sie unterscheiden sich nur durch den räumlichen Bezug der Planung auf das Gebiet des Gesamtstaates (Raumordnung) bzw. des Glied-

zusammenfassende überörtliche und überfachliche[15] Pläne in übergreifenden räumlichen und zeitlichen Dimensionen und unter Beachtung umfassender Gesichtspunkte[16] alle raumrelevanten Vorhaben, Investitionen und sonstigen Maßnahmen der öffentlichen Hand mit dem Ziel der optimalen Ordnung und Entwicklung des Gesamtstaates zu koordinieren[17], und im Unterschied zu den diversen staatlichen Fachplanungen[18] ganz entscheidend durch die Berücksichtigung lokaler Belange geprägt.

Die Flächennutzungsplanung dient der Darstellung der beabsichtigten städtebaulichen Entwicklung der jeweils konkret planenden Gemeinden. Sie hat sich an den voraussehbaren Bedürfnissen der jeweiligen Gemeinde und ihrer Einwohner zu orientieren, in deren Interesse die Bauleitpläne primär aufgestellt werden und zu deren Lasten und Gunsten sich ganz überwiegend die wirtschaftlichen, verkehrsmäßigen, versorgungstechnischen und sonstigen Folgen der städtebaulichen Planung auswirken[19]. Im Zentrum der vorbereitenden Bauleitplanung steht die Wahrung und Gestaltung der konkreten örtlichen naturräumlichen Gegebenheiten und der vorgefundenen, gewachsenen Siedlungsstrukturen sowie die Darstellung der beabsichtigten Entwicklung der gemeindlichen Ortstypik. Dementsprechend haben die in § 5 Abs. 2 BBauG exemplarisch genannten Darstellungen des Flächennutzungsplanes, wie die Ausweisung der Bauflächen und Baugebiete (§ 5 Abs. 2 Nr. 1 BBauG), der Gemeinbedarfsflächen (§ 5 Abs. 2 Nr. 2 BBauG), der Flächen für Ver- und Entsorgungsanlagen (§ 5 Abs. 2 Nr. 4 BBauG) sowie der in § 5 Abs. 2 Nr. 5 BBauG genannten Grünflächen ganz überwiegend Bedeutung nur innerhalb der Gemeinde. Der Zweck der vorbereitenden Bauleitplanung liegt also in der Schaffung einer Gesamtordnung raumbezogenen Verhaltens im örtlichen Gebiet und in der Verhinderung einer fehlerhaften städtebaulichen Entwicklung der Gemeinden[20]. Inhalt und Aussagen des Flächennutzungsplans sind ganz spezifisch auf die jeweils planende Gemeinde zugeschnitten. Wegen dieses

---

staates (Landesplanung); vgl. dazu *Evers*, Raumordnung, S. 41; *Strickrodt*, Bau- und Planungsrecht, 1974, S. 54 ff.

[15] Raumordnung und Landesplanung sind überfachlich, weil sie nicht nur die Belange eines einzelnen Sachbereichs (Industrie, Wirtschaft, Verkehr, Umweltschutz, Kultur, Soziales) berücksichtigen, sondern eine Gesamtkonzeption aller raumwirksamen Verhaltensweisen erarbeiten; vgl. dazu *Friauf*, Bau-Boden-Raumordnungsrecht, in: v. Münch (Hrsg.), Bes. VwR, S. 530 m.w.N.

[16] Vgl. BVerfGE 3, 407 (426 f.).

[17] Vgl. *Umlauf*, Wesen und Organisation der Landesplanung, 1958, S. 159 ff.; *Stern/Burmeister*, Planungsgebot, S. 11, 17 m. w. N.

[18] Zu denken ist hier an Planungen nach dem Bundesbahngesetz, dem Bundesfernstraßengesetz, dem Telegraphenwegegesetz, dem Luftverkehrsgesetz etc.; vgl. dazu § 38 BBauG.

[19] Vgl. *Reissig*, Bauleitplanung, 1976, S. 38; *Fröhling*, Landesplanung, S. 60.

[20] Vgl. Regierungsentwurf zum BBauG, BT-Drcks. 3/336, S. 59; *v. Mutius*, JuS 1977, 592 (593).

III. Bauleitplanung als Angelegenheit der örtlichen Gemeinschaft 87

individuellen Zuschnitts kann kein Flächennutzungsplan einer Gemeinde unverändert auf eine andere übertragen werden.

c) Abwägungsergebnis

Wägt man die genannten örtlichen und überörtlichen Bezüge der Flächennutzungsplanung gegeneinander ab, so zeigt sich, daß — trotz aller Anerkennung ihrer Einbindung in übergeordnete Zusammenhänge — die vorbereitende Bauleitplanung ganz überwiegend durch die Berücksichtigung örtlicher Besonderheiten und Interessen geprägt ist. Man muß daher die Flächennutzungsplanung als umfassende gesamtgemeindliche Raumplanung zu jenen Aufgaben mit tendenziell örtlichem Bezug zählen, deren eigenverantwortliche Wahrnehmung den Gemeinden im Grundsatz verfassungskräftig durch Art. 28 Abs. 2 S. 1 GG gewährleistet ist.

2. Verfassungsrechtlicher Schutz der Bebauungsplanung

Der Bebauungsplan enthält die rechtsverbindlichen Festsetzungen für die städtebauliche Ordnung. Er umfaßt entweder das ganze Gemeindegebiet oder — und das ist der Regelfall — einzelne, zumeist recht kleine Gebietsteile. Der verbindliche Bauleitplan regelt Umfang und Grenzen legitimer baulicher Nutzungsbefugnisse in den Einzelheiten mit verwaltungsexterner Wirkung gegenüber den betreffenden Grundstückseigentümern[21]. Er dient der parzellenscharfen Umsetzung der im Flächennutzungsplan vorbereitend getroffenen Festsetzungen.

Aus diesen Gründen wird der Bebauungsplan in noch viel größerem Maße als der Flächennutzungsplan durch die Berücksichtigung örtlicher Belange und Interessen geprägt. Die Befugnis der Gemeinden zur Bebauungsplanung muß daher erst recht als ganz überwiegend örtliche Angelegenheit qualifiziert werden, wenngleich auch sie überörtlichen Einflüssen unterliegt.

3. Zwischenergebnis

Nach alledem ist städtebauliche Planung in ihrer Gesamtheit, also sowohl hinsichtlich der vorbereitenden Flächennutzungspläne, wie auch in Betreff der verbindlichen Bebauungspläne, als Angelegenheit der örtlichen Gemeinschaft einzustufen, deren eigenverantwortliche Wahrnehmung den Gemeinden im Grundsatz verfassungskräftig durch Art. 28 Abs. 2 S. 1 GG gewährleistet wird.

---

[21] Vgl. BVerfGE 3, 407 (424).

Dieses Ergebnis wird sowohl vom Bundesverwaltungsgericht[22], wie auch vom Bundesverfassungsgericht, das — andeutungsweise — in der bereits eingangs erwähnten „Memmingen-Entscheidung"[23] zu der verfassungsrechtlichen Verankerung der gemeindlichen Planungshoheit in der Selbstverwaltungsgarantie Stellung genommen hat, geteilt. In der Begründung seines Beschlusses läßt das Bundesverfassungsgericht zwar explizit die Frage nach der Zugehörigkeit der Bauleitplanung zum Kernbereich der Selbstverwaltung unbeantwortet. Immerhin läßt sich aber aus der kurzen Darstellung des Streitstandes hinsichtlich dieser Problematik entnehmen, daß das Bundesverfassungsgericht die städtebauliche Planung zumindest zu den Angelegenheiten der örtlichen Gemeinschaft i. S. d. Art. 28 Abs. 2 S. 1 GG zählt. In diese Richtung weist jedenfalls die Feststellung des Gerichts, daß im zu entscheidenden Fall die Planungshoheit „als Bestandteil des Selbstverwaltungsrechts der Beschwerdeführerin" substantiell beschränkt worden war[24].

IV. Die Zugehörigkeit der gemeindlichen Bauleitplanung zum Wesensgehalt der Selbstverwaltung

Mit der Feststellung, daß die Bauleitplanung als Angelegenheit der örtlichen Gemeinschaft i. S. d. Art. 28 Abs. 2 S. 1 GG angesehen werden muß, ist noch keine Aussage über Umfang und Grenzen gesetzgeberischer Einwirkungen auf die gemeindliche Planungsbefugnis verbunden. Denn die Kompetenz zur eigenverantwortlichen Regelung der Angelegenheiten der örtlichen Gemeinschaft steht unter dem Vorbehalt des Gesetzes, der den Staat ermächtigt, auf den Umfang der gemeindlichen Funktionen und die Art und Weise der Aufgabenerfüllung Einfluß zu nehmen. Überörtliche, regionale oder gesamtstaatliche Interessen können daher durch gesetzliche Regelung gegenüber der eigenverantwortlichen Bauleitplanung der Gemeinden durchgesetzt werden.

Die staatliche Dispositionsfreiheit gilt indes nicht unbegrenzt. Eingriffe in den gemeindlichen Aufgabenbestand unterliegen vielmehr besonderen Rechtmäßigkeitsanforderungen. Um der Verfassung gerecht zu werden, müssen legislatorische Ingerenzen, die die Befugnis zur Bauleitplanung als im Grundsatz verfassungskräftig geschützte gemeindliche Agende schmälern, zunächst aus Gründen des gemeinen

---

[22] Das Bundesverwaltungsgericht geht in ständiger Rechtsprechung davon aus, daß den Gemeinden ein von der Selbstverwaltungsgarantie als Angelegenheit der örtlichen Gemeinschaft mitumfaßtes örtliches Planungsrecht zusteht; vgl. etwa BVerwG, DÖV 1982, 283.

[23] BVerfGE 56, 298.

[24] BVerfGE 56, 298 (317, 318).

IV. Planungshoheit und Wesensgehaltsgarantie

Wohls dringend geboten sein[1]. Sie sind ferner nur dann zulässig, wenn sie dem Übermaßverbot Rechnung tragen[2]. Ihre absolute Grenze finden staatliche Eingriffe in das gemeindliche Selbstverwaltungsrecht an der Wesensgehaltsgarantie, die den Entzug sowie substantielle Beschränkungen der dem Kernbereich zuzurechnenden Selbstverwaltungsrechte verbietet.

Ob und in welchem Umfang die Wesensgehaltsgarantie staatliche Einwirkungen auf die gemeindliche Kompetenz zur Bauleitplanung verhindert, ist in Literatur und Rechtsprechung lebhaft umstritten. Während nach der einen Auffassung die Bauleitplanung zu den unverzichtbaren und die Selbstverwaltung wesentlich prägenden gemeindlichen Agenden gehört[3], sieht die Gegenmeinung das vorhandene Gestaltungspotential der Gemeinden, zumindest was die Flächennutzungsplanung angeht, nicht als verfassungsfest an[4]. Das Bundesverfassungsgericht hat in der bereits mehrfach erwähnten „Memmingen-Entscheidung"[5] das Problem der Zugehörigkeit der Bauleitplanung zu den von der Kernbereichsgarantie geschützten Agenden zwar kurz angerissen, im Ergebnis aber bewußt ungeklärt gelassen[6].

Der gesamte Fragenkomplex kann nur unter Zugrundelegung der verfassungsrechtlichen Vorgaben des Art. 28 Abs. 2 S. 1 GG beantwortet werden. Will man das Problem der Zugehörigkeit der Bauleitplanung zum Wesensgehalt der Selbstverwaltung klären, so ist nach den im ersten Teil der Arbeit entworfenen Leitlinien zunächst zu untersuchen, ob die Bauleitplanung zu dem historisch gewachsenen Bild der Selbstverwaltung gehört; sodann ist nach der aktuellen Bedeutung der Bauleitplanung für die gemeindliche Eigenständigkeit in der Gegenwart zu fragen.

---

[1] Dazu ausführlich oben 1. Teil, VI. 2. a).
[2] Vgl. dazu oben 1. Teil, VI. 2. b).
[3] Als Vertreter dieser Ansicht sind etwa zu nennen *Püttner/Schneider*, Stadtentwicklungsplanung, S. 28, 29; *Rothe*, Festschr. f. Weber, 1974, S. 893 ff.; *Ernst*, Verfassungsrechtliche und sonstige rechtliche Vorgaben der Kreisentwicklungsplanung, 1979, S. 245 ff.; *Ernst/Hoppe*, Bau- und Bodenrecht, Rn. 171, 175.
[4] Vgl. statt vieler *Schmidt-Aßmann*, Grundfragen, S. 125 ff.; ders., Fortentwicklung, S. 36 ff.; *Heinemann*, DÖV 1982, 189 ff.; weitere Nachweise zu beiden Ansichten bei *Stern/Burmeister*, Planungsgebot, S. 23 und *Blümel*, VerwArch 1982, 329 (340 ff.).
[5] BVerfGE 56, 298.
[6] BVerfGE 56, 298 (312, 313).

1. Die historische Entwicklung des gemeindlichen Planungsrechts bis 1945

Die Entwicklung Deutschlands zum Industriestaat[1] und die damit einhergehende Bevölkerungskonzentration in städtischen Ballungszentren[2] ließen in der zweiten Hälfte des 19. Jahrhunderts die Planung von Ansiedlungen sowie die Stadtplanung zur dringenden Notwendigkeit werden. Die Überwindung der auftretenden städtebaulichen Notstände wurde zu einer vordringlichen Aufgabe. Es galt, eine bauliche Ordnung zu schaffen, mit deren Hilfe man den Städtebau den sich rasant ändernden wirtschaftlichen Verhältnissen anpassen und den auftretenden sozialen Problemen begegnen konnte. Zu diesem Zweck wurden überall in Deutschland baurechtliche Vorschriften erlassen, die aber infolge der territorialen und politischen Zersplitterung des Reichsgebietes keine einheitliche Systematik aufwiesen.

a) Das Baurecht in der Landesgesetzgebung bis 1933

aa) Die Rechtsentwicklung in Preußen

(1) Die baurechtlichen Regelungen im Allgemeinen Landrecht

Die rechtlichen Grundlagen für eine städtebauliche Ordnung in Preußen bildeten bis zum Jahre 1875 im wesentlichen die §§ 10 II 17, 65 I 8, 66 I 8 ALR[3] i. V. m. § 6 PrPVG[4].

§ 65 I 8 ALR erlaubte jedem Grundstückseigentümer, seinen Grund und Boden zu bebauen oder bestehende Gebäude zu verändern. Die damit gewährte Baufreiheit wurde durch § 66 I 8 ALR eingeschränkt. Diese Vorschrift verbot solche bauliche Veränderungen, die „zum Schaden oder Unsicherheit des gemeinen Wesens oder zur Verunstaltung der Städte und öffentlichen Plätze" beitragen konnten.

Aus den genannten Vorschriften i. V. m. § 10 II 17 ALR bzw. § 6 PrPVG folgerte man allgemein die Kompetenz der Polizeibehörden[5], im Verfügungs- und Verordnungswege die grundsätzlich eingeräumte Baufreiheit zum Schutz der in der polizeilichen Generalklausel[6] bzw.

---
[1] *Lütge*, Deutsche Sozial- und Wirtschaftsgeschichte, 1960, S. 427 ff.; *Sartorius-v. Waltershausen*, Deutsche Wirtschaftsgeschichte 1815—1914, 1923, S. 135 ff.; *Böhme*, Prolegomena zu einer Sozial- und Wirtschaftsgeschichte Deutschlands im 19. und 20. Jahrhundert, 1968, S. 41 ff.
[2] *Eberstadt*, Handbuch des Wohnungswesens, S. 75 ff.
[3] Allgemeines Landrecht für die preußischen Staaten vom 5. 2. 1794.
[4] Preußisches Polizeiverwaltungsgesetz vom 11. 3. 1850.
[5] Vgl. PrOVG 8, 303 ff.; 9, 353 (380); 24, 340 (342); 30, 67 ff.
[6] § 10 II 17 ALR: „Die nöthigen Anstalten zur Erhaltung der öffentlichen

IV. Planungshoheit und Wesensgehaltsgarantie   91

der in § 6 PrPVG genannten Rechtsgüter[7] zu beschränken. Mit diesem Ziel wurden Baupolizeiverordnungen erlassen, die vor allem Festsetzungen von Straßen- und Baufluchtlinien zwecks Abgrenzung der Straßen und Plätze von sonstigen Flächen sowie Festlegungen der unbebaubaren Hofflächen, der Gebäudehöhe und der Abstandsflächen beinhalteten[8]. Schon aus den Jahren 1812 und 1817 sind Anweisungen der zuständigen obersten preußischen Behörden an die Polizei bekannt, für die Regelmäßigkeit der Straßen zu sorgen und dabei nach einem im voraus entworfenen und den zukünftigen Bestimmungen zugrundezulegenden Plan zu verfahren[9]. In einem Erlaß aus dem Jahre 1828 taucht dann der Begriff des „Bebauungsplanes" auf, in dem die festgesetzten Fluchtlinien an Straßen und Plätzen enthalten sein sollten[10].

Die genannten baurechtlichen Regelungen erklärten die Fluchtlinienfestsetzung, und damit die früheste Form moderner städtebaulicher Planung, zu einer polizeilichen Aufgabe, die dem Bereich der staatlichen Verwaltung zugeordnet war. Den Gemeinden kam dabei keine bedeutsame Rolle zu. Sie wurden zwar meist vor Festsetzung der Fluchtlinien durch die Polizeibehörde angehört, eine maßgebende Einwirkungsmöglichkeit auf die Planung besaßen sie aber nicht[11].

(2) Das Fluchtliniengesetz

Erst durch das „Gesetz betreffend die Anlegung und Veränderung von Straßen und Plätzen in Städten und ländlichen Ortschaften"[12], das

---

Ruhe, Sicherheit und Ordnung und zur Abwendung der dem Publiko oder einzelnen Mitgliedern desselben bevorstehenden Gefahr zu treffen, ist das Amt der Polizei".

[7] Nach dieser Norm konnten folgende Gegenstände durch polizeiliche Vorschrift geregelt werden:
„a) der Schutz der Personen und des Eigenthums
b) Ordnung, Sicherheit und Leichtigkeit des Verkehrs
c)—e) ...
f) Sorge für Leben und Gesundheit
g) Fürsorge gegen Feuersgefahr bei Bauausführungen
h) Schutz der Felder, Wiesen, Weiden, Wälder, Baumpflanzungen, Weinberge usw.
i) alles andere, was im besonderen Interesse der Gemeinden und ihrer Angehörigen polizeilich geordnet werden muß."

[8] Vgl. etwa §§ 10, 27, 28, 31 Berliner Bauordnung v. 1. 7. 1853; Breslauer Bauordnung v. 1. 7. 1857.

[9] Vgl. *Jäschke,* Die Preußischen Bau-Polizei-Gesetze und Verordnungen, 1864, §§ 82—84.

[10] Vgl. ebd., § 85.

[11] Vgl. *Friedrichs,* Das Gesetz betreffend die Anlegung und Veränderung von Straßen und Plätzen in Städten und ländlichen Ortschaften — Straßen- und Baufluchtengesetz, 7. Aufl. 1957, Einleitung, S. 17.

[12] GS, S. 561; geändert durch G. v. 1. 1. 1883 (GS, S. 237), v. 28. 3. 1918 (GS,

sog. Fluchtliniengesetz vom 2. 7. 1875, wurde das Recht zur Feststellung der Fluchtlinien aus der polizeilichen Zuständigkeit herausgenommen und auf die Gemeinden übertragen.

Die Gemeinden setzten von da an die Verkehrsflächen und zusätzlich auch die Baufluchtlinien (heute Baugrenzen und ggfs. auch Baulinien i. S. v. § 23 Abs. 2 und 3 BauNVO) fest, soweit Straßen- und Baufluchtlinien nicht zusammenfallen sollten. Für größere Grundflächen und ganze Ortsteile wurden dann Bebauungspläne als Fluchtlinienpläne in einem geordneten Verfahren in Kraft gesetzt[13]. Damit war die Bindung der Gemeinden an die polizeiliche Generalklausel entfallen. Allerdings bedurften die gemeindlichen Pläne nach § 1 Fluchtliniengesetz der Zustimmung der örtlichen Polizeibehörde. Die Zustimmung war zu versagen, wenn Gründe der öffentlichen Sicherheit und Ordnung dies zwingend erforderten. Aus denselben Gründen konnte die Polizeibehörde von der Gemeinde sogar die Festsetzung bestimmter Fluchtlinien verlangen[14].

Bemerkenswert an der Regelung des Fluchtliniengesetzes ist, daß den Gemeinden erstmals das Recht zuerkannt wurde, planerische Initiativen zu ergreifen, ohne an die begrenzte Zweckverfolgung aus polizeilichen Motiven gebunden zu sein. Gleichwohl konnte unter der Geltung des Fluchtliniengesetzes von gemeindlicher Planungsautonomie keine Rede sein. Denn die Planungskompetenz der Gemeinden beschränkte sich ausschließlich auf die Festlegung der Straßenfluchten und der vorderen Baulinie. Ohne Festsetzung auch der seitlichen und hinteren Baulinie aber konnten die Gemeinden die Ausnutzung der Grundstücke in der Tiefe planerisch nicht beeinflussen[15]. Ebensowenig gab es für sie eine rechtliche Handhabe zur Abgrenzung und Gliederung der Baugebiete. Diese und weitere wichtige Materien des Bauplanungsrechts blieben einer baupolizeilichen Regelung vorbehalten, so daß das Bauplanungsrecht unter der Geltung des Fluchtliniengesetzes allenfalls als Gegenstand einer Kondominatsverwaltung zwischen staatlicher Polizei und gemeindlicher Selbstverwaltung bezeichnet werden kann[16]. Keinesfalls war es eine ausschließlich gemeindliche Selbstverwaltungsangelegenheit.

S. 23) und durch die Verordnungen v. 3. 9. 1931 (GS, S. 283) und v. 30. 1. 1939 (RGBl I, S. 106).
[13] *Friedrichs*, Straßen- und Baufluchtengesetz, Einleitung, S. 18.
[14] Vgl. *Hue de Grais/Peters*, Handbuch der Verfassung und Verwaltung, 25. Aufl. 1930, § 235, S. 480.
[15] Vgl. *Albers*, AfK 1967, 192 (194).
[16] Vgl. *Schmidt-Aßmann*, Grundfragen, S. 22 ff.; 128.

IV. Planungshoheit und Wesensgehaltsgarantie

(3) Das Preußische Wohnungsgesetz

Eine bemerkenswerte Weiterentwicklung der gemeindlichen Planungsbefugnisse war in Preußen erst mit dem Erlaß des Preußischen Wohnungsgesetzes vom 28. 3. 1918 verbunden.

Regelungsziel dieses Gesetzes — vor allem seines Art. 1 — war es, das Fluchtliniengesetz von 1875 zu einem umfassenden Planungsgesetz auszubauen. Insbesondere schrieb Art. 1 Preuß.WohnG vor, daß bei der Fluchtlinienfestsetzung neben Belangen des Verkehrs, der Feuersicherheit und der Gesundheit auch das Wohnungsbedürfnis zu berücksichtigen war. Ferner wurde der Schutz des Orts- und Landschaftsbildes gegen Verunstaltung als weiterer planerischer Gesichtspunkt in die Novelle aufgenommen. Die Kompetenz der Gemeinden zur Festsetzung von Fluchtlinien wurde auf die Abgrenzung von Grünanlagen, Spiel- und Erholungsflächen erstreckt. Bei der Fluchtlinienfestsetzung sollten Baublöcke für Wohnzwecke von angemessener Tiefe und Straßen von geringerer Breite entsprechend den verschiedenartigen Wohnungsbedürfnissen geschaffen und durch die Straßenführung neues Baugelände erschlossen werden[17].

Trotz dieser Ergänzung wurden die wesentlichen Schwächen des Fluchtliniengesetzes nicht überwunden. Erhalten blieb vor allem die Aufteilung des Planungsrechts zwischen gemeindlichen und polizeilichen Kompetenzen. Alle planungsrechtlich relevanten Aussagen, die nicht durch Fluchtlinienfestsetzung getroffen werden konnten, fanden eine Regelung durch Baupolizeiverordnung. Dies galt vor allem für die Einteilung der als Bauflächen ausgewiesenen Gebiete nach Art und Maß der baulichen Nutzung.

(4) Der Entwurf für ein Städtebaugesetz

Eine Änderung dieser Rechtslage sollte der „Entwurf für ein Städtebaugesetz" herbeiführen, der dem Preußischen Staatsrat im Juni 1926 zugeleitet wurde[18].

Mit dieser Gesetzesvorlage sollte den Gemeinden ein umfassendes Planungsrecht auf der Basis eines zweistufigen Planungssystems eingeräumt werden. In einem ersten Schritt war die Aufstellung sog. Flächenaufteilungspläne in der Rechtsform gemeindlicher Satzungen vorgesehen. Diese sollten Programm und Rahmen für die in einem zweiten Schritt zu erarbeitenden Fluchtlinien- und Bebauungspläne sein. Der Entwurf wurde aber vom Staatsrat wegen der ungeklärten

---

[17] Vgl. § 3 Abs. 1 u. 3 FlG n. F. mit der Kommentierung von *Saran*, Baufluchtliniengesetz, 2. Aufl. 1954, S. 86 ff.
[18] Staatsrat 1926, Drucks. 209 (mit Begründung); Landtag 1925/28, Drucks. 4360, 4746, 4912, 7078, 8950.

Entschädigungsfrage und infolge der Uneinigkeit über die Rechtswirkungen des Flächenaufteilungsplanes abgelehnt und im Landtag nicht abschließend beraten[19].

Infolgedessen blieb das Bauplanungsrecht in Preußen bis 1945 ein Bereich kondominaler Verwaltung zwischen Polizei und Gemeinden.

bb) Bauplanungsrechtliche Entwicklungen in den anderen deutschen Ländern

Das Primat der Gefahrenabwehr beherrschte ähnlich wie in Preußen auch das Baurecht der anderen deutschen Länder. So verquickten die ab Mitte des 19. Jahrhunderts entstandenen Bauordnungen bauplanungsrechtliche Ansätze mit eigentlichem Bauordnungsrecht, so z. B. die Bayerische Bauordnung vom 17. 2. 1901, die Hessische Allgemeine Bauordnung vom 30. 4. 1881, die Braunschweigische Landesbauordnung vom 13. 3. 1899, die Badische Landesbauordnung vom 1. 9. 1907 und die Württembergische Bauordnung vom 28. 7. 1910. Die Bauleitplanung wurde damit dem polizeilichen Aufgabenbereich zugeordnet und folglich, wie das eigentliche Bauordnungsrecht, als Staatsangelegenheit angesehen.

Eine Ausnahme stellten insoweit lediglich die baurechtlichen Regelungen in Oldenburg und Sachsen dar.

(1) Die Rechtslage im Landesteil Oldenburg

Das „Gesetz für den Landesteil Oldenburg betreffend Anlegung und Veränderung von Straßen und Plätzen in den Städten und größeren Orten" vom 25. 3. 1879[20] lehnte sich zwar eng an die in § 1 Abs. 1 Preuß. Fluchtliniengesetz vorgesehene Regelung an, sah jedoch keine Zustimmung der Ortspolizeibehörde zu den gemeindlichen Planungen vor. Damit entfiel die in Preußen streng durchgeführte Einbindung des Bauplanungsrechts in das System der Gefahrenabwehr.

Ferner ermächtigte das oldenburgische Recht die Gemeinden, Vorschriften über Art und Maß der baulichen Nutzung zu erlassen. Nach Art. 7 b des o. g. Gesetzes waren die Gemeinden befugt, das Maß der baulichen Nutzung der Grundstücke nach Grundfläche und Höhe durch Ortsstatut zu regeln. Diesem Statut war als Anlage ein sog. Baustufenplan beizulegen. Nach Art. 7 c konnte die Art der baulichen Nutzung (Wohngebäude mit Nebenanlagen; gewerbliche Anlagen mit Nebengebäuden; Gebiete, in denen keine gefährlichen, nachteiligen oder

---
[19] Vgl. *Friedrichs*, Straßen- und Baufluchtengesetz, Einleitung, S. 21 m.w.N.
[20] i. d. F. der Bekanntmachung v. 16. 5. 1927, Oldenburg. Gesetzblatt, Bd. 45, S. 454.

belästigenden Anlagen geplant werden durften) für Ortsteile, Straßen und Plätze ebenfalls durch gemeindliches Ortsstatut geregelt werden. Das Statut war durch einen sog. Nutzungsplan zu ergänzen.

Mit der oldenburgischen Regelung wurde den Gemeinden erstmals in Deutschland eine bauplanerische Kompetenz größeren Umfangs zuerkannt. Das oldenburgische Gesetz blieb bis zu seiner Ablösung durch das Bundesbaugesetz in Kraft[21].

(2) Das sächsische Bauplanungsrecht

Durchaus moderne planerische Ansätze sind im „Allgemeinen Baugesetz für das Königreich Sachsen" vom 1. 7. 1900[22] konzipiert worden. Dieses Gesetz, das in veränderter Fassung als „Baugesetz für den Freistaat Sachsen" am 20. 7. 1932 neu verkündet wurde[23], unterschied schon zwischen Flächenaufteilungs-, Bebauungs- und Fluchtlinienplänen.

Die Flächenaufteilungspläne sollten unabhängig von den Gemeindegrenzen für ein größeres Verkehrs- und Wirtschaftsgebiet auf lange Sicht die Nutzung des Bodens regeln und die besondere Entwicklung des Gemeindegebietes berücksichtigen. Sie waren von den einzelnen Kommunen oder von mehreren zu Arbeitsgemeinschaften oder Zweckverbänden zusammengeschlossenen Gemeinden aufzustellen und bedurften der Billigung des Innenministers.

Mit dem Bebauungsplan konnten die Straßen- und Baufluchtlinien, die Freiflächen und Abstände, das Maß der zulässigen Bebauung und die Bauweise festgesetzt werden. Damit diente der Bebauungsplan zur vollständigen planerischen Erschließung des Gemeindegebietes. Er wurde von den Gemeinden als Ortsrecht beschlossen.

Die Fluchtlinienpläne wurden aus Anlaß eines konkreten Bauvorhabens von der Baupolizeibehörde aufgestellt, wobei die Gemeinde zustimmen mußte, soweit sich daraus für sie Verpflichtungen ergeben konnten.

Die sächsische und oldenburgische Normierung der Bauleitplanung fand aber keine Nachahmung auf Ebene der Länder und konnte auch die reichsrechtliche Regelung — wie noch zu zeigen sein wird — nicht beeinflussen.

---

[21] Vgl. § 186 Abs. 1 Nr. 45 BBauG.
[22] GVBl, S. 381.
[23] GVBl, S. 133.

b) *Planerische Entwicklungen
auf Reichsebene in der Weimarer Republik*

Der einzige Versuch, in der Weimarer Republik eine umfassende Grundlage für die städtebauliche Ordnung zu schaffen, wurde 1931 vom Reichsarbeitsministerium mit der Vorlage eines Referentenentwurfs für ein Reichsstädtebaugesetz[24] unternommen.

Danach sollten die Gemeinden in eigener Verantwortung Wirtschafts- und Bebauungspläne (letztere entsprachen im wesentlichen den früheren Fluchtlinien- und Baulinienplänen) aufstellen und durchführen, soweit dafür nicht nach Landesrecht ganz oder teilweise staatliche Behörden zuständig waren. Im unverbindlichen Wirtschaftsplan, der auch für ein die Gemeindegrenzen überschreitendes Gebiet aufgestellt werden konnte, waren die Grundzüge der Bodennutzung (z. B. Verkehrsflächen, Grünanlagen, Baugebiete) darzustellen. Aus dem Wirtschaftsplan, der nach seinen Inhalten deutliche Bezüge zum heutigen Flächennutzungsplan aufweist, sollte der Bebauungsplan entwickelt werden, der die Fluchtlinien und — für die Bauflächen — die Bauklasseneinteilung sowie die Bauweise festzusetzen hatte.

Gegen die beabsichtigte Regelung erhoben sich aber bei den Beratungen des Referentenentwurfs verfassungsrechtliche Bedenken. Insbesondere kritisierten die Länder, daß das Reich seine Grundsatzkompetenz mit dem Städtebaugesetz überschreite. Letztlich scheiterte der Gesetzesentwurf des Reichsarbeitsministeriums an der Auflösung des Reichstages.

Damit war der Weg in eine reichsrechtliche Regelung des Bauplanungsrechts, die umfassende gemeindliche Planungskompetenzen mit sich gebracht hätte, versperrt.

c) *Die Reichsgesetzgebung 1933—1945*

An den bauplanungsrechtlichen Normen aus den Jahren 1933—1945 ist bemerkenswert, daß diese Vorschriften von dem „Gesetz über die Neugestaltung deutscher Städte"[25] einmal abgesehen, kein typisch nationalsozialistisches Recht darstellen. Sie gehen vielmehr auf Erwägungen zurück, die bereits weit vor 1933 angestellt wurden und keineswegs nationalsozialistisches Gedankengut beinhalteten[26].

---

[24] RArbBl I, 1931, S. 266.
[25] v. 5. 10. 1937, RGBl I, S. 1054.
[26] Vgl. *Ernst/Zinkahn/Bielenberg*, BBauG, Einleitung, Rn. 25; *Albers*, AfK 1967, 192 (200 f.).

IV. Planungshoheit und Wesensgehaltsgarantie

Das „Gesetz über die Aufschließung von Wohnsiedlungsgebieten" aus dem Jahre 1933[27] ermächtigte die obersten Landesbehörden, Flächen zu Wohnsiedlungsgebieten zu erklären. Nach § 2 dieses Gesetzes war für die Wohnsiedlungsgebiete ein Wirtschaftsplan zu erstellen, der die geordnete Nutzung des Bodens regeln sollte und mit den entsprechenden Plänen der angrenzenden Gebiete in Einklang zu bringen war. Die Wirtschaftspläne wurden von den Landesplanungsbehörden und sonstigen landesplanerischen Organisationen ausgearbeitet. Sie gelten als Vorläufer der heutigen Flächennutzungspläne[28].

Durch Erlaß vom 18. 12. 1935[29] wurde die Aufstellung der Wirtschaftspläne zur Aufgabe der einzelnen Gemeinde erklärt, was jedoch nicht unbestritten blieb. So sah die Reichsstelle für Raumordnung, die durch das „Gesetz über die Regelung des Landbedarfs der öffentlichen Hand" vom 29. 3. 1935[30] geschaffen worden war, in der Wirtschaftsplanung die Fortsetzung ihrer eigenen Aufgaben auf Gemeindeebene und erklärte in einem Erlaß vom 9. 10. 1937, daß „Wirtschaftspläne ... einen ausgesprochenen überörtlichen Charakter tragen und demgemäß Gegenstand der Reichs- und Landesplanung" seien[31]. Erst nach längeren Kompetenzstreitigkeiten gelang es dem für Städtebau zuständigen Reichsarbeitsministerium, den Wirtschaftsplan als städtebauliches Planungsinstrument der Gemeinden gegenüber dem Anspruch der Reichsstelle für Raumordnung zu sichern[32].

Von Bedeutung für die geschichtliche Entwicklung des Bauplanungsrechts ist schließlich noch die „Verordnung über die Bebauung" vom 15. 2. 1936 (Bauregelungsverordnung)[33]. Diese Verordnung sah die städtebauliche Planung wiederum als staatliche Aufgabe an und bestimmte, daß die Ausweisung von Baugebieten durch Baupolizeiverordnung, also weisungsgebunden, zu erfolgen habe und damit der Selbstverwaltung nicht unterliegen solle. Soweit jedoch nach Landesrecht, wie dem dargelegten oldenburgischen oder sächsischen, diese Aufgabe durch Ortsstatut von den Gemeinden erledigt wurde, verblieb es bei dieser Zuständigkeit, da die reichsrechtliche Regelung nur subsidiär galt[34]. Zweck der Bauregelungsverordnung war es, zu verhindern, daß die Gemeinden aufgrund der Generalklausel des § 3 der 1935 in Kraft getretenen Deutschen Gemeindeordnung die städtebauliche Planung und Aus-

---

[27] RGBl I, S. 659 i. d. F. v. 27. 9. 1938 RGBl I, S. 1246.
[28] Vgl. *Schmidt-Aßmann*, Grundfragen, S. 54 ff., 128.
[29] RGBl I, S. 1515 und Erlaß v. 26. 6. 1935 RGBl I, S. 793.
[30] RGBl I, S. 467.
[31] Zitiert nach *Umlauf*, Landesplanung, S. 99.
[32] Vgl. ebd., S. 96 ff.
[33] RGBl I, S. 104.
[34] Vgl. § 5 Bauregelungsverordnung v. 15. 2. 1936, RGBl I, S. 104.

weisung der Baugebiete auch dort als eigene Angelegenheit durchführten, wo es besondere landesgesetzliche Vorschriften hierfür nicht gab[35]. Diese Rechtsmaterie sollte fest in baupolizeilicher Hand bleiben und damit dem staatlichen Zugriff unterliegen.

d) Zwischenergebnis

Die dargelegte historische Entwicklung des Bauplanungsrechts bis 1945 zeigt, daß jedenfalls die ältere Baurechtsgeschichte nichts für eine eindeutige Zuordnung der gesamten Bauleitplanung zum Kreis gemeindlicher Selbstverwaltungsaufgaben hergibt.

Die Fluchtlinienfestsetzung als früheste Form moderner städtebaulicher Planung wurde ursprünglich als polizeiliche und damit als staatliche Aufgabe angesehen. Erst das Fluchtliniengesetz von 1875 übertrug den Gemeinden in Preußen die Kompetenz zur Festsetzung und Abgrenzung der Verkehrsflächen von den privaten Grundstücken. Die Möglichkeit, die Ausnutzung der Grundstücke in der Tiefe zu beeinflussen, bestand für die Gemeinden ebensowenig, wie eine Befugnis zur Abgrenzung und Gliederung der Baugebiete. Eine Ergänzung erfuhren die gemeindlichen Kompetenzen durch das Preuß. Wohnungsgesetz von 1918. Damit erhielten sie das Recht zur Festlegung von Fluchtlinien für Straßen, Wege, Plätze, Grün-, Spiel- und Erholungsflächen, was etwa den Festsetzungen des Baulandes sowie der Verkehrs- und Grünflächen im heutigen Bebauungsplan entspricht.

Trotz dieser Erweiterung gemeindlicher Kompetenzen blieben weite Bereiche des Bauplanungsrechts, insbesondere die Baugebietseinteilung einer baupolizeilichen Regelung vorbehalten. Das Bauplanungsrecht in Preußen war daher, wie in den meisten anderen deutschen Ländern, ein Bereich kondominaler Verwaltung zwischen staatlichen Polizeibehörden und Gemeinden. Auch reichsrechtliche Regelungen, wie etwa die Bauregelungsverordnung, hielten den staatlichen Einfluß auf die städtebauliche Planung aufrecht. Nur im Landesteil Oldenburg und in Sachsen konnten Art und Maß der baulichen Nutzung von den Gemeinden in eigener Verantwortung geregelt werden. Allein in Sachsen waren die Gemeinden für die Aufstellung von Bebauungsplänen zuständig, die eine dem § 9 BBauG nahekommende vollständige Planung des Gemeindegebietes ermöglichten.

Bei dieser Sachlage läßt sich jedenfalls aus der älteren Baurechtsgeschichte der Nachweis, daß eine umfassende Bauleitplanungskompetenz der Gemeinden schon immer zum historisch gewachsenen Bild der Selbstverwaltung gehört habe, nicht führen.

---
[35] Vgl. dazu *Kiefer/Schmid*, Die Deutsche Gemeindeordnung, 1937, S. 32.

IV. Planungshoheit und Wesensgehaltsgarantie

2. Die Entwicklung des gemeindlichen Planungsrechts nach 1945

In der Literatur finden sich indes Stimmen[1], die zwar das vorstehende Ergebnis teilen, jedoch behaupten, daß die gesetzgeberische Willensbetätigung *nach* dem 2. Weltkrieg eine verfassungsfeste Umwertung vollzogen habe, die die früheren historischen Aspekte zurücktreten lasse und zu einer neuen inhaltlichen Ausgestaltung der Selbstverwaltungsgarantie geführt habe.

Die Entwicklung des Bauplanungsrechts in der Nachkriegszeit bis zum Erlaß des Bundesbaugesetzes mache deutlich, daß der bundesrepublikanische Gesetzgeber die Bauleitplanung stets als durch die Verfassungsgarantie des Art. 28 Abs. 2 S. 1 GG gewährleistet angesehen und dementsprechend stets als Selbstverwaltungsangelegenheit qualifiziert habe. Die jüngere geschichtliche Entwicklung lasse es zu, die umfassende Befugnis der Gemeinden zur eigenverantwortlichen Planung ihres Raumes zu dem inzwischen historisch verfestigten Bestand gemeindlicher Agenden zu zählen.

Um diese These auf ihre Richtigkeit zu prüfen, muß man sich die Entwicklung des Bauplanungsrechts in der Gesetzgebung seit 1945 vor Augen führen.

a) Die Aufbaugesetze

Die 1945 geltenden baurechtlichen Vorschriften reichten für einen den Erfordernissen des modernen Städtebaus entsprechenden umfassenden Wiederaufbau und eine zukunftsorientierte Neugestaltung der Gemeinden nicht aus. Aus diesem Grunde erstellte das Zentralamt für Arbeit in der Britischen Besatzungszone in Lemgo auf der Grundlage zahlreicher Vorarbeiten[2] den Entwurf eines Aufbaugesetzes[3], der nach weiteren Beratungen im Bauausschuß des Deutschen Städtetages in ergänzter und erläuterter Form veröffentlicht wurde[4]. Dieser Gesetzesentwurf enthielt eine moderne, den sich stellenden Aufgaben adäquate planerische Konzeption und war Ausdruck der jüngeren städtebaulichen Entwicklung in Deutschland.

---

[1] Vgl. *Püttner/Schneider*, Stadtentwicklungsplanung, S. 21 ff.

[2] Bereits im Krieg waren mit dem „Entwurf zu einem deutschen Baugesetzbuch" und mit den von der Deutschen Akademie für Städtebau, Reichs- und Landesplanung 1942 publizierten „Forderungen an ein künftiges Planungs- und Baurecht" Grundlagen ausgearbeitet worden; vgl. dazu *Ernst/Zinkahn/Bielenberg*, BBauG, Einleitung, Rn. 33.

[3] Vgl. *Pathe*, DVBl 1950, 33 (34); *Ernst*, Kommentar zum AufbauG/NW, 2. Aufl. 1953, Vorbemerkungen.

[4] Vgl. Schriften des Deutschen Städtetages „Neues Städtebaurecht", Braunschweig 1948, Heft 3, S. 19 ff.

Nachdem Bayern schon 1937 den Erlaß der Wirtschaftspläne nach dem Wohnsiedlungsgesetz zur gemeindlichen Aufgabe erklärt hatte, setzte sich diese Auffassung nach 1945 immer mehr durch[5]. Sie prägte verschiedene Rechts- und Verwaltungsvorschriften der Länder, in denen von „gemeindlichen Wirtschaftsplänen" und „gemeindlichen Flächennutzungsplänen" die Rede war[6]. Dieser Entwicklung schlossen sich auch die Verfasser des „Lemgoer Entwurfs" an. In § 2 Abs. 1 legten sie fest, daß die Gemeinden im Rahmen ihrer Selbstverwaltung berechtigt und verpflichtet seien, eigenverantwortlich den Wiederaufbau zu planen und in ihrem Bereich die zu seiner Durchführung erforderlichen Maßnahmen zu ergreifen.

Damit war die städtebauliche Planung zur Selbstverwaltungsaufgabe erklärt worden.

aa) Rechtsgehalt der Aufbaugesetze

Im Anschluß an den Lemgoer Entwurf erließen in den Jahren 1948 bis 1950 die meisten Länder — mit Ausnahme von Bayern, Berlin und Bremen — sog. Aufbaugesetze[7]. Diese unterschieden für die Durchführung der Planung grundsätzlich zwei Phasen, deren Bezeichnungen schwanken[8], die in der Sache jedoch größtenteils übereinstimmen: den Generalplan und den Durchführungsplan.

Der Generalplan[9] hatte darzustellen, wie der städtebauliche Aufbau der Gemeinde als Ganzes entwickelt werden sollte, insbesondere mit Rücksicht auf die Bevölkerungsstrukturen und die sozialen und kulturellen Bedürfnisse sowie auf die Erfordernisse der Land- und Forstwirtschaft, des Gewerbes, des Verkehrs und der Landschaftsplanung.

---

[5] Vgl. dazu die Nachweise bei *Bielenberg*, DVBl 1960, 84 (85).

[6] Zum Nachweis vgl. *Schultze*, Raumordnungspläne, Anm. 404.

[7] Württ.-bad. Gesetz Nr. 329 (AufbauG) v. 18. 8. 1948, RGBl Württ.-Bad., S. 127; Bad. AufbauG v. 25. 11. 1949, Bad. GVBl 1950, S. 29; Hamburg. AufbauG v. 11. 4. 1949, Hbg. GVBl. S. 45 i. d. F. v. 12. 4. 1957, Hbg. GVBl, S. 241; Hess. AufbauG v. 25. 10. 1948; Hess. GVBl, S. 139 i. d. F. v. 23. 11. 1949, Hess. GVBl, S. 164; Nds. AufbauG v. 9. 5. 1949, Nds. GVBl, S. 107 i. d. F. v. 17. 5. 1955, Nds. GVBl, S. 195 und v. 20. 12. 1957, Nds. GVBl, S. 135; NW AufbauG v. 29. 4. 1950, NW GVBl, S. 78 i. d. F. v. 29. 4. 1952, NW GVBl, S. 75; Rh.-Pf. AufbauG v. 1. 8. 1949, Rh.-Pf. GVBl, S. 317 i. d. F. v. 23. 12. 1949, Rh.-Pf. GVBl, S. 623; Saarl. AufbauG v. 30. 7. 1948, Saarl. ABl, S. 1198 i. d. F. v. 7. 7. 1954, Saarl. ABl, S. 898 und v. 8. 7. 1957, Saarl. ABl, S. 670; Schl.-Hol. AufbauG v. 21. 5. 1949, Schl.-Hol. GVBl, S. 93.

[8] Wegen der unterschiedlichen Bezeichnungen weist *Pathe*, DVBl 1950, 33 (35 m. Anm. 24) trefflich auf eine einsetzende „babylonische Sprachverwirrung" hin.

[9] Im Lemgoer Entwurf, in Schleswig-Holstein und Hamburg Aufbauplan, in Niedersachsen Flächennutzungsplan, in Nordrhein-Westfalen Leitplan genannt. In Hessen und Württemberg-Baden erfüllten die Funktion des Generalplans der Flächennutzungs- und Generalbebauungsplan; in Rheinland-Pfalz gehörten der Wirtschafts- und Aufbauplan zu dieser Kategorie.

IV. Planungshoheit und Wesensgehaltsgarantie

Dementsprechend waren in dem Plan insbesondere festzulegen die künftige Gliederung des Gemeindegebietes, die Führung des Durchgangs- und Ortsverkehrs, grundsätzliche Angaben über die Erschließung, die Wohndichte und die beabsichtigte Art der Bebauung sowie über die vorgesehene Verteilung öffentlicher Gebäude. Ferner war darzustellen, welche grundlegenden Maßnahmen zur Durchführung der Planungsabsichten für erforderlich gehalten wurden[10].

Aus dem Generalplan war nach den Aufbaugesetzen der sog. Durchführungsplan zu entwickeln[11]. Dieser stellte die konkrete Entwicklung eines Teils des gesamten Neuordnungsgebietes dar. Dabei war unter Kennzeichnung der Flächen öffentlicher und privater Nutzung die Aufteilung des Plangebietes in Grünflächen, Verkehrsflächen und Bebauungsflächen vorzunehmen. Der Durchführungsplan sollte die Verkehrseinrichtungen, die Nutzungsart der Bauflächen und die Bebauung der einzelnen Grundstücke nach Fläche und Höhe und die Aufgliederung der Baumasse enthalten.

Die General- und Durchführungspläne nach den Aufbaugesetzen zeigen in ihren Planinhalten deutliche Parallelen zu den Aussagen der heutigen Flächennutzungs- und Bebauungspläne und können daher — cum grano salis — als ihre Vorläufer gelten.

Insoweit ist es bemerkenswert, daß die Aufstellung der Aufbaupläne durch einige Aufbaugesetze den Gemeinden als Selbstverwaltungsangelegenheit zugewiesen wurde[12].

bb) Die Bedeutung der Aufbaugesetze für die Interpretation der Selbstverwaltungsgarantie

Aus der Entwicklung des Bauplanungsrechts in der Nachkriegszeit, insbesondere aus den Regelungen der Aufbaugesetze wird gefolgert, daß auch bei historischer Betrachtungsweise die gemeindliche Kompetenz zur Bauleitplanung als die Befugnis zur Gestaltung und Planung der örtlichen Fläche zum Wesensgehalt der Selbstverwaltung gezählt werden müsse[13].

---

[10] Vgl. § 6 Lemgoer Entwurf, § 6 Schl.-Hol. AufbauG, § 6 Hbg. AufbauG, § 6 Nds. AufbauG, §§ 3, 4 Hess. AufbauG, §§ 4, 6 Rh.-Pf. AufbauG, § 4 Württ.-Bad. AufbauG.

[11] Diese Terminologie gebrauchen § 10 Lemgoer Entwurf sowie die Aufbaugesetze Hamburgs, Niedersachsens, Schleswig-Holsteins, Nordrhein-Westfalens und Rheinland-Pfalz; in Württemberg-Baden findet sich der Begriff Bebauungsplan.

[12] Vgl. § 1 Württ.-Bad. AufbauG, § 2 Hbg. AufbauG, § 2 Nds. AufbauG, § 2 NW AufbauG, § 1 Saarl. AufbauG, § 2 Schl.-Hol. AufbauG.

[13] Insb. *Püttner/Schneider*, Stadtentwicklungsplanung, S. 22 f.; ähnlich *Puls*, Verbundverwaltung, S. 167 ff. insb. S. 172, 186.

Diese Argumentation vermag m. E. nicht zu überzeugen. Denn die Aufbaugesetze besaßen in der Mehrzahl bewußt vorläufigen Charakter und waren als Übergangslösung gedacht. Sie brachten keine umfassende Neukonzeption des gesamten Baurechts, sondern ließen die überkommene Rechtslage bis auf wenige Einzelvorschriften unangetastet und begnügten sich mit der Neuregelung solcher Details, die für den Wiederaufbau vordringlich erschienen[14]. Ihre anerkennenswerte Leistung bestand darin, die früher das Baurecht dominierenden baupolizeilichen Gesichtspunkte in den Hintergrund gedrängt zu haben. Sie beseitigten das Primat der Gefahrenabwehr zugunsten der Entwicklung des Bauplanungsrechts zu einer eigenständigen Rechtsmaterie. Damit trugen die Aufbaugesetze in hohem Maße zur Entwicklung eines modernen, integrierten Planungssystems für die Gemeinden und gleichzeitig zu einer weiteren Trennung zwischen bauplanerischen Ansätzen und baupolizeirechtlichen Aspekten bei.

Eine verfassungsfeste Verankerung gemeindlicher Bauplanungskompetenzen in der Selbstverwaltungsgarantie vermochten sie dagegen nicht zu leisten.

Denn es darf nicht übersehen werden, daß die Bemühungen, auf der Grundlage des Lemgoer Entwurfs wenigstens in den norddeutschen Ländern im Wege der Koordination ein einheitliches Baurecht zu schaffen, ohne Erfolg blieben[15]. So gelangten in Berlin von einer vorbereiteten Gesamtkodifikation des Baurechts nur die ersten beiden Teile — Planungsgesetz und Baulandumlegungsgesetz[16] — zur Beratung und Verabschiedung. Das Land Bremen verzichtete völlig auf die Konzeption eines Aufbaugesetzes[17]. In Bayern wurde zwar im Jahre 1950 der Entwurf eines umfassenden Bayerischen Baugesetzes ausgearbeitet, den man aber zurückstellte, als sich eine bundeseinheitliche Regelung anzubahnen schien[18].

Selbst in den Ländern, die im Anschluß an den Lemgoer Entwurf Aufbaugesetze erließen, war die bauplanungsrechtliche Situation keineswegs einheitlich geregelt. Das zeigt sich nicht so sehr an der stark divergierenden Bezeichnung der Aufbaupläne, als vielmehr an der unterschiedlichen rechtlichen Ausgestaltung der Kompetenzen zu ihrer Durchführung. Besonders bedeutsam ist insoweit, daß durchaus nicht

---

[14] Vgl. *Ernst*, Kommentar zum AufbauG NW, 1953, S. 14; Reg.-Entw. z. BBauG, BT-Drcks. 3/336, S. 55, 56.
[15] Vgl. *Ernst/Zinkahn/Bielenberg*, BBauG, Einleitung, Rn. 35.
[16] Gesetz über die städtebauliche Planung im Lande Berlin vom 22. 8. 1949, VOBl, S. 301 i. d. F. v. 22. 3. 1956, GVBl, S. 272 und Baulandumlegungsgesetz v. 3. 3. 1950, VOBl, S. 71.
[17] Vgl. Reg.-Entw. z. BBauG, BT-Drcks. 3/336, S. 55.
[18] Vgl. Reg.-Entw. z. BBauG, BT-Drcks. 3/336, S. 55.

alle Länder die beim Wiederaufbau anfallenden Aufgaben den Gemeinden als Selbstverwaltungsangelegenheiten zuwiesen. Denn in Rheinland-Pfalz war nach §§ 5, 10, 18 ff. Rh.-Pf.AufbauG die Zuständigkeit für die Aufstellung der Aufbaupläne zwischen Kreisen und Gemeinden geteilt. Hessen übertrug durch § 8 Hess.AufbauG die Befugnis, Bauleitpläne für kreisangehörige Gemeinden aufzustellen, auf die Landkreise. Nach niedersächsischem und schleswig-holsteinischem Recht lagen die Planungskompetenzen zwar bei den Gemeinden, doch bestanden Übernahmemöglichkeiten für die Landkreise[19].

In Anbetracht der divergierenden Regelungen der Planungszuständigkeiten wird man den Schluß, daß die Aufbaugesetze eine bundesverfassungsrechtliche Verankerung der Planungshoheit in der Selbstverwaltungsgarantie des Art. 28 Abs. 2 S. 1 GG bewirkt hätten, nicht rechtfertigen können. Insbesondere die Uneinheitlichkeit der Planungsgesetze hindert daran, die Aufgabe der Bauleitplanung zum verfestigten Besitzstand gemeindlicher Agenden zu zählen[20].

Nach alledem können die Aufbaugesetze nicht als jüngerer geschichtlicher Anhaltspunkt für eine neue historische Inhaltsbestimmung des gemeindlichen Selbstverwaltungsrechts, die in ihrem Kern auch die eigenverantwortliche Flächennutzungs- und Bebauungsplanung schützen würde, herangezogen werden.

b) Die Rechtsentwicklung während der Vorarbeiten zum Bundesbaugesetz

Abgesehen von den bereits genannten Aspekten gibt auch die weitere Entwicklung, insbesondere während der Vorarbeiten zum Bundesbaugesetz, keinen Anlaß, die Bauleitplanung dem geschichtlich gewachsenen Kernbereich gemeindlicher Selbstverwaltung zuzurechnen.

Das „Rechtsgutachten über die Zuständigkeit des Bundes zum Erlaß eines Baugesetzes", das vom Bundesverfassungsgericht[21] auf Antrag von Bundestag, Bundesrat und Bundesregierung am 16. 6. 1954 erstattet wurde, erfaßte das Problem der gemeindlichen Selbstverwaltung im Planungsrecht schon thematisch nicht[22]. Erst der 1956 in endgültiger Fassung herausgegebene Entwurf der Hauptkommission für die Baugesetzgebung[23], der in seiner vorläufigen Fassung vom Oktober 1954 zur Grundlage eines von 127 Abgeordneten aller Parteien in den Bun-

---
[19] Vgl. § 2 Abs. 1 u. 3 Nds. AufbauG; § 2 Abs. 1 u. 3 Schl.-Hol. AufbauG.
[20] In diesem Sinne auch *Schmidt-Aßmann*, DVBl 1975, 4 (9) m. Anm. 36.
[21] BVerfGE 3, 407.
[22] Vgl. *Bartlsperger*, DVBl 1967, 360 (364) m. Anm. 43.
[23] Vgl. dazu die Schriftenreihe des Bundesministers für Wohnungsbau, Bd. 7 und Bd. 9.

104 2. Teil: Die Verfassungsgarantie der Planungshoheit

destag eingebrachten Antrages zum Erlaß eines Bundesbaugesetzes[24] gemacht wurde, sah in § 2 Abs. 1 die Aufstellung der Bauleitpläne als Selbstverwaltungsangelegenheit der Planungsträger an. Festzuhalten ist allerdings, daß als Planungsträger nicht durchgängig die Gemeinden vorgesehen waren, sondern kreisangehörige Gemeinden nur, wenn sie nach Landesrecht auch als Baugenehmigungsbehörden fungierten[25]. Mit dieser flexiblen Regelung sollten die Gesichtspunkte möglichst großer Ortsnähe der planenden Instanz mit ausreichender Verwaltungskraft des Planungsträgers verknüpft werden[26].

Die Einschaltung der Kreise in das Planungsverfahren zeigt deutlich, daß die Bauleitplanung von der Kommission für die Baugesetzgebung keineswegs als herkömmliche Materie der gemeindlichen Selbstverwaltung angesehen wurde.

Erst der Regierungsentwurf zum Bundesbaugesetz[27] erklärte die Aufstellung der Bauleitpläne zur gemeindlichen Selbstverwaltungsangelegenheit[28]. Dabei finden sich aber Formulierungen, wonach der Entwurf den Gemeinden die Zuständigkeit zur Bauleitplanung „zuweist"[29], respektive ihnen die Planungshoheit „zuerkennt"[30]. Im übrigen wird die Abgrenzung der Selbstverwaltung von der unmittelbaren Staatsverwaltung auf dem Gebiet der städtebaulichen Planung nicht als dem Gesetzgeber verfassungsrechtlich vorgegeben verstanden, sondern im Gegenteil zum „Ziel" der Bundesbaugesetzgebung erklärt[31]. Diese Formulierungen zeigen, daß § 2 Abs. 1 BBauG im Gesetzgebungsverfahren eher eine konstitutive Funktion zugemessen wurde, als daß man die Bauleitplanung zum historisch gewachsenen Kern der Selbstverwaltung zählte und sie deshalb dem gemeindlichen Funktionsbereich zuordnete[32].

Nach alledem stellt sich die Planungshoheit der Gemeinden als ein spätes Ergebnis der geschichtlichen Entwicklung des Bauplanungsrechts dar.

---

[24] Vgl. BT-Drcks. 2/1813 u. BT-Drcks. 2/3028.
[25] Vgl. § 240 Abs. 1 Kommissionsentwurf 1956.
[26] Vgl. die Begründung zum Kommissionsentwurf, S. 197.
[27] Vgl. BT-Drcks. 3/336.
[28] Vgl. § 2 Abs. 1 Reg.-Entw. z. BBauG.
[29] Vgl. Reg.-Entw. z. BBauG, BT-Drcks. 3/336, S. 60.
[30] Vgl. BT-Drcks. 3/336, S. 62.
[31] Vgl. Reg.-Entw. z. BBauG, BT-Drcks. 3/336, S. 57.
[32] Das Bundesverwaltungsgericht meinte in der Entscheidung BVerwGE 22, 342 (346) sogar, der Regierungsentwurf zum Bundesbaugesetz habe die Bauleitplanung als Auftragsangelegenheit konzipiert; in NJW 1966, 1530 spricht das Bundesverwaltungsgericht davon, daß die Planungshoheit den Gemeinden durch das Bundesbaugesetz „zuerkannt" worden sei; das Gericht scheint damit auch von einer konstitutiven Funktion des § 2 Abs. 1 BBauG auszugehen.

IV. Planungshoheit und Wesensgehaltsgarantie

3. Ergebnis der historischen Untersuchung

Die vorstehend durchgeführte Untersuchung zeigt, daß die umfassende Kompetenz der Gemeinden zur Planung ihres Raumes, wie sie das Bundesbaugesetz vorsieht, in der Baurechtsgeschichte ohne Vorbild ist.

Auf die Tatsache, daß das Bauplanungsrecht in Preußen, wie in den meisten anderen deutschen Ländern bis 1945 ein Bereich kondominaler Verwaltung zwischen Staat und Gemeinden war, ist bereits hingewiesen worden. Reichsrechtliche Regelungen der Jahre 1918 bis 1945 erhielten den Einfluß der staatlichen Baupolizei auf das städtische Planungsrecht aufrecht.

Die nach dem Zweiten Weltkrieg erlassenen Aufbaugesetze erklärten zwar in der Mehrzahl die mit dem Wiederaufbau anfallenden Planungsaufgaben zu gemeindlichen Selbstverwaltungsangelegenheiten, doch verlief diese Rechtsentwicklung keineswegs einheitlich. Die divergierende Ausgestaltung der Planungskompetenzen mit der keineswegs ausschließlichen Zuweisung der Planungszuständigkeit an die Gemeinden läßt den Schluß nicht zu, daß die Aufbaugesetze eine verfassungsfeste Verankerung der gemeindlichen Planungshoheit in der Selbstverwaltungsgarantie des Art. 28 Abs. 2 S. 1 GG bewirkt haben. Ebensowenig gehen die dokumentierten Vorarbeiten zum Bundesbaugesetz von einer ausschließlichen gemeindlichen Planungskompetenz aus. Formulierungen in der Begründung des Regierungsentwurfs zum Bundesbaugesetz weisen darauf hin, daß der Gesetzgeber der Regelung des § 2 Abs. 1 BBauG eine konstitutive Funktion beimaß. Ähnliche Ansichten finden sich in der Rechtsprechung zum Bundesbaugesetz.

Die dargelegte geschichtliche Entwicklung des Bauplanungsrechts weist nach, daß derart umfassende Planungskompetenzen, wie sie die Gemeinden heute besitzen, ein historisches Novum darstellen. Die Befugnis zur eigenverantwortlichen Aufstellung der Flächennutzungs- und Bebauungspläne gehört also nicht zu den historisch gewachsenen und verfestigten Besitzständen der gemeindlichen Selbstverwaltung. Auf der Basis einer ausschließlich historischen Interpretation der Selbstverwaltungsgarantie des Art. 28 Abs. 2 S. 1 GG kann die Bauleitplanungskompetenz der Gemeinden nicht dem Kernbereich gemeindlicher Selbstverwaltung zugerechnet werden.

4. Die aktuelle Bedeutung der Bauleitplanung für die gemeindliche Eigenständigkeit

Aus dem negativen Ergebnis der historischen Auslegung den Schluß zu ziehen, daß die Planungshoheit definitiv nicht zum Kernbereich der gemeindlichen Selbstverwaltung gehöre, erscheint indes verfrüht.

Denn gerade bei einer so jungen Form des Verwaltungshandelns, wie sie die gemeindliche Bauleitplanung darstellt, darf die historische Auslegung nicht so weit getrieben werden, daß schon aufgrund der fehlenden historischen Verwurzelung im örtlichen Wirkungskreis der Schutz des Kernbereichs der Selbstverwaltungsgarantie versagt wird. Bereits bei der dogmatischen Erläuterung des Art. 28 Abs. 2 S. 1 GG ist dargelegt worden, daß zur Bestimmung der den Wesensgehalt der Selbstverwaltung ausmachenden Kompetenzen neben der historischen Entwicklung die effektive Bedeutung und der Integrationswert des betreffenden Aufgabenbereichs für die gemeindliche Selbstverwaltung in der Gegenwart ausschlaggebend sind.

Dies gilt unter teleologischen Gesichtspunkten in besonderem Maße für solche gemeindliche Agenden, die sich erst in den letzten Jahren und Jahrzehnten entwickelt haben. Zu diesen jungen gemeindlichen Funktionsbereichen zählt — wie dargelegt — die Bauleitplanung.

Entscheidend für die Zuordnung der Bauleitplanung zum Wesensgehalt der Selbstverwaltung ist daher, ob sie mit dem aktuellen Erscheinungsbild der Gemeinden so eng verwoben ist, daß ohne ihre eigenverantwortliche und staatsunabhängige Wahrnehmung die Gemeinden als bloße nachgeordnete Außenstellen eines anderen Verwaltungsträgers und nicht als eigenständige, dezentralisierte Verwaltungseinheiten mit autonomen Entscheidungsbefugnissen im örtlichen Lebensbereich erscheinen würden.

Zur Beantwortung der soeben aufgeworfenen Frage erscheint es wegen der Zweistufigkeit des Planungssystems auf der Gemeindeebene opportun, Flächennutzungs- und Bebauungsplanung jeweils getrennt auf ihre effektive Bedeutung für die gemeindliche Eigenständigkeit in der Gegenwart zu untersuchen.

a) Die effektive gegenwärtige Bedeutung einer eigenständigen Flächennutzungsplanung für die Selbstverwaltung der Gemeinden

Im Flächennutzungsplan ist für das ganze Gemeindegebiet die sich aus der beabsichtigten städtebaulichen Entwicklung ergebende Art der Bodennutzung nach den voraussehbaren Bedürfnissen der Gemeinde in

IV. Planungshoheit und Wesensgehaltsgarantie

den Grundzügen darzustellen. Mit dem vorbereitenden Bauleitplan verfügen die Gemeinden über ein Instrument, das es ihnen ermöglicht, ihre projektierte Eigenentwicklung selbständig planerisch darzustellen und richtungsweisende Impulse für die nächsten Jahre zu geben.

Aus dem Umstand, daß der Flächennutzungsplan ein richtungsweisender Plan ist, der nicht starr für eine längere Zeit bestehen bleiben soll, sondern flexibel den Bedürfnissen der gemeindlichen Entwicklung mit ihren wechselnden Anforderungen angepaßt werden muß, folgt, daß der Flächennutzungsplan keine Rechtsnorm darstellt[1]. Mangels unmittelbarer Außenwirkung gegenüber den Grundstückseigentümern läßt sich der Flächennutzungsplan aber auch nicht als Verwaltungsakt qualifizieren[2]. Seine Rechtswirkungen beschränken sich im wesentlichen auf den verwaltungsinternen Bereich: Der Flächennutzungsplan verpflichtet sämtliche öffentlich-rechtliche Planungsträger, die bei seiner Aufstellung beteiligt werden, dazu, ihre Planungen den Maßgaben der vorbereitenden gemeindlichen Bauleitplanung anzupassen; der Flächennutzungsplan bedingt ferner eine Selbstbindung der planenden Gemeinde bei der Aufstellung der Bebauungspläne, die aus dem vorbereitenden Bauleitplan zu entwickeln sind.

Eine eigenverantwortliche Flächennutzungsplanung setzt aber einen ausreichenden Gestaltungswillen bei den Gemeinden voraus sowie das nötige Verwaltungspotential, das sie befähigt, die komplexen und schwierigen Aufgaben, die mit der Flächennutzungsplanung zusammenhängen, zu bewältigen. Gerade das Vorhandensein der notwendigen Leistungskraft auf der Gemeindeebene wird indes häufig bezweifelt.

aa) Die behauptete Planungsunfähigkeit der Gemeinden

Von verschiedenen Seiten wird immer wieder der Vorwurf erhoben, ein hoher Prozentsatz der Gemeinden übe weder nach der Verwaltungskraft, noch der Fläche nach, noch sonst nach eigenem Willen die ihnen eröffnete Planungshoheit aus[3].

Die ganz überwiegende Zahl der Gemeinden sei zu sachgerechter Erfüllung der mit dem Flächennutzungsplan verbundenen Planungsaufgaben nicht fähig[4]. Schon deshalb könne es sich bei der vorbereitenden Bauleitplanung nicht um eine unverzichtbare und integrale Selbst-

---

[1] Allg. Meinung, vgl. statt vieler OVG Lüneburg, DVBl 1971, 322 (323); VGH München, BRS 22, 147 (149); VGH Mannheim, BRS 27, 30 (32).
[2] Vgl. BVerwGE 18, 247 (253); VGH Mannheim, BRS 27, 30 (32).
[3] Vgl. *Treiß*, BayBgm 1963, 47 ff.; *Thieme*, DVBl 1966, 325 (327); *Bischoff*, VerwArch 59 (1968), 33 ff.; *Wagener*, DVBl 1970, 93 ff.; *Süss*, BayVBl 1975, 1 (2); *Schmidt-Aßmann*, Grundfragen, S. 125 f.
[4] Vgl. aus jüngerer Zeit wieder *Heinemann*, DÖV 1982, 189 (192) m. w. N.

verwaltungsaufgabe handeln. Gerade die Tatsache, daß die meisten Gemeinden von ihrer Planungskompetenz keinen Gebrauch machten, zeige, wie wenig Bedeutung die Flächennutzungsplanung für die Selbstverwaltung der Gemeinden habe. Aus diesen Gründen könne die vorbereitende Bauleitplanung nicht zu jenen Aufgaben gezählt werden, die den Wesensgehalt der Selbstverwaltung konstituieren.

Tatsächlich muß man unumwunden zugeben, daß in den sechziger Jahren, als in der Bundesrepublik noch ca. 24 000 Gemeinden[5] existierten, die kleinräumliche Gemeindestruktur eine sinnvolle und zweckmäßige Gestaltung des örtlichen Raumes oft verhinderte. Dies gilt in besonderem Maße für den komplexen Bereich der vorbereitenden Bauleitplanung, wo zahlreiche Planungsfehler überforderter Gemeinden zu verzeichnen waren[6]. Dabei lagen die Schwierigkeiten der Gemeinden weniger auf dem rein verwaltungstechnischen Gebiet der Planaufstellung, zu der man wegen unzureichender personeller oder sachlicher Ausstattung nicht befähigt gewesen wäre; denn diese Hindernisse hätte man mit fremder Hilfe überwinden können[7]. Viel grundlegender und gravierender waren die Mängel in der Entscheidungskapazität der verantwortlichen Gemeindeorgane[8], die vielfach die komplexen Zusammenhänge, in denen der Flächennutzungsplan als gesamtgemeindlicher Plan mit seinen zahlreichen Interdependenzen steht, nicht zu überblicken vermochten und deshalb überhaupt nicht oder nur mangelhaft planten.

Indes wird man sich fragen müssen, ob der Vorwurf, die Gemeinden seien zur sachgemäßen Erfüllung ihrer Planungsaufgaben nicht in der Lage, auch heute noch nach Abschluß der bundesweit durchgeführten kommunalen Gebiets- und Verwaltungsreformen seine Berechtigung hat.

Denn insbesondere die kommunalen Gebietsreformen der letzten Jahre hatten es sich zum Ziel gesetzt, durch Verarbeitung verwaltungs-

---

[5] Zu dieser Zahl vgl. das „Amtliche Gemeindeverzeichnis für die Bundesrepublik Deutschland" des Statistischen Bundesamtes (Ausgabe 1961) mit folgenden statistischen Angaben:
Gemeinden insgesamt 24 503
kreisfrei 139
Landkreise 425
Ämter 691
Für das Jahr 1965 nennt *Rothe*, StGB 1975, 270 (271) noch eine Gesamtzahl existierender Gemeinden von 24 470.
[6] Vgl. *Wambsganz*, DVBl 1961, 533 (535); *Bischoff*, VerwArch 59 (1968), 33 ff.; *Meyer*, SKV 1969, 12 (14 f.).
[7] Vgl. dazu schon Reg.-Entw. z. BBauG, BT-Drcks. 3/336, S. 60 f., der auf die Möglichkeit kleinerer Gemeinden hinweist, sich Planungshilfen zu verschaffen, in diesem Sinne auch *Halstenberg*, Der Landkreis, 1961, 323; kritisch zur Planungshilfe *Thieme*, DVBl 1966, 325 (327) m. Anm. 22.
[8] Vgl. *Schmidt-Aßmann*, Fortentwicklung, S. 37.

IV. Planungshoheit und Wesensgehaltsgarantie

wissenschaftlicher Erkenntnisse zur optimalen Leistungskraft örtlicher und überörtlicher Gebietseinheiten das überkommene Verwaltungsgefüge auf der Gemeinde- und Kreisebene neu zu ordnen und dadurch zweckrational orientierte, leistungsfähige Kommunalkörperschaften zu errichten[9]. Im Rahmen der Gebietsreformen wurde die Gesamtzahl der deutschen Gemeinden von 24 503 im Jahre 1961[10] um nahezu zwei Drittel auf 8505 zum Stichtag 1. 1. 1982 reduziert[11]. Die letztgenannte Zahl erfaßt 91 kreisfreie Städte, 8414 kreisangehörige Gemeinden, davon 2390 Einheitsgemeinden, 6019 in Verwaltungsgemeinschaften zusammengeschlossene Gemeinden sowie 5 bewohnte gemeindefreie Gebiete.

Berücksichtigt man bei der Interpretation dieses Zahlenmaterials, daß es erklärtes Ziel der Gebietsreformen war, gerade die Mängel in der Bauleitplanung durch Schaffung leistungsfähiger Gemeinden, die sowohl über ein entsprechendes Gebiet, wie auch über die notwendige Verwaltungskraft verfügen, zu beseitigen[12], so spricht nach den Gebietsreformen eine Vermutung zugunsten der verbliebenen Planungsträger, daß sie grundsätzlich für längere Zeit zur Erfüllung der Aufgaben nach dem Bundesbaugesetz in der Lage sind[13].

Die durch Funktional- und Gebietsreformen bewirkten beachtlichen Veränderungen der gemeindlichen Leistungskraft werden in der Diskussion um die Flächennutzungsplanung allzuoft und allzuleicht übersehen. Der Vorwurf an die Gemeinden, ein Großteil von ihnen sei zur Aufstellung des Flächennutzungsplanes unfähig, darf nach den Erfahrungen der letzten Jahre als überholt gelten[14].

So verfügen etwa von den 396 nordrhein-westfälischen Gemeinden 379 über einen rechtsgültigen Flächennutzungsplan. In den übrigen 17 Gemeinden ist ein entsprechender Aufstellungsbeschluß gefaßt bzw. befindet sich ein Flächennutzungsplan in der Erarbeitung[15]. In Schles-

---

[9] Vgl. *Stern/Püttner*, Neugliederung der Landkreise Nordrhein-Westfalens, 1969; *Mattenklodt*, Gebiets- und Verwaltungsreform in der Bundesrepublik Deutschland, 1972; *Ernst*, Kreisentwicklungsplanung, S. 247; *Köstering*, DÖV 1981, 689 (691).
[10] Vgl. das „Amtliche Gemeindeverzeichnis für die Bundesrepublik Deutschland" Ausgabe 1961.
[11] Zu dieser und den folgenden Zahlen vgl. „Statistisches Jahrbuch Deutscher Gemeinden", 69. Jahrgang, 1982.
[12] Vgl. *Halstenberg*, Eildienst LKT, NW 1974, 149 (151); *Rietdorf*, DÖV 1975, 191 (193).
[13] Vgl. *Rothe*, StGB 1974, 4 (9); ders., StGB 1975, 270 (271); *Ernst*, Kreisentwicklungsplanung, S. 247; *Reissig*, Bauleitplanung, S. 45; *Köstering*, DÖV 1981, 689 (691).
[14] Vgl. *Rothe*, Festschr. f. Weber, 1974, S. 893 (901); *Möcklinghoff*, Kommunalpolitische Blätter, 1984, 460.
[15] Dieses Zahlenmaterial ist dem Verfasser auf Anfrage von den für die

wig-Holstein existiert in 723 der 1131 Gemeinden ein verbindlicher Flächennutzungsplan. In weiteren 86 Gemeinden befinden sich vorbereitende Bauleitpläne in der Aufstellung[16]. Im Saarland haben 43 der 52 im Lande bestehenden Gemeinden einen genehmigten Flächennutzungsplan vorliegen. In den übrigen 9 Gemeinden läuft das Aufstellungsverfahren[17].

Diese Zahlen belegen, daß von einer generellen Planungsinkompetenz der deutschen Gemeinden keine Rede sein kann. Andererseits ist damit nicht ausgeschlossen, daß sich im Einzelfall eine Gemeinde als unfähig erweist, die mit der vorbereitenden Bauleitplanung zusammenhängenden Aufgaben zu erledigen. Dies kann jedoch einer Zuordnung der Flächennutzungsplanung zum Wesensgehalt der Selbstverwaltung nicht entgegengehalten werden. Denn die Kernbereichsgarantie hindert den Gesetzgeber nicht, die Planungshoheit *einzelner* Gemeinden in räumlich streng abgegrenzten Gebieten einzuschränken[18]. Sie untersagt ihm lediglich solche Eingriffe, die auf eine allgemeine, substantielle Beschränkung oder einen völligen Ausschluß der Gemeinden von der Planung ihres Raumes hinauslaufen.

Nach alledem kann das oft gebrauchte Argument von der gemeindlichen Planungsunfähigkeit einer Einbeziehung der Flächennutzungsplanung in den Kernbereich der Selbstverwaltung heute nicht mehr entgegenstehen.

bb) Entzug der Flächennutzungsplanung als „milderes Mittel" gegenüber einer formellen Bestandsauflösung?

In der Diskussion um die Flächennutzungsplanung wird von verschiedenen Seiten immer wieder ein Argument vorgebracht, das einfach über alle verfassungsrechtlichen Probleme betreffend die Zuordnung der Flächennutzungsplanung zum Wesensgehalt gemeindlicher Selbstverwaltung hinwegzuhelfen scheint. Man trägt vor, wenn die Gemeinden schon mangels einer einzelgemeindlichen Bestandsgarantie aufgelöst und in andere kommunale Körperschaften eingemeindet werden können, so sei das bedeutend mildere Mittel eines begrenzten Aufgabenentzuges auf jeden Fall verfassungsrechtlich unbedenklich[19].

Genehmigung der Flächennutzungspläne zuständigen Regierungspräsidenten Arnsberg, Detmold, Düsseldorf, Köln und Münster mitgeteilt worden. Die Auskünfte datieren vom Dezember 1983 bzw. Januar 1984.
[16] Lt. Schreiben des Innenministers des Landes Schleswig-Holstein v. 1. 12. 1983 an den Verfasser.
[17] Die genannten Zahlen beruhen auf einer Auskunft des Ministers für Umwelt, Raumordnung und Bauwesen des Saarlandes v. 6. 1. 1984, die dem Verfasser auf Anfrage erteilt wurde.
[18] Vgl. BVerfGE 56, 298 (313).
[19] Vgl. dazu die Nachweise bei *Schmidt-Aßmann*, DÖV 1973, 109 (111).

IV. Planungshoheit und Wesensgehaltsgarantie

Aufgabenentzug und Eingemeindung lassen sich indes nicht gegeneinandersetzen[20]. Beide Maßnahmen stellen selbständig zu würdigende Eingriffe in die kommunale Selbstverwaltung dar, haben unterschiedliche Voraussetzungen und Rechtsfolgen und zielen in unterschiedliche Richtungen. Während die Eingemeindung an der nur beschränkt wirksamen Rechtssubjektsgarantie[21] des Art. 28 Abs. 2 S. 1 GG zu messen ist, betrifft ein Aufgabenentzug die in dieser Norm enthaltene objektive Rechtsinstitutionsgarantie[22]. Eingriffe in diesen Bereich der institutionell gewährleisteten gemeindlichen Selbstverwaltung unterliegen speziellen, strengeren Legitimationsanforderungen[23]. Sie sind nur zulässig, wenn sie aus Gründen des Gemeinwohls vorgenommen werden, dem Übermaßverbot Rechnung tragen und den Wesensgehalt der Selbstverwaltung unangetastet lassen.

Weil Aufgabenentzug und Eingemeindung nicht vergleichbare Eingriffe darstellen, kann man die Erörterung der Wesensgehaltssperre im Rahmen der Aufgabengarantie nicht dadurch umgehen, daß man im Sinne eines Erst-recht-Schlusses a maiore ad minus jeden Funktionsentzug als den gegenüber einer Auflösung oder Eingemeindung weit geringeren Eingriff in das Selbstverwaltungsrecht der betroffenen Gemeinde bezeichnet und für verfassungsrechtlich unbedenklich erachtet[24].

Hält man die Trennung der verschiedenen Institutionsgewährleistungen (Rechtssubjektsgarantie einerseits und Rechtsinstitutionsgarantie andererseits) des Art. 28 Abs. 2 S. 1 GG nicht aufrecht, so löst sich die Schrankensystematik der Selbstverwaltungsgarantie auf und jedwede Beschneidung des gemeindlichen Aufgabenkreises bis hin zur Grenze der formellen Bestandsauflösung wird legitimiert. Damit aber wird das Argument des „milderen Mittels" zum argumentum ad absurdum[25].

cc) Die Argumentation mit § 147 Abs. 2 BBauG

Nach einer anderen Auffassung zeigt die Regelung des § 147 Abs. 2 BBauG, daß die Flächennutzungsplanung nicht zu jenen Aufgaben gehören könne, die den Wesensgehalt der Selbstverwaltung ausmachen.

§ 147 Abs. 2 BBauG eröffnet die Möglichkeit, Aufgaben der Gemeinden nach dem Bundesbaugesetz oder dem Städtebauförderungsgesetz

---
[20] Vgl. VerfGH NW, DVBl 1970, 794 (798 f.); StGH Ba.-Wü., ESVGH 26, 1 (4); *Siedentopf*, Die Verwaltung, 1971, 279 (293).
[21] Vgl. dazu die Ausführungen oben 1. Teil, II. 2.
[22] Zu deren Inhalt vgl. oben 1. Teil, II. 3.
[23] Vgl. VerfGH NW, NJW 1979, 1201; *Stern*, Festschr. f. Fröhler, 1980, S. 473 (490).
[24] Vgl. StGH Ba.-Wü., ESVGH 26, 1 (4); *Siedentopf*, Die Verwaltung, 1971, 279 (292 f.).
[25] Vgl. *Schmidt-Aßmann*, DÖV 1973, 109 (111).

durch Landesgesetz auf gemeindliche Verbände zu übertragen, sofern diesen nach Landesrecht örtliche Selbstverwaltungsaufgaben obliegen. Wenn das Bundesbaugesetz aber eine Übertragung der Flächennutzungsplanung vorsieht und zuläßt, so wird gefolgert, könne die vorbereitende Bauleitplanung nicht zum Kernbereich der Selbstverwaltung gehören, da die Institutionsgewährleistung gerade eine solche Übertragung gemeindlicher Funktionen verbiete. Daraus werde deutlich, daß der Flächennutzungsplan kein Element des Wesensgehaltes der Selbstverwaltung sei[26].

Diese Argumentation vermag m. E. nicht zu überzeugen. Sie verkennt die grundlegenden Ableitungszusammenhänge zwischen einfachem Gesetzesrecht und Verfassungsrecht. Denn eine einfachgesetzliche Norm kann nach allgemein anerkannter Auffassung[27] nicht ohne weiteres zur Interpretation der höherrangigen Rechtsquelle des Verfassungsrechts herangezogen werden. Schon aus diesem Grund ist der direkte Schluß von der einfachgesetzlichen Norm des § 147 Abs. 2 BBauG auf den Inhalt der Verfassungsgarantie des Art. 28 Abs. 2 S. 1 GG unzulässig.

Im übrigen bestehen erhebliche Zweifel an der Verfassungsmäßigkeit der Regelung des § 147 Abs. 2 BBauG.

Denn im Unterschied zu § 4 Abs. 2, 3, 9 BBauG, der lediglich einen zwangsweisen Zusammenschluß *einzelner* Gemeinden zu Planungsverbänden und das auch nur zur Behebung städtebaulicher Notstandssituationen vorsieht, läßt § 147 Abs. 2 BBauG pauschal und undifferenziert eine *generelle* Übertragung der Bauleitplanung auf solche gesetzlichen Zusammenschlüsse von Gemeinden zu, denen nach Landesrecht örtliche Selbstverwaltungsaufgaben obliegen. Zu denken ist hier vor allem an eine Verlagerung der Bauleitplanungskompetenz auf Verbandsgemeinden, Samtgemeinden oder Verwaltungsgemeinschaften[28].

Eine derart generalisierende Regelung läßt sich m. E. nicht mit der Selbstverwaltungsgarantie des Art. 28 Abs. 2 S. 1 GG vereinbaren.

Wie bereits oben[29] festgestellt, gehört die Bauleitplanung zu den „Angelegenheiten der örtlichen Gemeinschaft", deren eigenverantwortliche Wahrnehmung den Gemeinden im Grundsatz verfassungskräftig durch Art. 28 Abs. 2 S. 1 GG garantiert ist. Deshalb kommt ein Entzug der Bauleitplanungskompetenz — unabhängig von der Frage, ob diese Aufgabe dem Kernbereich der Selbstverwaltung zuzurechnen ist — nur

---
[26] Vgl. *Köstering*, DÖV 1981, 689 (691).
[27] Grundlegend *Leisner*, Von der Verfassungsmäßigkeit der Gesetze zur Gesetzmäßigkeit der Verfassung, 1964.
[28] Vgl. *Schmidt-Aßmann*, VerwArch 71 (1980), 117 (131).
[29] Vgl. oben 2. Teil, III. 1.—3.

IV. Planungshoheit und Wesensgehaltsgarantie

dann in Betracht, wenn die Aufgabenverlagerung aus Gründen des öffentlichen Wohles dringend geboten ist und dem Übermaßverbot Rechnung trägt[30]. Das Verhältnismäßigkeitsprinzip erlaubt dabei den generellen Entzug einer gemeindlichen Agende nur in den Fällen, in denen die Verwaltungstätigkeit durch die Gemeinden auf dem betreffenden Gebiet insgesamt ineffizient und schlechthin zu einer ordnungsgemäßen Aufgabenwahrnehmung untauglich ist. Diese Umstände hat der Gesetzgeber im einzelnen substantiiert darzulegen, wobei der völlige Entzug einer gemeindlichen Funktion nur die ultima ratio legislatorischer Dispositionen im gemeindlichen Selbstverwaltungsbereich darstellen darf.

Den strengen verfassungsrechtlichen Anforderungen hält § 147 Abs. 2 BBauG nicht stand. Denn diese Norm eröffnet die generelle Möglichkeit zur Verlagerung der gesamten Bauleitplanungskompetenz, ohne den Gesetzgeber zu verpflichten, den entscheidungserheblichen Sachverhalt umfassend und vollständig zu ermitteln, staatliche Steuerungsinteressen gegen den Verlust an Selbstverwaltungssubstanz sorgfältig abzuwägen und die Gründe, die eine Übertragung der Bauleitplanungskompetenz erforderlich machen, darzulegen.

Hinzu kommt, daß nur die Gemeinden, nicht aber die Gemeindeverbände Zuordnungssubjekte der Verfassungsgarantie des Art. 28 Abs. 2 S. 1 GG sind. Deshalb muß zwischen dem Aufgabenbereich der Gemeinden und dem der Gemeindeverbände klar unterschieden werden. Die Konzeption des § 147 Abs. 2 BBauG läuft dagegen darauf hinaus, Gemeinden und Gemeindeverbände gleichzuordnen, indem auch Samtgemeinden, Verbandsgemeinden und Verwaltungsgemeinschaften Gemeindequalität i. S. d. Art. 28 Abs. 2 S. 1 GG beigemessen wird. Dies aber ist verfassungsrechtlich unzulässig, da auf diese Weise eindeutige verfassungsrechtliche Anknüpfungsbegriffe verwischt werden[31].

Nach alledem kann die Regelung des § 147 Abs. 2 BBauG einer Interpretation des Art. 28 Abs. 2 S. 1 GG, die die Flächennutzungsplanung zu jenen wesentlichen gemeindlichen Kompetenzen zählt, die den Kernbereich der Selbstverwaltung konstituieren, nicht entgegenstehen.

dd) Die überörtlichen Bezüge der Flächennutzungsplanung

Als entscheidender Gesichtspunkt gegen die Zuordnung der Flächennutzungsplanung zum Kernbereich der Selbstverwaltung wird das Argument ins Feld geführt, die in der vorbereitenden Bauleitplanung angelegte Verflechtung raumrelevanter örtlicher und überörtlicher Bezüge lasse es zwar noch zu, die Flächennutzungsplanung zu den

---
[30] Vgl. oben 1. Teil, VI. 2. a), b).
[31] Vgl. *Schmidt-Aßmann*, VerwArch 71 (1980), 117 (131).

"Angelegenheiten der örtlichen Gemeinschaft" i. S. d. Art. 28 Abs. 2 S. 1 GG zu zählen, da diese immerhin noch dem gesetzlichen Regelungsvorbehalt ausgesetzt seien; das Geflecht von Verkehrs-, Versorgungs-, Wirtschafts- und Pendlerbeziehungen sei aber bereits so stark, daß eine ausschließliche, eigenverantwortliche gemeindliche Planungsträgerschaft nicht als verfassungsmäßig durch die Wesensgehaltsgarantie verbürgt angesehen werden könne[32].

In der Tat mischen sich bei der Flächennutzungsplanung örtliche und überörtliche Belange. Auf dieses unbestreitbare Faktum ist bereits oben hingewiesen worden[33]. Das bestehende Verflechtungsgefüge aber als entscheidendes Argument gegen eine Zuordnung der Flächennutzungsplanung zum Kernbereich der Selbstverwaltung vorzubringen, vermag m. E. nicht zu überzeugen.

Insoweit ist zunächst darauf hinzuweisen, daß die vorbereitende Bauleitplanung — trotz aller Anerkennung der in ihr angelegten überörtlichen Bezüge — ganz überwiegend und schwergewichtig als örtliche Angelegenheit eingestuft werden muß[34].

Abgesehen davon aber würde die dargelegte Argumentation nur dann zutreffen, wenn mit der Zuweisung der Flächennutzungsplanung zum Wesensgehalt der Selbstverwaltung den Gemeinden eine totale Planungsautonomie zugesprochen würde, kraft derer sie von ihrer Planungsbefugnis ohne Berücksichtigung übergeordnet-staatlicher oder gleichrangig-nachbargemeindlicher Interessen Gebrauch machen könnten.

Das ist jedoch nach dem im ersten Teil der Arbeit dargelegten Selbstverwaltungsverständnis nicht der Fall.

Daß in einem Staatsgebilde mit föderativer Verfassungsstruktur, in dem die Kompetenzen zur Entwicklung und Durchführung raumrelevanter Planungen auf Bund, Länder und Gemeinden verteilt sind, Autonomie in der Planung keine absolute sein kann, leuchtet unmittelbar ein[35]. Denn es ist eine offenkundige und oft betonte Tatsache, daß der zu beplanende Raum nicht nur der örtlich-gemeindliche ist, sondern zugleich der des Bundes und der Länder, daß also die gemeindliche Planungshoheit notwendig mit staatlichen Planungskompetenzen vertikal verflochten ist. Gleichzeitig ergeben sich auf der horizontalen, inter-

---

[32] Vgl. StGH Ba.-Wü., ESVGH 26, 1 (7); *Schmidt-Aßmann*, Grundfragen, S. 135; *ders.*, DÖV 1973, 109 (111); *ders.*, Stadtentwicklungsplanung, S. 146; *ders.*, Fortentwicklung, S. 37; *Laux*, Der Landkreis, 1973, 427 (429); *Heinemann*, DÖV 1982, 189 (192 f.).
[33] Vgl. dazu die Ausführungen oben 2. Teil, III. 1. a).
[34] Vgl. dazu oben 2. Teil III. 1. c).
[35] Vgl. dazu schon *Zinkahn*, BlGBW 1963, 6 ff.; *Stich*, BlGBW 1966, 121 ff.; *Bielenberg*, DÖV 1969, 376 (380).

IV. Planungshoheit und Wesensgehaltsgarantie

kommunalen Ebene infolge der wirtschaftlichen, infrastrukturellen und räumlichen Verbindungen zwischen benachbarten Gemeinden Ziel- und Interessenskonflikte, die eine gegenseitige Abstimmung der Bauleitplanung erforderlich machen[36]. Diese allseitigen Interdependenzen verlangen, daß die Gemeinden ihre Bauleitplanung verantwortlich betreiben und bei ihren Planungsentscheidungen ihre Stellung innerhalb des sie umgebenden Raumes und die daraus resultierenden Notwendigkeiten zu Zusammenarbeit und Ausgleich in Betracht ziehen[37].

Die vielfältigen horizontalen und vertikalen Verflechtungen sowie die Einbindung der Gemeinden in das komplexe System bodenbezogener Planungen sind sachimmanente, dem Wesen der Planung, das seiner Art nach auf Berücksichtigung und Koordination möglichst vieler Interessen zur optimalen zukünftigen Gestaltung des vorhandenen und unvermehrbaren Raumes angelegt ist[38], entsprechende allgemeine Grenzen der gemeindlichen Planungshoheit. Sie stehen indes der Zuordnung der Flächennutzungsplanung zum Kernbereich der Selbstverwaltung nicht im Wege.

Denn eine Einbeziehung der vorbereitenden Bauleitplanung in den Fundamentalgehalt der Selbstverwaltung räumt den Gemeinden keine totale Planungsautonomie in dem Sinne ein, daß die Gemeinden von ihrer Planungskompetenz nach Belieben und ohne jede Berücksichtigung überörtlicher Verflechtungen und nachbargemeindlicher Interessen Gebrauch machen könnten. Die Wesensgehaltsgarantie schafft keine Freiräume für die Verwirklichung gemeindlicher „Kirchturmspolitik", die sich darauf beschränkt, ihren engen Kommunalegoismen nachzugehen[39]. Sie untersagt dem Gesetzgeber nach den im ersten Teil der Arbeit dargelegten Leitlinien lediglich, solche Aufgabenbereiche, die zu den integralen Bestandteilen bürgerschaftlicher Selbstverwaltung zählen, durch allgemeine Regelung aus dem gemeindlichen Zuständigkeitsbereich auszugliedern oder das gemeindliche Ermessen hinsichtlich der Art und Weise der Aufgabenerfüllung in diesen Agenden substantiell zu beschränken. Bis hin zu diesen Grenzen, die jeweils anläßlich eines konkreten Eingriff in einen bestimmten Aufgabenbereich nach sorgfältiger Problemanalyse festgestellt werden müssen, bleibt der Gesetzgeber jedoch — soweit er dem Gemeinwohlaspekt und dem Übermaßverbot Rechnung trägt — zur Regelung befugt.

---

[36] Von diesem Gedanken ist etwa die Normierung der materiellen Abstimmungspflicht in § 2 Abs. 4 BBauG getragen.
[37] Vgl. BVerfGE 23, 353 (371); BVerfG, NVwZ 1982, 95.
[38] Vgl. *Badura*, Festschr. f. Weber, 1974, S. 911 (929 ff.); *Seele*, Festschr. f. Weber, 1974, S. 873 ff.; *Stern/Burmeister*, Planungsgebot, S. 34.
[39] Vgl. BVerfG NVwZ 1982, 95.

Selbst bei Zuordnung der vorbereitenden Bauleitplanung zum Wesensgehalt der Selbstverwaltung sind staatliche Ingerenzen, die der Durchsetzung überörtlicher Interessen dienen, daher zulässig, soweit sie nicht willkürlich, sondern aus Gründen des gemeinen Wohls vorgenommen werden, den Anforderungen des Übermaßverbotes entsprechen, den Gemeinden allgemein die Kompetenz zur Flächennutzungsplanung belassen und das gemeindliche Planungsermessen nicht substantiell in einem Maße beschränken, daß die Gemeinden faktisch zu weisungsgebundenen Vollzugsinstanzen unmittelbarer Staatsverwaltung degradiert werden.

Aus diesem Grunde vermag die These, die im Flächennutzungsplan angelegten überörtlichen Bezüge seien so stark, daß die vorbereitende Bauleitplanung auf keinen Fall zum Kernbereich der Selbstverwaltung gezählt und damit der gemeindlichen Eigenverantwortlichkeit überlassen werden könne, nicht zu überzeugen.

ee) Die Determinationswirkung der Flächennutzungsplanung

Will man die effektive Bedeutung der vorbereitenden Bauleitplanung für die gemeindliche Selbstverwaltung in der Gegenwart ermessen, so darf man vor allem den engen Ableitungszusammenhang zwischen Flächennutzungs- und Bebauungsplanung nicht übersehen[40].

Der Flächennutzungsplan ist vom Bundesbaugesetz als richtungsweisender, koordinierender Plan konzipiert, der die Grundsatzentscheidungen für die gesamte raumbezogene Planung im Gemeindegebiet enthält. Im vorbereitenden Bauleitplan sind sämtliche bodenbezogenen Nutzungsarten für die einzelnen Teile des Gemeindegebietes darzustellen, wie z. B. Baugebiete, Gemeinbedarfsflächen, Verkehrs-, Wasser-, Grünflächen, land- und forstwirtschaftliche Flächen. Die für eine Bebauung vorgesehenen Räume sind darüber hinaus nach Maßgabe der Baunutzungsverordnung und der Planzeichenverordnung nach der allgemeinen Art ihrer baulichen Nutzung als Bauflächen (Wohnbauflächen, gemischte Bauflächen, gewerbliche Bauflächen, Sonderbauflächen) sowie nach besonderen Nutzungsarten als Baugebiete (reine Wohngebiete, Mischgebiete, Gewerbegebiete etc.) auszuweisen.

Aus dem Flächennutzungsplan sind die nach außen wirksamen Bebauungspläne zu entwickeln, die Umfang und Grenzen der Bodennutzung in allen Einzelheiten rechtsverbindlich festlegen. Wegen des bestehenden Ableitungszusammenhanges setzt die Konzeption des Flächennutzungsplanes eine teilweise gedankliche Vorwegnahme der Be-

---

[40] Vgl. StGH Ba.-Wü., ESVGH 26, 1 (6); *Ernst*, Kreisentwicklungsplanung, S. 246 f.

IV. Planungshoheit und Wesensgehaltsgarantie

bauungspläne voraus, die spätere Kollisionen zwischen vorbereitender und vollziehender Bauleitplanung vermeiden soll.

So besitzen die Gemeinden bei der Aufstellung der Bebauungspläne zwar ein gewisses Maß an gestalterischer Freiheit[41]; sie sind jedoch an die Grundkonzeption des Flächennutzungsplanes gebunden, zu der die konkrete räumliche Verortung der einzelnen Bauflächen und Baugebiete ebenso gehört, wie die Darstellung und Zuordnung jener Flächen, die andere Nutzungsarten aufnehmen sollen[42].

Daraus wird deutlich, daß der Flächennutzungsplan als programmatischer, zukunftsorientierter Gesamtplan weitestgehend die Inhalte der mehr auf Vollzug ausgerichteten, parzellenscharf detaillierten Bebauungspläne determiniert[43].

Diese Bindung ist verfassungsrechtlich so lange unbedenklich, wie die Planungsträgerschaft für die gesamte Bauleitplanung bei der Gemeinde liegt. Sollte aber der Flächennutzungsplan von außerhalb der örtlichen Gemeinschaft stehenden Planungsträgern aufgestellt und beschlossen werden, so könnte von eigenverantwortlicher städtebaulicher Planung der Gemeinden keine Rede mehr sein. Diesem Argument kann auch nicht mit dem Hinweis auf die den Gemeinden verbleibende Kompetenz zur Bebauungsplanung begegnet werden. Denn bei Entzug oder substantieller Beschränkung der Eigenverantwortlichkeit in der vorbereitenden Bauleitplanung wäre die Raumplanungskompetenz der Gemeinden auf die Umsetzung der Aussagen des Flächennutzungsplanes in Bebauungspläne und damit auf die bloße Präzisierung fremdbestimmter Nutzungsvorgaben für den gesamten Gemeinderaum auf Parzellenschärfe verengt[44]. Die Gemeinden könnten dann zwar noch die legitimen Nutzungsbefugnisse im Detail mit Wirkung gegenüber den konkret betroffenen Grundstückseigentümern festlegen; sie wären dabei aber an die grundlegenden und umfassenden Aussagen des Flächennutzungsplanes gebunden. Über die räumliche Ordnung und Gestaltung des Gemeindegebietes in seiner Gesamtheit, insbesondere über die Frage, welche bodenbezogenen Nutzungsarten (Industriegebiete oder Wohnsiedlungen, Grünflächen oder Gemeinbedarfsflächen etc.) an welcher Stelle im Gemeindegebiet zugelassen werden, könnten die Gemeinden bei fremdbestimmter Flächennutzungsplanung nicht mehr befinden. Mit der Entscheidungskompetenz über

---
[41] Zu Umfang und Grenzen der gemeindlichen Dispositionsfreiheit vgl. BVerwG, DVBl 1975, 661 (662).
[42] Vgl. StGH Ba.-Wü., ESVGH 26, 1 (6).
[43] Vgl. StGH Ba.-Wü., ESVGH 26, 1 (6); *Reissig*, Bauleitplanung, S. 40 f.; *Ernst*, Kreisentwicklungsplanung, S. 246.
[44] Vgl. *Nau*, DÖV 1962, 533 (535); *Schultze*, Raumordnungspläne, S. 44 f.; *Ernst*, Kreisentwicklungsplanung, S. 247.

die Verwendung des gemeindlichen Grund und Bodens für bestimmte Nutzungsarten ist jedoch untrennbar die Bestimmungsmacht darüber verbunden, welche raumbezogenen Verhaltensweisen im Gemeindegebiet erlaubt sind und welche zu unterbleiben haben. Ohne die Befugnis zur Planung der jeweils zulässigen Arten der Bodennutzung im gemeindlichen Raum wäre die gestalterische Dispositionsfreiheit der Gemeinden angesichts der Determinationswirkung des Flächennutzungsplanes so erheblich eingeschränkt, daß sie quasi zu weisungsgebundenen Vollzugsorganen eines anderen Planungsträgers degradiert würden, dessen planerische Zweckmäßigkeitserwägungen sie ohne die Möglichkeit eigener Alternativplanung zu akzeptieren hätten.

Aus diesen Gründen muß die Kompetenz zur Flächennutzungsplanung als integraler Bestandteil des gemeindlichen Selbstverwaltungsrechts angesehen werden.

ff) Eigenständige Flächennutzungsplanung als Voraussetzung für eine selbstbestimmte Ortsstruktur

Neben der Determinationswirkung der vorbereitenden Bauleitplanung ist vor allem ihre Bedeutung als Instrument für eine eigenständige Bestimmung der jeweiligen Ortsstruktur und des äußeren Erscheinungsbildes der Gemeinde hervorzuheben.

Durch die städtebauliche Ordnung der Nutzung des Grund und Bodens werden die strukturellen Grundlagen der Gemeinde unmittelbar berührt. Denn die Flächennutzungsplanung bestimmt je nach den planerischen Absichten der Gemeinde Standorte für Industrieansiedlungen oder landwirtschaftliche Nutzungen, für Wohnbau oder Gewerbeflächen, für Siedlungsschwerpunkte oder von der Bebauung freizuhaltende Gebiete. Sie löst damit entsprechende — meist finanzielle — Folgeleistungen aus, die ganz überwiegend zu Lasten der planenden Gemeinde gehen[45], hat aber auch je nach den Planfestsetzungen weitreichende Auswirkungen auf das örtliche Steueraufkommen (z. B. Steigerung der Gewerbesteuereinnahmen bei neuen Industrieansiedlungen) und damit auf die Gemeindefinanzen, ferner auf die Bevölkerungszahl und -fluktuation, auf den Umweltschutz, das Wohnumfeld sowie auf die gesamte Lebensqualität der Einwohner, in deren Interesse die Bauleitplanung durchgeführt wird, um nur einige Bereiche zu nennen.

Nach alledem trägt die vorbereitende Bauleitplanung wesentlich zur Gestaltung des Erscheinungsbildes der Gemeinde in unterschiedlichster Hinsicht bei und verleiht ihr das jeweils ortstypische Gepräge[46]. Mit

---

[45] Vgl. dazu schon Reg.-Entw. z. BBauG, BT-Drcks. 3/336, S. 62.
[46] Vgl. *Riechels*, DVBl 1968, 360 ff.; *Willms*, Kommunalpolitische Blätter,

der Entscheidungskompetenz über die Verwendung des Grund und Bodens ist unauflöslich die rechtliche Bestimmungsmacht darüber verbunden, auf welchen Strukturen die Gemeinde aufbaut und welchen Gemeindetyp sie nach dem Willen der unmittelbar demokratisch legitimierten Gemeindevertretung verkörpern soll.

Ohne die Kompetenz zur eigenverantwortlichen Flächennutzungsplanung wäre den Gemeinden dieses Selbstbestimmungsrecht, das sie im Interesse ihrer Bürger ausüben, genommen.

gg) Bedeutung der Flächennutzungsplanung
für die gemeindliche Entwicklung

Überhaupt eröffnet erst die eigenverantwortliche Grundsatzentscheidung über das „Ob" und „Wie" der Bodennutzung den notwendigen stadtplanerischen Spielraum, der zur selbständigen Gestaltung der örtlichen Lebensverhältnisse erforderlich ist.

Wegen der Raumwirksamkeit der meisten gemeindlichen Aktivitäten stellt der Flächennutzungsplan das zentrale Steuerungsinstrument für die gesamte Gemeindeentwicklung dar. Seine Relevanz für die gemeindliche Selbstverwaltung wächst in dem Maße, in dem sich die Bauleitplanung von einer bloßen Auffangplanung mit dem Ziel der Verhinderung städtebaulicher Mißstände zu einer umfassenden gemeindlichen Entwicklungsplanung wandelt[47]. Ein solcher Trend ist in den letzten Jahren zu beobachten.

Während die Planungswissenschaft noch zu Anfang der siebziger Jahre bestrebt war, die gemeindliche Entwicklung durch eine Globalsteuerung — die Stadtentwicklungsplanung[48] — effizienter und alle Bereiche integrierend zu gestalten, sank dieser Ansatz in jüngerer Zeit wieder in die Bedeutungslosigkeit ab[49].

Ein Grund dafür mag gewesen sein, daß sich die Aufgabe einer integrierten Stadtentwicklungsplanung in der Verwaltungspraxis als zu komplex und zuwenig flexibel erwiesen hat, ein anderer, daß die Gemeinden ihren Planungsspielraum bei der Bauleitplanung nicht

---

1972, 7 ff.; *Rothe*, Festschr. f. Weber, 1974, S. 893 (900); *Püttner/Schneider*, Stadtentwicklungsplanung, S. 28; *Stern/Burmeister*, Planungsgebot, S. 29 f.

[47] Vgl. dazu *J. J. Hesse*, AfK 1971, 26 ff.; *ders.*, Stadtentwicklungsplanung; Zielfindungsprozesse, Zielfindungsvorstellungen, 1972, S. 19 ff.; *Stern/Burmeister*, Planungsgebot, S. 16, 17, 25 mit zahlreichen weiteren Nachweisen.

[48] Die Stadtentwicklungsplanung war als umfassende Gesamtplanung konzipiert, die u. a. folgende, in Einzelpläne gefaßte Bereiche abdecken sollte: Schulentwicklungsplanung, Sportstättenleitplanung, Kindergartenbedarfsplanung, Alten- und Behindertenplanung, Weiterbildungsentwicklungsplanung, Generalverkehrsplanung u. a. m.

[49] Vgl. *Ringler*, Der Städtetag, 1982, 716 (722).

durch zusätzliche Aufstellung von Stadtentwicklungsplänen einengen wollten. Schon bei der Novellierung des Bundesbaugesetzes fand der Gedanke der Stadtentwicklungsplanung seitens des Gesetzgebers nur eine halbherzige Berücksichtigung in § 1 Abs. 5 BBauG. Dagegen erhielt der Flächennutzungsplan durch die Neufassung des § 5 Abs. 1 BBauG[50] stärker als bis dahin entwicklungsplanerische Elemente[51].

Der Versuch, entwicklungsplanerische Aspekte in die vorbereitende Bauleitplanung zu integrieren, scheint erfolgreich zu sein. In der kommunalen Praxis stellt der Flächennutzungsplan jedenfalls inzwischen das zentrale Mittel zur Steuerung der gemeindlichen Entwicklung dar. Dies beruht vor allem darauf, daß die Flächennutzungsplanung nicht allein Aussagen über die Bodennutzung trifft, sondern darüber hinaus ein finanzielles Engagement der Gemeinden verlangt[52], die Grundlagen und Voraussetzungen für viele andere Maßnahmen der Gemeindeentwicklung[53] schafft und letztlich sämtliche raumrelevante Aktivitäten der Gemeinden beeinflußt.

Aus diesen Gründen muß die Flächnutzungsplanung zu den bedeutsamsten Selbstverwaltungsaufgaben der Gemeinden gezählt werden.

hh) Die demokratische Funktion gemeindlicher Flächennutzungsplanung

Um die effektive gegenwärtige Bedeutung der vorbereitenden Bauleitplanung für die Eigenständigkeit der Gemeinden in vollem Umfang zu ermessen, muß man schließlich die Demokratie und Selbstbestimmung fördernde Funktion der gemeindlichen Flächennutzungsplanung berücksichtigen.

Die Eigenständigkeit der Gemeinden stellt den Rahmen für die eigenverantwortliche Erfüllung öffentlicher Aufgaben durch die Bürgerschaft dar. Sie hat den Sinn, den einzelnen Bürger als Glied der örtlichen Gemeinschaft zu integrieren und für die örtlichen Angelegenheiten zu interessieren, um auf diese Weise die Identifikation zwischen der Bürgerschaft und ihrer Verwaltung zu fördern, Gegensätze zu überbrücken sowie durch staatsbürgerliche und politische Aktivierung der Gemeindebürger eine der wesentlichsten Grundlagen für eine funk-

---

[50] Vgl. insb. die Formulierung: „... die sich aus der *beabsichtigten städtebaulichen Entwicklung* ergebende Art der Bodennutzung..."
[51] Vgl. *Ernst-Hoppe*, Bau- und Bodenrecht, S. 131; *Ringler*, Der Städtetag, 1982, 716 (722).
[52] Vgl. *Schmidt-Aßmann*, DÖV 1973, 109 (112); *ders.*, DVBl 1975, 4 (9).
[53] Die Bandbreite solcher Entwicklungsmaßnahmen ist groß; sie reicht von der Schaffung kultureller und sportlicher Einrichtungen über die Errichtung von Wohnsiedlungen und Infrastrukturen bis hin zur gezielten Industrieansiedlung und Wirtschaftsförderung.

IV. Planungshoheit und Wesensgehaltsgarantie 121

tionsfähige Demokratie zu entwickeln und zu erhalten. Diesen Zielen dient die örtliche und sachliche Bürgernähe der gemeindlichen Selbstverwaltungsorgane, die den Betroffenen das Gefühl gibt, einer örtlichen Funktionseinheit anzugehören und auf gemeindliche Agenden Einfluß nehmen zu können[54].

Dies gilt in besonderem Maße für gemeindliche Entscheidungen in der vorbereitenden Bauleitplanung. Das besondere demokratische Element der bürgernahen gemeindlichen Raumplanung verdeutlicht ein Vergleich mit den Strukturen der Raumordnung und Landesplanung, der im folgenden anhand der nordrhein-westfälischen Rechtslage angestellt werden soll.

(1) Landes- und Regionalplanung als verwaltungsinterne Planungen

Nach § 4 Abs. 3 i. V. m. § 5 Abs. 1 und 3 BROG sichern die Länder im Rahmen der Landesplanung die Verwirklichung der Ziele der Raumordnung durch die Aufstellung von übergeordneten und umfassenden Programmen oder Plänen. Dieser Pflicht kommt das Land Nordrhein-Westfalen durch die Ausarbeitung eines Landesentwicklungsprogrammes sowie der Landes- und Gebietsentwicklungspläne nach.

Aufgabe aller drei Stufen der Landesplanung ist es, durch überörtliche und zusammenfassende Pläne unter Beachtung umfassender Gesichtspunkte[55] alle raumwirksamen Vorhaben, Investitionen und sonstigen Aktivitäten der Landesentwicklung mit dem Ziel ihrer Optimierung und Harmonisierung zu steuern[56].

Das Landesentwicklungsprogramm, das als Gesetz beschlossen wird, enthält dabei die Grundsätze und allgemeinen Ziele der Raumordnung und Landesplanung für die Gesamtentwicklung des Landes und für alle raumbedeutsamen Planungen und Maßnahmen einschließlich der raumwirksamen Investitionen[57].

Die Landesentwicklungspläne legen auf der Grundlage des Landesentwicklungsprogramms die Ziele der Raumordnung und Landesplanung für die Gesamtentwicklung des Landes fest[58]. Sie werden mit ihrer Bekanntmachung zu Zielen der Raumordnung und Landesplanung, die

---

[54] Vgl. StGH Ba.-Wü., ESVGH 25, 1 (11).
[55] In den Programmen und Plänen der Landesplanung finden sich etwa Ausführungen zu den Bereichen Städtebau und Wohnungswesen, gewerbliche Wirtschaft, Energiewirtschaft, Land- und Forstwirtschaft, Verkehr, Erholung, Tourismus, Sport, Bildungswesen, Gesundheits- und Sozialwesen etc.; vgl. dazu das „Gesetz zur Landesentwicklung" v. 19. 3. 1974, GVBl NW, S. 96.
[56] Vgl. § 1 Abs. 1 u. 2 LPlG/NW i. d. F. v. 28. 11. 1979, GVBl NW, S. 878.
[57] Vgl. § 12 LPlG/NW.
[58] Vgl. § 13 Abs. 1 LPlG/NW.

im Rahmen der Anpassungspflicht nach § 1 Abs. 4 BBauG von den Gemeinden bei der Bauleitplanung zu beachten sind.

Die Gebietsentwicklungspläne stellen die unterste, regionale Stufe der Landesplanung dar. Sie legen auf der Grundlage des Landesentwicklungsprogramms und der Landesentwicklungspläne die regionalen Ziele der Raumordnung und Landesplanung für die Entwicklung der Regierungsbezirke und für alle raumrelevanten Planungen und Maßnahmen in der Region fest[59]. Die Gebietsentwicklungspläne werden von den Bezirksplanungsbehörden, den fünf Regierungspräsidenten, erarbeitet[60]. Sie bedürfen der Genehmigung der Landesplanungsbehörde.

Bei den Bezirksplanungsbehörden besteht je ein Bezirksplanungsrat, der die sachlichen und verfahrensmäßigen Entscheidungen zur Ausarbeitung des Gebietsentwicklungsplanes trifft und dessen Aufstellung beschließt[61]. Der Bezirksplanungsrat dient der Repräsentation des kommunalen Willens auf der regionalen Ebene. Die Mitglieder des Bezirksplanungsrates werden von den Vertretungen der kreisfreien Städte und Kreise aus ihrer Mitte nach einem an der Bevölkerungszahl orientierten Schlüssel gewählt bzw. aus der Reserveliste berufen[62]. Kreise und kreisfreie Städte wählen für je 250 000 Einwohner ein Mitglied in den Bezirksplanungsrat. Der Bezirksplanungsrat setzt sich also aus einer relativ kleinen Zahl von Gemeindevertretern zusammen. Im geschlossenen Kreis dieser wenigen Mitglieder werden die grundlegenden Entscheidungen über die Regionalplanung getroffen. Eine Beteiligung der Öffentlichkeit findet nicht statt.

(2) „Offenes" Verfahren bei der Flächennutzungsplanung

Im Unterschied zur Regionalplanung spielt sich die Flächennutzungsplanung nicht allein im verwaltungsinternen Bereich ab. Durch die Beratung der Planentwürfe in der Gemeindevertretung, durch ihre Ausstellung[63] und Publikation sowie durch die im Bundesbaugesetz vorgesehenen obligatorischen Beteiligungs- und Anhörungsrechte wird eine breite Öffentlichkeit über die Planungsvorhaben der Verwaltung informiert[64]. Dies trägt dazu bei, Planungsentscheidungen transparent zu machen und eine Rückkopplung zwischen verwaltungsseitigen Planungsabsichten einerseits sowie Bedarf und Akzeptanz bei der Ein-

---

[59] Vgl. § 14 Abs. 1 LPlG/NW.
[60] Vgl. §§ 3, 7 Abs. 1 S. 2 LPlG/NW.
[61] Vgl. §§ 5 Abs. 1, 7 Abs. 1 S. 1 LPlG/NW.
[62] Vgl. § 5 Abs. 2 u. 3, 7 LPlG/NW.
[63] Eine wachsende Zahl von Gemeinden geht dazu über, die Planentwürfe in besonderen Bürgerausstellungen vorzustellen; vgl. dazu Kommunalpolitische Blätter, 1983, 938.
[64] Insb. § 2 a BBauG dient einer Demokratisierung des Planungsverfahrens.

IV. Planungshoheit und Wesensgehaltsgarantie

wohnerschaft, die von den Inhalten des Flächennutzungsplans hauptsächlich betroffen ist, andererseits herzustellen. Durch die Beteiligung der Öffentlichkeit werden geschlossene Kreise der Beratung und Entscheidung aufgebrochen. Die Gefahr, daß seitens der Verwaltung aufgrund politischer Verflechtungszusammenhänge planerische Tatsachen geschaffen werden, die an den Bedürfnissen und Wünschen der betroffenen Bürger völlig vorbei gehen, wird durch die öffentliche und unter Mitwirkung der beteiligten Intressengruppen geführte Diskussion um den Planungsprozeß und sein Ergebnis herabgesetzt, wenn auch nicht völlig ausgeschlossen.

Die Ortsnähe der Planungsentscheidungen trägt dazu bei, das wachsende und nicht völlig unbegründete Mißtrauen[65] vieler Bürger gegenüber behördlichen Planungsmaßnahmen und kommunalpolitischen Entscheidungsprozessen abzubauen und die Bürger aktiv an der Planung ihres Lebensbereichs zu beteiligen. Dieses im Sinne des Demokratieprinzips wünschenswerte Ziel läßt sich aber nur in der relativ kleinen räumlichen Einheit einer Gemeinde verwirklichen. Ein Ausschluß der Gemeinden von der eigenverantwortlichen Planung ihres Raumes oder eine substantielle Beschränkung ihrer Raumplanungskompetenz würde eine Verminderung des bürgerschaftlichen Aktivierungseffektes zur Folge haben und damit zu einer Schmälerung der demokratischen Funktion gemeindlicher Selbstverwaltung führen[66].

Bei fremdbestimmter Flächennutzungsplanung könnte nach alledem auch bei großer Toleranz gegenüber staatlichen Steuerungsbedürfnissen von einer bürgerschaftlichen, durch Demokratie und vertikale Gewaltenteilung legitimierten Selbstverwaltung der Gemeinden keine Rede mehr sein.

ii) Zusammenfassung

Wegen ihrer Bedeutung als zentrales Instrument zur Steuerung der gesamten gemeindlichen Entwicklung, wegen des untrennbaren Zusammenhangs von Flächennutzungsplanung und Bestimmungsmacht über die Gemeindestruktur, wegen ihrer determinierenden Wirkung auf die Bebauungsplanung sowie wegen ihrer Relevanz für die Stellung der Gemeinden im demokratischen Staatsaufbau muß die vorbereitende Bauleitplanung zu denjenigen integralen gemeindlichen Aufgaben gezählt werden, die den Wesensgehalt der Selbstverwaltung konstituieren.

---

[65] Vielfältige Planungsfehler bei Millionen- und Milliardenprojekten werden in allen Medien immer wieder angeprangert. Allerdings sind planerische Fehlleistungen nicht auf die Gemeinden beschränkt. Auch die Länder und der Bund geraten wegen gravierender Planungsfehler regelmäßig in die Schlagzeilen der Presse. Die Größe eines Verwaltungsträgers bietet also keine Gewähr für eine höhere Qualität von Planungsentscheidungen.
[66] Vgl. *Rothe*, Festschr. f. Weber, 1974, S. 893 (900).

Ohne die Befugnis zur Flächennutzungsplanung, also ohne die Kompetenz, über die beabsichtigte städtebauliche Entwicklung und die daraus sich ergebende Art der Bodennutzung in den Grundzügen zu entscheiden, wäre der planerische Spielraum der Gemeinden auf die Umsetzung und Präzisierung fremdbestimmter stadtplanerischer Vorgaben für das ganze Ortsgebiet auf Parzellenschärfe verengt. Damit aber wäre den Gemeinden die Möglichkeit genommen, unter Berücksichtigung der Bedürfnisse ihrer Bürger in einem demokratischen und öffentlich geführten Diskussions-, Abwägungs- und Entscheidungsprozeß über ihre strukturellen Grundlagen, ihre beabsichtigte weitere Entwicklung sowie über die auf ihrem Gebiet erwünschten bzw. unerwünschten Formen der Bodennutzung zu befinden. Von gemeindlicher Planungshoheit im Sinne von eigenverantwortlich und staatsunabhängig ausübbarem Planungsermessen bei der Ordnung und Gestaltung des Gemeindegebietes durch vorbereitende und verbindliche Bauleitplanung könnte dann keine Rede mehr sein. Bei Entzug ihrer Raumplanungskompetenz oder substantiellen Beschränkungen des Planungsermessens bei der Flächennutzungsplanung könnten die Gemeinden nicht mehr ihren Charakter als eigenständige, dezentrale Verwaltungseinheiten mit grundsätzlich autonomer Entscheidungskompetenz über ihre Ortsstruktur und die beabsichtigte städtebauliche Entwicklung wahren. Sie würden vielmehr zu bloßen untergeordneten und unbeschränkt weisungsabhängigen Vollzugsinstanzen eines anderen Verwaltungsträgers degradiert.

Weil aus all diesen Gründen die Flächennutzungsplanung zu denjenigen Aufgaben gerechnet werden muß, die den Wesensgehalt der Selbstverwaltung ausmachen, wäre es mit der Verfassungsgarantie des Art. 28 Abs. 2 S. 1 GG unvereinbar, den Gemeinden die Kompetenz zur vorbereitenden Bauleitplanung völlig zu entziehen oder das gemeindliche Planungsermessen substantiell in einem solchen Maße zu beschränken, daß die Gemeinden ohne eigenen Gestaltungsspielraum bei der Ordnung des Gemeindegebietes lediglich fremdbestimmte Planziele auf Parzellenschärfe zu präzisieren hätten.

Die Kompetenz zur vorbereitenden Bauleitplanung ist den Gemeinden also irrevisibel zugeordnet. Gleichzeitig garantiert die Verfassung den Gemeinden ein Mindestmaß planerischer Gestaltungsfreiheit. Art. 28 Abs. 2 S. 1 GG verbietet dem Gesetzgeber, die Flächennutzungsplanung unter Beibehaltung der gemeindlichen Kompetenzträgerschaft in eine Fremdverwaltungsangelegenheit umzustrukturieren oder das gemeindliche Planungsermessen durch engmaschige und detaillierte rechtssatzmäßige Planvorgaben auf „Eins" zu reduzieren.

b) Aktuelle Bedeutung der Bebauungsplanung für die gemeindliche Eigenständigkeit

Neben der Flächennutzungsplanung umfaßt die Befugnis der Gemeinden zur städtebaulichen Planung das Recht, Bebauungspläne (§§ 8 ff. BBauG) in eigener Verantwortung aufzustellen.

Der Bebauungsplan präzisiert die im Flächennutzungsplan vorbereitend getroffenen Entscheidungen bis auf Parzellenschärfe und enthält damit die rechtsverbindlichen Festsetzungen für die städtebauliche Ordnung. Er umfaßt in aller Regel einzelne, recht kleine Plangebiete, deren Abgrenzung innerhalb der durch § 1 BBauG gezogenen Schranken im Planungsermessen der Gemeinden steht.

Inhaltlich unterliegt der Bebauungsplan dem Gebot konkret-individueller planerischer Festsetzungen[67]. Er regelt die bodenbezogenen Nutzungsbefugnisse auf der Grundlage des Flächennutzungsplanes in ihren Einzelheiten. Zu diesem Zweck werden im Bebauungsplan das Bauland nebst Art und Maß der baulichen Nutzung, ferner die Flächen für Nebenanlagen, die Gemeinbedarfs- und Grünflächen, die Verkehrs- und Versorgungsflächen etc. festgesetzt und einander räumlich zugeordnet.

Die Art der jeweiligen baulichen Nutzung des Plangebietes ordnen die Gemeinden dabei entsprechend den in § 1 Abs. 2 BauNVO typisierten Baugebieten (z. B. reine Wohngebiete, Gewerbegebiete, Industriegebiete), wobei sich die in den unterschiedlichen Baugebieten zulässigen Nutzungsformen im einzelnen aus §§ 2—15 BauNVO ergeben. Das Maß der baulichen Nutzung wird nach der Zahl der Vollgeschosse, der Grundflächen-, Geschoßflächen- sowie Baumassenzahl bestimmt, wobei die in § 17 Abs. 1 BauNVO geregelten Obergrenzen einzuhalten sind.

Der Bebauungsplan wird als Satzung beschlossen. Er enthält im Gegensatz zum Flächennutzungsplan rechtsverbindliche Festsetzungen, die nicht nur innerhalb der Behördenhierarchie, sondern auch unmittelbar gegenüber dem einzelnen Bürger wirken. Der Bebauungsplan ist damit einerseits normativer Maßstab für die Rechtmäßigkeit aller hoheitlichen Maßnahmen, die auf die rechtsverbindlich festgesetzte städtebauliche Ordnung im weitesten Sinne Einfluß nehmen[68]; andererseits stellt der verbindliche Bauleitplan das verwaltungsextern wirksame Richtmaß für die rechtliche Beurteilung des privaten bodenbezogenen Verhaltens, insbesondere privater Bautätigkeit dar.

---

[67] Vgl. BVerwGE 42, 5 (6 ff.); 50, 114 (119 ff.); DVBl 1977, 194 (196) m. w. N.
[68] Vgl. BVerwG, DVBl 1975, 492 (493); OVG Münster, BRS 28, 215 (218).

Durch seine parzellenscharfen Aussagen trifft der Bebauungsplan die konkreten Festsetzungen bezüglich der baulichen und sonstigen Strukturen des Gemeindegebietes. Er präzisiert dabei die im Flächennutzungsplan unter entwicklungsplanerischen Gesichtspunkten vorbereitend getroffenen Entscheidungen und setzt sie in die Praxis um.

Gleichzeitig bildet der verbindliche Bauleitplan die Grundlage für die Bodenordnung, die Erschließung und Enteignung sowie für die weiteren zur Sicherung und zum Vollzug der gemeindlichen Planungsvorhaben erforderlichen Maßnahmen. Der Bebauungsplan verleiht damit den städtebaulichen Gestaltungsabsichten der planenden Gemeinde Ausdruck und bildet den Rahmen für die Vielzahl derjenigen gemeindlichen Aktivitäten, die sich raumrelevant auswirken.

Schließlich löst der Bebauungsplan über die rechtsverbindliche Festsetzung von Flächen für bestimmte Nutzungsarten weitgehende Folgeleistungen verkehrs- und versorgungstechnischer, wirtschaftlicher, infrastruktureller und finanzieller Art aus, die zu ihrem größten Teil zu Lasten der planenden Gemeinde gehen. Zu nennen sind insoweit etwa notwendige Erschließungsmaßnahmen in Baugebieten, die Erstellung von Ver- und Entsorgungseinrichtungen, der Bau von Kindergärten, Sozialstationen und Altenheimen, die Errichtung eines öffentlichen Personennahverkehrsnetzes u. a. m.

Zusammenfassend bleibt deshalb festzuhalten: Der verbindliche Bauleitplan regelt Umfang und Grenzen legitimer baulicher Nutzungsbefugnisse in allen Einzelheiten und mit unmittelbarer Rechtswirkung gegenüber den Grundstückseigentümern. Er gibt die konkreten Maßstäbe für die rechtliche Beurteilung aller bodenbezogenen Verhaltensweisen im Gemeindegebiet und dient der Umsetzung der städtebaulichen Gestaltungsabsichten der Gemeinden.

Wegen dieser Funktionen ist der Bebauungsplan als parzellenscharfer, normativ wirksamer, städtebaulicher Gesamtplan von integraler Bedeutung für die Kompetenz der Gemeinden, darüber zu bestimmen, was auf ihrem Gebiet vor sich geht. Schon aus diesem Grunde könnte im Falle der Übertragung der Bebauungsplanung auf überörtliche Träger von gemeindlicher Selbstverwaltung keine Rede mehr sein. Der Entzug der verbindlichen Bauleitplanung würde eine eigenverantwortliche Gestaltung der örtlichen Lebensverhältnisse durch die Bürgerschaft unmöglich machen. Ohne die Kompetenz zur Aufstellung der Bebauungspläne könnten die Gemeinden ihre Eigenständigkeit nicht nur in städtebaulicher Hinsicht nicht mehr wahren; sie würden vielmehr ihre gesamte Identität als selbständige, mit der eigenverantwortlichen Wahrnehmung der Angelegenheiten der örtlichen Gemeinschaft betraute Verwaltungsträger verlieren.

Deshalb ist die Bedeutung der Bebauungsplanung für die Selbstverwaltung der Gemeinden womöglich noch größer als die der Flächennutzungsplanung. Daher ist der Schluß erlaubt, daß auch die Bebauungsplanung zu jenen Aufgaben zu zählen ist, die dem Kernbereich der Selbstverwaltung zuzuordnen sind[69].

Flächnutzungs- und Bebauungsplanung genießen daher identischen Schutz durch die Selbstverwaltungsgartantie des Art. 28 Abs. 2 S. 1 GG.

c) Ergebnis

Aus den dargelegten und vorstehend im einzelnen erörterten Gründen gehört die umfassende Bauleitplanungskompetenz der Gemeinden zwar nicht infolge der historischen Entwicklung, wohl aber aufgrund ihrer effektiven aktuellen Bedeutung für die gemeindliche Eigenständigkeit und Selbstbestimmung zu jenen gemeindlichen Agenden, die das gegenwärtige Erscheinungsbild der Selbstverwaltung, d. h. den mit dieser Bezeichnung umschriebenen Verwaltungstyp, entscheidend prägen. Die Planungshoheit der Gemeinden ist folglich dem Wesensgehalt der Selbstverwaltung zuzurechnen.

Das hat im einzelnen folgende Konsequenzen:

— Die Befugnis, Bauleitpläne in eigener Verantwortung aufzustellen, ist den Gemeinden von Verfassung wegen durch die Selbstverwaltungsgarantie irrevisibel zugeordnet. Sie kann ihnen auch vom Gesetzgeber nicht entzogen werden. Dies gilt sowohl für die Bebauungsplanung, wie auch für die Flächennutzungsplanung.

— Dem Gesetzgeber ist es untersagt, die Bauleitplanung unter Aufrechterhaltung der gemeindlichen Kompetenzträgerschaft in eine Fremdverwaltungsangelegenheit umzustrukturieren.

— Die Kernbereichsgarantie verbietet ferner solche legislatorische Ingerenzen, die das gemeindliche Planungsermessen — sei es durch ihre Anzahl, sei es durch engmaschige normative Planungsvorgaben — substantiell in einem Ausmaß beschränken, daß den Gemeinden keine Möglichkeit verbleibt, aufgrund eigener politisch-administrativer Willensbildung zwischen mehreren selbstgesetzten und für zweckmäßig erachteten Entscheidungsalternativen auszuwählen. Das gemeindliche Planungsermessen darf also nicht auf „Eins" reduziert werden.

---

[69] Diese Auffassung wird auch von jenen Literaturstimmen geteilt, die die Flächennutzungsplanung nicht zum Kernbereich der Selbstverwaltung zählen wollen; vgl. statt vieler *Schmidt-Aßmann*, Fortentwicklung, S. 38, *Köstering*, DÖV 1981, 689 (691).

Allerdings gewährt die Kernbereichsgarantie des Art. 28 Abs. 2 S. 1 GG nur einen institutionellen, nicht einen individuellen Schutz. Sie untersagt lediglich solche gesetzgeberische Eingriffe, die auf eine *allgemeine* Einschränkung oder gar Beseitigung der gemeindlichen Planungshoheit hinauslaufen. Legislatorische oder administrative Beschränkungen der Planungshoheit *einzelner* Gemeinden sind dagegen nicht an der Wesensgehaltsgarantie des Art. 28 Abs. 2 S. 1 GG zu messen.

Zusammenfassung in Leitsätzen

Erster Teil

1. Unter der Geltung des Grundgesetzes ist Selbstverwaltung zu verstehen als eine demokratisch legitimierte, in das föderative Verfassungssystem mit dem Ziel vertikaler Gewaltenteilung integrierte Verwaltungsform mit einem umgrenzbaren Komplex von Verwaltungsfunktionen, die in einem konkreten Bezug zur örtlichen Gemeinschaft stehen und grundsätzlich eigenverantwortlich wahrgenommen werden können.

2. Art. 28 Abs. 2 S. 1 GG normiert eine institutionelle Garantie gemeindlicher Selbstverwaltung, deren Gewährleistungsgehalt sich dreifach untergliedern läßt, nämlich in eine institutionelle Rechtssubjekts-, eine subjektive Rechtsstellungs- und eine objektive Rechtsinstitutionsgarantie.

3. Gemessen an der subjektiven Rechtsstellungsgarantie sind gesetzgeberische oder administrative Beschränkungen der Selbstverwaltung *einzelner* Gemeinden nur dann zulässig, wenn sie auf einer sorgfältigen Ermittlung des entscheidungserheblichen Sachverhalts unter Anhörung der betroffenen Gemeinden beruhen, die Grundsätze des Übermaßverbotes beachten, das aus dem Rechtsstaatsprinzip abzuleitende Willkürverbot zwischen Hoheitsträgern berücksichtigen und aus Gründen schutzwürdiger überörtlicher Interessen gerechtfertigt sind.

4. Die institutionelle Rechtssubjektsgarantie gewährleistet die kommunale Existenz nicht individuell, sondern nur institutionell, d. h. die einzelne Kommune ist nicht gegen Auflösung gesichert. Träger der institutionellen Rechtssubjektsgarantie sind neben den Gemeinden auch die Kreise.

5. Die objektive Rechtsinstitutionsgarantie statuiert die Gemeinden als originäre und primäre Selbstverwaltungsträger. Art. 28 Abs. 2 S. 1 GG weist ihnen einen alle Angelegenheiten der örtlichen Gemeinschaft erfassenden Aufgabenbereich zu und setzt solchen gesetzgeberischen oder administrativen Ingerenzen, die auf eine *allgemeine* Einschränkung oder gar Beseitigung der gemeindlichen Selbstverwaltung als Institution hinauslaufen, verfassungsrechtliche Schranken.

6. Materiell eröffnet die mit der Aufgabengarantie institutionell gewährleistete originäre und universelle Verbandskompetenz den Gemeinden das Recht, „alle Angelegenheiten der örtlichen Gemeinschaft" in eigener Verantwortung zu regeln.

7. Die traditionelle Interpretation der „Angelegenheiten der örtlichen Gemeinschaft", die auf der — durch faktische Entwicklungen überholten — Vorstellung von der trennscharfen Separierbarkeit des örtlichen vom überörtlichen Verwaltungsraum basiert und den gemeindlichen Zuständigkeitsbereich auf die Wahrnehmung solcher Verwaltungsfunktionen fixiert, die allein und ausschließlich von örtlicher Relevanz sind, kann keinen wirksamen Schutz gegen den fortschreitenden, entwicklungsbedingten Verlust an gemeindlicher Selbstverwaltungssubstanz gewähren. Die traditionell restriktive Auslegung des Schutzbereichs der Selbstverwaltungsgarantie findet in der Verfassung keine Grundlage und trägt selbst maßgeblich zur permanenten Entwertung des Art. 28 Abs. 2 S. 1 GG bei.

8. Auch das moderne funktionale Selbstverwaltungsverständnis hält einer kritischen Analyse nicht stand. Denn es überschreitet mit seiner Auslegung des Art. 28 Abs. 2 S. 1 GG, wonach die Verfassung nicht mehr eine eigenverantwortliche Aufgabenerfüllung durch die Gemeinden, sondern lediglich eine funktionsgerechte Mitwirkung an einer gesamtstaatlichen, arbeitsteiligen Aufgabenerfüllung gewährleiste, die Grenzen der Interpretationsmöglichkeiten, die Wortlaut und Normzweck der Selbstverwaltungsgarantie abstecken.

9. Schutzzweck des Art. 28 Abs. 2 S. 1 GG ist es, eine dynamische gemeindliche Selbstverwaltung für die Gegenwart und Zukunft institutionell zu sichern. Um dieses Ziel zu erreichen, muß das Recht zur Regelung „aller Angelegenheiten der örtlichen Gemeinschaft" in gleichem Maße als verfassungsrechtlich verbürgter Anspruch der Gemeinden auf Integration in komplexe und übergreifende, aber konkret gemeinderelevante Entscheidungszusammenhänge verstanden werden, wie als kompetentielle Berechtigung zur grundsätzlich eigenverantwortlichen Wahrnehmung solcher Verwaltungsagenden, die ihrer Tendenz nach primär und überwiegend als örtliche Angelegenheiten einzustufen sind.

In diesem System bestimmt sich der Gewährleistungsgehalt des Art. 28 Abs. 2 S. 1 GG nicht mehr durch die trennscharfe Unterscheidung örtlicher von überörtlichen Angelegenheiten, sondern durch die graduelle Einstufung der anfallenden Aufgaben als „mehr-" oder „weniger-" ortsbezogen. Der Schutzbereich der Selbstverwaltungsgarantie reicht entsprechend dem tendenziellen Bezug der jeweiligen Verwaltungsagenden auf die örtliche Gemeinschaft von der Gewährung bloßer verfahrensmäßiger Beteiligungsrechte bei tendenziell überörtlichen Aufgaben über verschiedene Formen der sachlichen Kooperation örtlicher und überörtlicher Aufgabenträger bis hin zur grundsätzlich eigenverantwortlichen Erledigung solcher Angelegenheiten, die ganz überwiegend als örtliche einzustufen sind.

10. Die herkömmliche Spezifizierung bestimmter „Gemeindehoheiten" (Organisations-, Personal-, Finanzhoheit etc.) ist bei dieser Interpretation ohne Aussagewert für Umfang und Grenzen des Gewährleistungsgehaltes der Selbstverwaltungsgarantie. Sie kann lediglich zur pauschalen und plakativen Bezeichnung eines Inbegriffs einzelner, konkreter gemeindlicher Befugnisse dienen, ohne selbst dazu beizutragen, das Ausmaß des verfassungsrechtlichen Schutzes gemeindlicher Kompetenzen detailliert aufzuzeigen. Der institutionell garantierte Schutzbereich des Art. 28 Abs. 2 S. 1 GG kann daher nicht bezüglich der jeweiligen „Hoheit", sondern nur im Hinblick auf die einzelnen gemeindlichen Kompetenzen, die die betreffende, pauschal bezeichnete Materie konkret konstituieren, festgestellt werden.

11. Verpflichtungsadressaten der Selbstverwaltungsgarantie sind neben Bund und Ländern auch „dritte" Gemeinden, Gemeindeverbände und insbesondere die Landkreise. Eine interkommunale Wirkung des Art. 28 Abs. 2 S. 1 GG ist also zu bejahen.

12. Der verfassungsrechtlich garantierte Kompetenzbereich der Gemeinden wird nicht unbegrenzt gewährleistet. Er unterliegt vielmehr zahlreichen Beschränkungen, die sich einerseits aus der Einbettung der Selbstverwaltungsgarantie in die Gesamtheit der Verfassung, andererseits aus dem in Art. 28 Abs. 2 S. 1 GG normierten Gesetzesvorbehalt ergeben.

Die legislatorische Dispositionsfreiheit, die der Vorbehalt des „Rahmens der Gesetze" eröffnet, ist indes ihrerseits formell und materiell begrenzt.

In formeller Hinsicht hat der Gesetzgeber die verfassungsrechtliche Zuständigkeitsordnung sowie die besondere Eingriffsform des „Gesetzes" zu wahren.

In materieller Hinsicht sind die legislatorischen Dispositionsbefugnisse durch die Pflicht zur Orientierung am Gemeinwohl, durch das Übermaßverbot und durch die Wesensgehaltsgarantie beschränkt.

13. Die Pflicht zur Orientierung am Gemeinwohl bedeutet, daß der Gesetzgeber den zur Regelung anstehenden Sachverhalt detailliert

aufbereiten und die Gründe, die für bzw. gegen eine Beschränkung des gemeindlichen Funktionskreises sprechen, sorgfältig analysieren und substantiiert darlegen muß. Dabei hat eine Abwägung der Vor- und Nachteile, die eine Ingerenz für den Staat bzw. die Gemeinden mit sich bringt, unter Beachtung der verfassungsrechtlichen Wertordnung stattzufinden. Nur wenn bei diesem Wertungsprozeß die involvierten überörtlichen Interessen gegenüber den örtlichen als deutlich schutzwürdiger anzusehen sind, ist der Eingriff aus Gründen des gesamtstaatlichen Gemeinwohls gerechtfertigt.

14. Das Übermaßverbot stellt insbesondere an die Erforderlichkeit gesetzgeberischer Ingerenzen in den institutionell gewährleisteten Bestand gemeindlicher Agenden strenge Anforderungen.

Von mehreren zur Erreichung des Eingriffszieles geeigneten Maßnahmen hat der Gesetzgeber derjenigen den Vorzug zu geben, die das Prinzip gemeindlicher Allzuständigkeit und Eigenverantwortlichkeit am besten verwirklicht. Insoweit erhält etwa die Normierung einer funktionalen Partizipation örtlicher und überörtlicher Verwaltungsträger an der Erledigung komplexer Aufgaben Vorrang vor einer völligen Ausgliederung bestimmter Zuständigkeiten aus der gemeindlichen Kompetenzträgerschaft. Ferner hat der Gesetzgeber unter diesem Aspekt auf freiwillige Zusammenschlüsse von Gemeinden zwecks Erledigung bestimmter Verwaltungsaufgaben hinzuwirken, bevor ein zwangsweiser Zusammenschluß angeordnet wird.

Beschränkungen des gemeindlichen Handlungs- und Entfaltungsspielraums entsprechen nur dann den Anforderungen des Erforderlichkeitsprinzips, wenn sie aus Gründen des öffentlichen Wohls *dringend* geboten sind. Bei der Prüfung dieser Frage ist ein strenger Maßstab anzulegen, wobei der Gesetzgeber unter dem Gesichtspunkt der Systemgerechtigkeit den Zielen und Ergebnissen der kommunalen Gebiets- und Funktionalreform Rechnung zu tragen hat.

Ein weiterer genereller Entzug gemeindlicher Kompetenzen ist bei Anlegung dieser Maßstäbe nur dann gerechtfertigt, wenn diese Maßnahme die ultima ratio möglicher gesetzgeberischer Dispositionen darstellt.

15. Neben der Pflicht zur Orientierung am Gemeinwohl und zur Berücksichtigung der Grundsätze des Übermaßverbotes ist und bleibt die konkrete Erhaltung des Wesensgehaltes der Selbstverwaltung ein notwendiger Verfassungsmaßstab für jeden gesetzgeberischen Eingriff in den Bestand gemeindlicher Aufgaben, der auf eine *allgemeine* Beschneidung der gemeindlichen Kompetenzen und da-

mit auf eine Einschränkung der objektiven Rechtsinstitutionsgarantie hinausläuft.

Die Pflicht des Gesetzgebers, bei seinen Dispositionen im Bereich der Selbstverwaltung den Wesensgehalt unangetastet zu lassen, ergibt sich zunächst aus der Einordnung des Art. 28 Abs. 2 S. 1 GG unter die Kategorie der institutionellen Garantien, ferner aus dem Wortlaut des Art. 28 Abs. 2 S. 1 GG, der die gesetzgeberische Dispositionsfreiheit darauf beschränkt, den „Rahmen" der gemeindlichen Selbstverwaltung abzustecken, und schließlich aus dem systematischen Zusammenhang der Selbstverwaltungsgarantie mit Art. 115 c Abs. 3 GG, einer Norm aus der Notstandsverfassung, die ein Mindestmaß gemeindlicher Eigenständigkeit selbst für die extreme Situation des Verteidigungsfalles verbürgt.

Materiell ist der Wesensgehalt der Selbstverwaltung aufzufassen als ein institutionelles Substrat eigenverantwortlicher Aufgabenwahrnehmung durch die Gemeinden. Als absolute Schranke für gesetzgeberische Ingerenzen ist er in dem Sinne unantastbar, daß die zum Wesensgehalt zählenden Kompetenzen den Gemeinden durch generelle Regelung weder entzogen, noch in Fremdverwaltungsangelegenheiten umstrukturiert, noch die gemeindlichen Ermessensspielräume hinsichtlich der Modalitäten der Aufgabenwahrnehmung in diesen Agenden substantiell reduziert werden dürfen. Den Wesensgehalt der Selbstverwaltung konstituieren diejenigen Kompetenzen, die entweder aufgrund der historischen Entwicklung oder aber infolge ihrer effektiven aktuellen Bedeutung zu denjenigen integralen Elementen gehören, die den Typus „Selbstverwaltung", d. h. die mit dieser Bezeichnung umschriebene Verwaltungsform, entscheidend prägen. Das sind neben den geschichtlich gewachsenen und verfestigten Besitzständen der Gemeinden nur diejenigen Befugnisse, ohne deren eigenverantwortliche und staatsunabhängige Wahrnehmung die Gemeinden nicht mehr als selbständige, dezentralisierte Verwaltungsträger mit autonomen Entscheidungskompetenzen und eigenem Ermessensspielraum hinsichtlich der zweckmäßigen Ausgestaltung der Aufgabenwahrnehmung, sondern als bloße nachgeordnete, weisungsabhängige Vollzugsinstanzen unmittelbarer staatlicher Verwaltung erscheinen würden.

Zweiter Teil
1. Der Begriff der Planungshoheit bezeichnet indifferent und plakativ ein ganzes Bündel gemeindlicher Befugnisse bezüglich der Ordnung und Gestaltung der baulichen und sonstigen Nutzung des Gemeindegebietes. Die Planungshoheit als solche ist einer unmittelbaren Subsumtion unter die Selbstverwaltungsgarantie nicht zugänglich.

Aus diesem Grunde muß die Frage, ob und in welchem Umfang die Planungshoheit der Gemeinden unter dem Schutz des Art. 28 Abs. 2 S. 1 GG steht, jeweils für die einzelnen, die Planungshoheit konkret ausmachenden Kompetenzen beantwortet werden.

2. Von konstituierender, zentraler Bedeutung für die Planungshoheit der Gemeinden ist die Kompetenz, vorbereitende und verbindliche Bauleitpläne in eigener Verantwortung aufzustellen. Diese Befugnis ist den Gemeinden einfachgesetzlich durch § 2 Abs. 1 BBauG eingeräumt, unterliegt aber zahlreichen normativen und faktischen Einschränkungen. Wie weit die gesetzgeberischen und administrativen Dispositionsbefugnisse im Bereich der gemeindlichen Planungsautonomie reichen, hängt davon ab, ob und in welchem Umfang die Kompetenz zur Bauleitplanung unter dem Schutz der objektiven Rechtsinstitutionsgarantie des Art. 28 Abs. 2 S. 1 GG steht.

3. Insoweit ist zunächst festzustellen, daß die Bauleitplanung — trotz aller Anerkennung ihrer Einbindung in übergeordnete Zusammenhänge — ganz entscheidend durch die Berücksichtigung lokaler Besonderheiten und Interessen geprägt ist und daher zu jenen Angelegenheiten mit ganz überwiegend örtlichem Bezug zählt, deren eigenverantwortliche Wahrnehmung den Gemeinden im Grundsatz verfassungskräftig durch die Selbstverwaltungsgarantie des Art. 28 Abs. 2 S. 1 GG gewährleistet ist. Dies gilt sowohl für die Kompetenz zur programmatischen Flächennutzungsplanung, wie auch für die Befugnis zu der mehr auf Vollzug gerichteten Bebauungsplanung.

4. Als Angelegenheit der örtlichen Gemeinschaft unterliegt auch die umfassende Bauleitplanungskompetenz der Gemeinden den legislatorischen Dispositionsbefugnissen, die durch den Gesetzesvorbehalt des Art. 28 Abs. 2 S. 1 GG eröffnet werden. Die gesetzgeberischen Eingriffsmöglichkeiten sind allerdings durch die Pflicht zur Beachtung des Gemeinwohls und des Übermaßverbotes mit den im ersten Teil geschilderten Rechtsfolgen beschränkt. Ob auch die Wesensgehaltsgarantie einen Schutz der gemeindlichen Bauleitplanungskompetenz bewirkt, hängt davon ab, ob und in welchem Umfang die gemeindliche Bauleitplanung zum Wesenskern der Selbstverwaltung zu zählen ist. Diese Frage muß einerseits durch Untersuchung der historischen Entwicklung, andererseits durch Analyse des aktuellen, effektiven Integrationswertes der Bauleitplanung für die gemeindliche Eigenständigkeit in der Gegenwart beantwortet werden.

5. Eine Untersuchung der historischen Entwicklung des Bauplanungsrechts weist nach, daß derart umfassende gemeindliche Planungs-

kompetenzen, wie sie das Bundesbaugesetz vorzieht, in der Geschichte des Baurechts seit dem 18. Jahrhundert ohne Vorbild sind und auch unter Berücksichtigung der Entwicklungen in der Nachkriegszeit ein historisches Novum darstellen. Als spätes Ergebnis der Rechtsentwicklung gehört die Kompetenz der Gemeinden, Bauleitpläne als Selbstverwaltungsaufgabe in eigener Verantwortung aufzustellen, nicht zu jenen gemeindlichen Agenden, die das geschichtlich gewachsene und historisch verfestigte Leitbild der Selbstverwaltung prägen. Bei Zugrundelegung eines ausschließlich historischen Interpretationsmaßstabes könnte die Bauleitplanung daher nicht dem Kernbereich der Selbstverwaltung zugerechnet werden.

6. Indes rechtfertigt die existentielle Bedeutung, die die Bauleitplanung in der Gegenwart für die Gemeinden erlangt hat, ihre Zuordnung zum Wesensgehalt der Selbstverwaltungsgarantie.

Die Flächennutzungsplanung, also die Kompetenz, über die beabsichtigte städtebauliche Entwicklung und die daraus sich ergebende Art der Bodennutzung eigenverantwortlich zu entscheiden, ist unabdingbare Voraussetzung für eine rechtliche und faktische Selbstbestimmung der Gemeinden. Sie stellt das zentrale Instrument zur Steuerung der gesamten gemeindlichen Entwicklung dar, berührt unmittelbar die strukturellen Grundlagen der Gemeinden, determiniert die rechtsverbindliche Bebauungsplanung, verleiht jeder Gemeinde ihr individuelles Gepräge und ist damit unverzichtbare Bedingung für eine eigenverantwortliche Gestaltung der örtlichen Lebensverhältnisse. Ohne die Befugnis, Flächennutzungspläne in eigener Verantwortung aufzustellen, wäre die gesamte Dispositionsfreiheit der Gemeinden so erheblich eingeschränkt, daß sie ihre verfassungsrechtlich institutionalisierte Stellung als weisungsunabhängige, mit autonomen politisch-administrativen Entscheidungskompetenzen ausgestattete Verwaltungsträger nicht mehr wahren könnten.

Von noch größerer Relevanz für die gemeindliche Selbstverwaltung ist die Kompetenz zur Bebauungsplanung. Denn im normativ wirksamen Bebauungsplan präzisieren die Gemeinden ihre im Flächennutzungsplan vorbereitend getroffenen Entscheidungen über die Bodennutzung auf Parzellenschärfe. Erst mit dem Bebauungsplan geben sie ihren städtebaulichen Gestaltungsabsichten einen verbindlichen rechtlichen Rahmen und schaffen damit die verwaltungsextern wirksamen Maßstäbe für die rechtliche Beurteilung jeglichen bodenbezogenen Verhaltens im Plangebiet.

7. Die Zuordnung der Bauleitplanung zu denjenigen gemeindlichen Agenden, die den Wesensgehalt der Selbstverwaltung konstituieren, hat folgende Konsequenzen:
   — Die Kompetenz, Bauleitpläne in eigener Verantwortung aufzustellen, darf den Gemeinden auch vom Gesetzgeber nicht generell entzogen und auf andere Planungsträger übergeleitet werden.
   — Dem Gesetzgeber ist es untersagt, die Bauleitplanung unter Aufrechterhaltung der gemeindlichen Kompetenzträgerschaft in eine Fremdverwaltungsangelegenheit mit der Konsequenz staatlicher Fach- oder Sonderaufsicht umzustrukturieren.
   — Die Wesensgehaltsgarantie verbietet ferner solche legislatorische Eingriffe in die Bauleitplanung, die das gemeindliche Planungsermessen substantiell in einem Ausmaß beschränken, daß den Gemeinden keine Möglichkeit mehr bleibt, aufgrund autonomer Willensbildung zwischen mehreren eigenverantwortlich erarbeiteten und für zweckmäßig erachteten Planungsalternativen auszuwählen. Das gemeindliche Planungsermessen darf also nicht auf „Eins" reduziert werden.

8. Der Schutz, den die Wesensgehaltsgarantie der gemeindlichen Bauleitplanung gewährt, ist allerdings nur ein institutioneller und kein individueller. Die Kernbereichsgarantie untersagt lediglich solche gesetzgeberische Ingerenzen, die auf eine *allgemeine* Einschränkung oder gar Beseitigung der gemeindlichen Bauleitplanungskompetenzen hinauslaufen. Legislatorische oder administrative Beschränkungen der Planungshoheit einzelner Gemeinden sind dagegen nicht an der Wesensgehaltsgarantie des Art. 28 Abs. 2 S. 1 GG zu messen. Dadurch werden die einzelnen Gemeinden nicht rechtlos gestellt. Denn in ihre Planungshoheit darf nur unter Beachtung des auch zwischen Hoheitsträgern geltenden Willkürverbotes, des Verhältnismäßigkeitsprinzips und nach Anhörung der konkret betroffenen Gemeinde eingegriffen werden.

Literaturverzeichnis

Abel, G.: Die Bedeutung der Lehre von den Einrichtungsgarantien für die Auslegung des Bonner GG, 1964

Albers, G.: Vom Fluchtlinienplan zum Stadtentwicklungsplan, in: AfK 1967, 192 ff.

Andriske, W.: Aufgabenneuverteilung im Kreis, Diss. Bochum 1978

Anschütz, G.: Die Verfassung des Deutschen Reiches vom 11. 8. 1919, 14. Aufl. 1965

Badura, P.: Entwicklungsplanung und gemeindliche Selbstverwaltung, in: Im Dienst an Recht und Staat, Festschrift für W. Weber, 1974, S. 911 ff.

Bartlsperger, R.: Die Bauleitplanung als Reservat des Verwaltungsstaates, in: DVBl 1967, 360 ff.

Becker, E.: Kommunale Selbstverwaltung, in: Die Grundrechte, Handbuch der Theorie und Praxis der Grundrechte, Bd. IV, 2. Hlbd. 1962, hrsg. von K. A. Bettermann und H. C. Nipperdey, S. 613 ff.

Benke, V.: Rastede kämpft weiter, in: Kommunalpolitische Blätter, 1983, 1107 ff.

Berg, W.: Demokratie und kommunale Selbstverwaltung, in: StGR 1979, 345 ff.

Bethge, H.: Aktuelle Aspekte der Verfassungsgarantie der kommunalen Selbstverwaltung, in: Die Verwaltung, 1982, 205 ff.

— Das Selbstverwaltungsrecht im Spannungsfeld zwischen institutioneller Garantie und grundrechtlicher Freiheit, in: Selbstverwaltung im Staat der Industriegesellschaft, Festgabe für G. C. v. Unruh, 1983, S. 149 ff.

Bielenberg, W.: Ist das nordrhein-westfälische Landesplanungsgesetz nichtig?, in: DVBl 1960, 84 ff.

— Die rechtliche Bindung der Bauleitplanung an die Ziele der Raumordnung und Landesplanung, in: DÖV 1969, 376 ff.

Bischoff, F.: Rechtliche Aspekte einer Bodenordnung, in: VerwArch 59 (1968), 33 ff.

Blümel, W.: Raumordnung und kommunale Selbstverwaltung, in: DVBl 1973, 436 ff.

— Gemeinden und Kreise vor den öffentlichen Aufgaben der Gegenwart, in: VVDStRL 36 (1978), 171 ff.

— Anmerkung zu VerfGH/NW Urteile vom 9. 2. 1979, in: DÖV 1980, 693 ff.

— Festsetzung von Lärmschutzbereichen und gemeindliche Selbstverwaltungsgarantie, in: VerwArch 73 (1982), 329 ff.

— Wesensgehalt und Schranken des kommunalen Selbstverwaltungsrechts, in: Selbstverwaltung im Staat der Industriegesellschaft, Festgabe für G. C. v. Unruh, 1983, S. 265 ff.

Böckenförde, E. W.: Planung zwischen Regierung und Parlament, in: Der Staat 11 (1972), 429 ff.
— Grundrechtstheorie und Grundrechtsinterpretation, in: NJW 1974, 1529 ff.

Böhme, H.: Prolegomena zu einer Sozial- und Wirtschaftsgeschichte Deutschlands im 19. und 20. Jahrhundert, 1968

Bonner Kommentar: Kommentar zum Bonner Grundgesetz (Bonner Kommentar), 1950 ff. (Loseblattsammlung)
(zit.: BK-Bearbeiter)

Brohm, W.: Strukturprobleme der planenden Verwaltung, in: JuS 1977, 500 ff.
— Die Selbstverwaltung der Gemeinden im Verwaltungssystem der Bundesrepublik, in: DVBl 1984, 293 ff.

Brückner, W.: Die Organisationsgewalt des Staates im kommunalen Bereich, Diss. Würzburg 1974

Bückmann, W.: Verfassungsfragen bei den Reformen im örtlichen Bereich, 1972

Burmeister, J.: Verfassungstheoretische Neukonzeption der kommunalen Selbstverwaltungsgarantie, 1977

Degenhardt, Ch.: Systemgerechtigkeit und Selbstbindung des Gesetzgebers als Verfassungspostulat, 1976

Denninger, E.: Zum Begriff des „Wesensgehaltes" in der Rechtsprechung (Art. 19 Abs. II GG), in: DÖV 1960, 812 ff.

Dittberner, J.: Bürgerinitiative als partielles Partizipationsbegehren, in: ZParl 1973, 194 ff.

Eberstadt, R.: Handbuch des Wohnungswesens, 4. Aufl. 1920

Erichsen, H. U.: Staatsrecht und Verfassungsgerichtsbarkeit, Bd. I, 3. Aufl. 1982

Erichsen, H. U./*Martens*, W.: Allgemeines Verwaltungsrecht, 6. Aufl. 1983

Ernst, P. C.: Verfassungsrechtliche und sonstige rechtliche Vorgaben der Kreisentwicklungsplanung, 1979

Ernst, W.: Kommentar zum Aufbaugesetz von Nordrhein-Westfalen, 2. Aufl. 1953

Ernst, W./*Hoppe*, W.: Das öffentliche Bau- und Bodenrecht, Raumplanungsrecht, 2. Aufl. 1981

Ernst, W./*Zinkahn*, W./*Bielenberg*, W.: Bundesbaugesetz, Kommentar, Loseblattsammlung, Stand: 1. Juni 1982

Evers, H. U.: Das Recht der Raumordnung, 1973
— Regionalplanung als gemeinsame Aufgabe von Staat und Gemeinden, 1976

Fingerhut, R.: Die planungsrechtliche Gemeindenachbarklage, 1976

Finkelnburg, K./*Ortloff*, K.: Öffentliches Baurecht, 1981

Forsthoff, E.: Lehrbuch des Verwaltungsrechts, Bd. 1, Allgemeiner Teil, 10. Aufl. 1973

Friauf, K. H.: Bau-, Boden- und Raumordnungsrecht, in: v. Münch (Hrsg.), Besonderes Verwaltungsrecht, 5. Aufl. 1979, S. 433 ff.

Fricke, E.: Zur Mitwirkung der Parlamente bei der Regierungsplanung, in: DÖV 1973, 406 ff.

Friedrichs, R./v. *Strauß*, U./*Thorney*, H.: Das Gesetz betreffend die Anlegung und Veränderung von Straßen und Plätzen in Städten und ländlichen Ortschaften — Straßen- und Baufluchtengesetz, 7. Aufl. 1957

Fröhling, W.: Landesplanung in Nordrhein-Westfalen und Garantie der gemeindlichen Selbstverwaltung, Diss. Münster 1976

v. Gneist, R.: Geschichte und heutige Gestalt der englischen Kommunalverfassung, 1863

— Verwaltung, Justiz, Rechtsweg, Staatsverwaltung und Selbstverwaltung, 1868

Gönnenwein, O.: Gemeinderecht, 1. Aufl. 1963

Grawert, R.: Gemeinden und Kreise vor den öffentlichen Aufgaben der Gegenwart, in: VVDStRL 36 (1978), 277 ff.

— Kommunale Finanzhoheit und Steuerhoheit, in: Selbstverwaltung im Staat der Industriegesellschaft, Festgabe für G. C. v. Unruh, 1983, S. 587 ff.

Grimm, D.: Aktuelle Tendenzen in der Aufteilung gesetzgeberischer Funktionen zwischen Parlament und Regierung, in: ZParl 1970, 448 ff.

Häberle, P.: Öffentliches Interesse als juristisches Problem, 1970

— Grundrechte im Leistungsstaat, in: VVDStRL 30 (1972), 43 ff.

Halstenberg, F.: Kommunale Planungsgemeinschaften als Träger der Regionalplanung, in: Der Städtetag, 1960, 625 ff.

— Landesplanungsrecht und kommunale Planungshoheit, in: Der Landkreis, 1961, 323 ff.

— Aktuelle Probleme der Landesplanung, in: Eildienst LKT, NW 1974, 149 ff.

Heinemann, K. M.: Rechtsfragen zur Übertragung der Flächennutzungsplanung auf die Kreis- oder Stadtverbandsebene, in: DÖV 1982, 189 ff.

Heitzer, S./*Oestreicher*, E.: Bundesbaugesetz, Kommentar, 7. Aufl. 1980

Hendler, R.: Gemeindliches Selbstverwaltungsrecht und Raumordnung, 1972

Henrichs, W.: Die Rechtsprechung zur Verfassungsgarantie der kommunalen Selbstverwaltung in Deutschland, in: DVBl 1954, 728 ff.

Hesse, J. J.: Zielvorstellungen und Zielfindungsprozesse im Bereich der Stadtentwicklung, in: AfK 1971, 26 ff.

— Stadtentwicklungsplanung: Zielfindungsprozesse, Zielfindungsvorstellungen, 1972

Hesse, K.: Grundzüge des Verfassungsrechts in der Bundesrepublik Deutschland, 13. Aufl. 1982

Hill, H.: Die Rolle des Bürgers in der Gemeindeverfassung unter dem Einfluß der Territorialreform, Diss. Mainz 1977

Höbel, B./*Seibert*, U.: Bürgerinitiativen und Gemeinwesenarbeit, 1973

Hoffmann, W.: Die schleichende Aushöhlung der kommunalen Selbstverwaltung, in: StGB 1977, 132 ff.

Holdheide, G.: Das Zusammenwirken der Gemeinde und der Baugenehmigungsbehörde nach dem Bundesbaugesetz

Hoppe, W.: Die Urteile des Verfassungsgerichtshofs für das Land Nordrhein-Westfalen zum Aachen-Gesetz, in: StGR 1972, 257 ff.
— Zwischengemeindliche planungsrechtliche Nachbarklagen, in: Fortschritte des Verwaltungsrechts, Festschrift für H. J. Wolff, 1973, S. 307 ff.
— Planung und Pläne in der verfassungsgerichtlichen Kontrolle, in: Ch. Starck (Hrsg.), Bundesverfassungsgericht und Grundgesetz, Festgabe, Bd. 1, 1976, S. 663 ff.

Hoppe, W./*Stüer,* B.: Analyse der neueren Rechtsprechung des VerfGH NW zur kommunalen Gebietsreform, in: StGR 1976, 38 ff.

Hue de Grais, Graf: Handbuch der Verfassung und Verwaltung in Preußen und dem Deutschen Reiche, 22. Aufl. 1914. Ab der 23. Aufl. 1926, hrsg. von H. Peters und W. Hoche

Isensee, J.: Subsidiaritätsprinzip und Verfassungsrecht, 1968

Jäschke: Die Preußischen Bau-Polizei-Gesetze und Verordnungen, 3. Aufl. 1864

Jahn, G.: Verfassungsrecht und Verfassungswirklichkeit — zum Spannungsverhältnis zwischen planender Demokratie und Grundgesetz, 1971

Jakob, W.: Die Zulässigkeit kommunaler „Bagatellsteuern" nach der neuen Finanzverfassung, in: BayVBl 1971, 249 ff. und 294 ff.

Kaufmann, E.: Die Grenzen der Verfassungsgerichtsbarkeit, in: VVDStRL 9 (1952), 1 ff.

Kiefer, F./*Schmid,* C.: Die Deutsche Gemeindeordnung, 1937

Kleffmann, N.: Die Mitwirkungsmöglichkeiten des Parlaments bei Planungsentscheidungen, in: BayVBl 1979, 421 ff.

Klein, F.: Die Stellung der Gemeinden im Grundgesetz und in der Finanzverfassung der Bundesrepublik
— Institutionelle Garantien und Rechtsinstitutsgarantien, 1934

Klein, H. H.: Die Grundrechte im demokratischen Staat, 1972

Klüber, H.: Die Gemeinden im bundesdeutschen Verfassungsrecht, 1974

Knemeyer, F. L.: Das Anhörverfahren im Rahmen der bayerischen Gebietsreform, in: BayVBl 1971, 371 ff.
— Bayerisches Kommunalrecht, 1. Aufl. 1973
— Die Chance der kommunalen Selbstverwaltung, in: StGB 1976, 297 ff.
— Dezentralisation als Mittel vertikaler Gewaltenteilung überholt?, in: DVBl 1976, 380 ff.
— Das verfassungsrechtliche Verhältnis der Kommunen untereinander und zum Staat, in: DVBl 1984, 23 ff.

Kölble, J.: Gemeindefinanzreform und Selbstverwaltungsgarantie, in: Die Finanzreform und die Gemeinden, 1966

Köstering, H.: Der Einfluß staatlicher Gesetze, Planungen und Programme auf die Entwicklung der Gemeinden in Nordrhein-Westfalen, in: VR 1979, 149 ff.
— Kommunale Selbstverwaltung und staatliche Planung, in: DÖV 1981, 689 ff.

Köttgen, A.: Wesen und Rechtsform der Gemeinden und Gemeindeverbände, in: Peters (Hrsg.), Handbuch der kommunalen Wissenschaft und Praxis, Bd. 1, 1. Aufl. 1956, S. 185 ff.

— Die Gemeinde und der Bundesgesetzgeber, 1957

— Der Einfluß des Bundes auf die deutsche Verwaltung und die Organisation der bundeseigenen Verwaltung, in: JöR 11 (1962), 173 ff.

Korte, H. W.: Die Aufgabenverteilung zwischen Gemeinde und Staat unter besonderer Berücksichtigung des Subsidiaritätsprinzips, Diss. Würzburg 1968

— Die Aufgabenverteilung zwischen Gemeinde und Staat unter besonderer Berücksichtigung des Subsidiaritätsprinzips, in: VerwArch 61 (1970), 3 ff.

Krischmann, H.: Der Einfluß staatlicher Raumplanung auf die kommunale Planungshoheit, 1983

Lankau, I. E.: Zur Lage der Städte und Gemeinden im kreisangehörigen Raum, in: StGB 1976, 112 ff.

Laux, E.: Kommunale Selbstverwaltung im Staat der siebziger Jahre, in: AfK 9 (1970), 217 ff.

— Kreisentwicklungsplanung, in: Der Landkreis, 1973, 427 ff.

Lecheler, H.: Die Personalhoheit der Gemeinden, in: Selbstverwaltung im Staat der Industriegesellschaft, Festgabe für G. C. v. Unruh, 1983, S. 541 ff.

Leisner, W.: Von der Verfassungsmäßigkeit der Gesetze zur Gesetzmäßigkeit der Verfassung, 1964

Lenzer, P.: Staatsbürgerliches Verhalten im kommunalen Bereich, Diss. München 1962

Lerche, P.: Übermaß und Verfassungsrecht, 1961

— Verfassungsfragen um Sozialhilfe und Jugendwohlfahrt, 1963

— Zur Verfassungsposition der Landkreise, in: DÖV 1969, 46 ff.

Linden: Rechtsstellung und Rechtsschutz der gemeindlichen Selbstverwaltung, Diss. Köln 1969

Lütge, F.: Deutsche Sozial- und Wirtschaftsgeschichte, 2. Aufl. 1960

Luhmann, N.: Politische Planung, 1971

Macher, L.: Der Grundsatz des gemeindefreundlichen Verhaltens, 1971

Mäding, E.: Administrative Zusammenarbeit kommunaler Gebietskörperschaften, in: AfK 8 (1909), 1 ff.

v. Mangold, H./*Klein,* F.: Das Bonner Grundgesetz, Bd. I, 2. Aufl. 1966

Mattenklodt, H.: Gebiets- und Verwaltungsreform in der Bundesrepublik Deutschland, 1972

Maunz, Th./*Dürig,* G./*Herzog,* R./*Scholz,* R.: Grundgesetz-Kommentar, Loseblattsammlung, Stand: Mai 1977
(zit.: Maunz/Dürig/Herzog, Art. ... Rn. ...)

Merk, B.: Lebendige gemeindliche Selbstverwaltung — Säule der Demokratie, in: StGB 1975, 171 ff.

Meyer, K.: Bundesbaugesetz und Selbstverwaltung, in: SKV 1969, 12 ff.

Meyn, K. U.: Gesetzesvorbehalt und Rechtssetzungsbefugnis der Gemeinden, 1977

Möcklinghoff, E.: Gemeindereform stärkte die Selbstverwaltung, in: Kommunalpolitische Blätter, 1984, 460 ff.

Mombaur, P. M.: Daseinsvorsorge in Gemeinden und Kreisen, in: Selbstverwaltung im Staat der Industriegesellschaft, Festgabe für G. C. v. Unruh, 1983, S. 503 ff.

Motyl, M.: Die Gemeinden in der Landesplanung, 1973

v. Münch, I. (Hrsg.): Besonderes Verwaltungsrecht, 5. Aufl. 1979
— Grundgesetz — Kommentar, Bd. 2 und 3, 2. Aufl. 1983
(zit.: *v. Münch*/Bearbeiter)

v. Mutius, A.: Grundfälle zum Kommunalrecht, in: JuS 1976, 652; 1977, 99, 319, 455, 592; 1978, 28, 181, 396, 537; 1979, 37, 180, 342
— Verfassungsrechtliche Vorgaben für eine Funktionalreform im kommunalen Bereich, in: StGB 1977, 167 ff.
— Sind weitere rechtliche Maßnahmen zu empfehlen, um den notwendigen Handlungs- und Entfaltungsspielraum der kommunalen Selbstverwaltung zu gewährleisten? Gutachten E zum 53. Deutschen Juristentag, 1980
— Zustand und Perspektiven des kommunalen Selbstverwaltungsrechts in Nordrhein-Westfalen, in: StGR 1981, 161 ff.
— Das Selbstverwaltungsrecht der Gemeinden und Gemeindeverbände, in: Jura 1982, 28 ff.

v. Mutius, A./*Schoch*, F. K.: Kommunale Selbstverwaltung und Stellenobergrenzen, in: DVBl 1981, 1077 ff.

Nau, Ph.: Staatliche Raumordnung und gemeindliche Selbstverwaltung, in: DÖV 1962, 533 ff.

Neuhoff, R.: Kommunale Selbstverwaltung und Bonner Grundgesetz, in: DÖV 1952, 259 ff.

Niemeier, H. G.: Rechtsfragen der Raumordnung und Landesplanung, in: Juristenjahrbuch 1965/66, S. 109 ff.

Oebbecke, J.: Zweckverbandsbildung und Selbstverwaltungsgarantie, Köln 1982

Ossenbühl, F.: Rechtliches Gehör und Rechtsschutz im Eingemeindungsverfahren, in: DÖV 1969, 548 ff.
— Welche normativen Anforderungen stellt der Verfassungsgrundsatz des demokratischen Rechtsstaates an die planende staatliche Tätigkeit, dargestellt am Beispiel der Entwicklungsplanung, Gutachten B zum 50. Deutschen Juristentag, 1974

Ostermann, W.: Kommunalverfassungsrecht in Nordrhein-Westfalen, 1. Aufl. 1976

Pagenkopf, H.: Kommunalrecht, Bd. 1: Verfassungsrecht, 2. Aufl. 1975

Pappermann, E.: Zur Problematik der Kreisentwicklungsplanung, in: DÖV 1973, 505 ff.
— Das zwischengemeindliche Nachbarrecht — BVerwGE 40, 323, in: JuS 1973, 689 ff.

— Verwaltungsverbund im kreisangehörigen Raum, in: DÖV 1975, 181 ff.
— Die Zielrichtung der Selbstverwaltungsgarantie, in: DVBl 1976, 766 ff.

Pappermann, E./*Roters*, W./ *Vesper*, E.: Maßstäbe für eine Funktionalreform im Kreis, 1976

Partsch, K. J.: Angelegenheiten der örtlichen Gemeinschaft, in: Max-Planck-Institut für ausländisches öffentliches Recht und Völkerrecht, Festschrift für C. Bilfinger, Heidelberg 1954, S. 301 ff.

Pathe, K.: Die westdeutschen Aufbaugesetze, in: DVBl 1950, 33 ff.

Pfaff, R.: Die Gemeinden als legitime und legale Repräsentanten von Bürgerinteressen, in: VerwArch 70 (1979), 1 ff.

Püttner, G.: Die Bedeutung der Gemeinde für den demokratischen Staatsaufbau, in: StGR 1973, 198 ff.
— Der verfassungsrechtliche Rang der Kreise und ihre Funktion im sozialen Rechtsstaat, in: Der Landkreis, 1976, 281
— Anmerkung zu VerfGH/NW Urteile vom 9. 2. 1979, in: DVBl 1979, 670 ff.
— Zentralisierungswirklichkeit und Dezentralisierungspotential des Kommunalrechts, in: Dezentralisierung des politischen Handelns I, Forschungsbericht 3 des Instituts für Kommunalwissenschaften der Konrad-Adenauer-Stiftung, 1979, S. 159 ff.
— Die politische Funktion des Kreises als Selbstverwaltungskörperschaft und seine Organisation, in: Der Kreis — Ein Handbuch, Bd. 1, 1. Aufl. 1972, S. 137 ff.
— (Hrsg.): Handbuch der kommunalen Wissenschaft und Praxis, Bd. 1: Grundlagen, 2. Aufl. 1981, Bd. 2: Kommunalverfassung, 2. Aufl. 1982

Püttner, G./*Schneider*, F.: Stadtentwicklungsplanung und Kreisentwicklungsplanung im Gefüge öffentlicher Planung, 1974

Puls, K.: Die Garantie der kommunalen Selbstverwaltung und die Lehre von der Verbundverwaltung zwischen Staat und Gemeinden unter besonderer Berücksichtigung des Planungsrechts der Gemeinden, Diss. Kiel 1973

Rauball, R.: Die Gemeindebezirke, Bezirksausschüsse und Ortsvorsteher, 1972

Reissig, G.: Gemeindliche Bauleitplanung, 1976

Reuter, L. R.: Kommunale Selbstverwaltung im staatlichen Planungsverbund, in: StGB 1976, 98 ff.

Richter, G. J.: Verfassungsprobleme der kommunalen Funktionalreform, 1977
— Verfassungstheoretische Neukonzeption der kommunalen Selbstverwaltungsgarantie?, in: DVBl 1978, 783 ff.

Riechels, E.: Eigenentwicklung — ein planungsstrategisches Problem der Raumordnung, in: DVBl 1968, 360 ff.

Rietdorf, F.: Kreisentwicklungsplanung in Nordrhein-Westfalen, in: DÖV 1975, 191 ff.

Ringler, H.: Die Flächennutzungsplanung — eine unterschätzte Notwendigkeit für die Gemeindeentwicklung, in: Der Städtetag, 1982, 716 ff.

Ronneberger, F.: Verfassungswirklichkeit als politisches System, in: Der Staat 7 (1968), 409 ff.

Rosenschon, J. E.: Gemeindefinanzsystem und Selbstverwaltungsgarantie, 1980

Roters, W.: Kommunale Mitwirkung an höherstufigen Entscheidungsprozessen, 1975

Rothe, K. H.: Gibt es noch eine gemeindliche Planungshoheit?, in: Im Dienst an Recht und Staat, Festschrift für W. Weber, 1974, S. 893 ff.
— Die Aufgaben der kreisangehörigen Gemeinden und der Kreise nach der Gebietsreform, in: StGB 1974, 4 ff.
— Betrachtungen über das Zusammenwirken der raumrelevanten Orts- und Landesplanung, in: StGB 1975, 270 ff.

Rupp, H. H.: Vom Wandel der Grundrechte, in: AöR 101 (1976), 161 ff.

Rutkowski, G.: Einfluß der Regionalplanung auf die gemeindliche Bauleitplanung, Diss. Münster 1974

Salzwedel, J.: Staatsaufsicht in Verwaltung und Wirtschaft, in: DÖV 1963, 871 ff.

Saran, W.: Baufluchtliniengesetz, 2. Aufl. (Nachdruck) 1954

Sartorius-v. Waltershausen: Deutsche Wirtschaftsgeschichte 1815—1914, 2. Aufl. 1923

Sasse, Ch.: Die verfassungsrechtliche Problematik von Steuerreformen, in: AöR 85 (1960), 423 ff.

Schatz, H.: Auf der Suche nach neuen Problemlösungsstrategien: Die Entwicklung der politischen Planung auf Bundesebene, in: R. Mayntz/F. Scharpf (Hrsg.), Planungsorganisation, 1973, S. 9 ff.

Scheuner, U.: Gemeindeverfassung und kommunale Selbstverwaltung in der Gegenwart, in: AfK 1962, 149 ff.
— Verfassungsrechtliche Probleme einer zentralen staatlichen Planung, in: J. H. Kaiser (Hrsg.), Planung I, 1965, S. 67 ff.
— Zur Neubestimmung der kommunalen Selbstverwaltung, in: AfK 1973, 1 ff.

Schink, A.: Zentralisierung kommunaler Aufgaben nach der Gebiets- und Funktionalreform, in: DVBl 1983, 1165 ff.

Schmidt-Aßmann, E.: Grundfragen des Städtebaurechts, 1972
— Gesetzliche Maßnahmen zur Regelung einer praktikablen Stadtentwicklungsplanung, in: Raumplanung — Entwicklungsplanung, 1972, S. 101 ff.
— Der Städteverband als Modell kommunaler Neugliederung in Ballungsräumen, in: DÖV 1973, 109 ff.
— Planung unter dem Grundgesetz, in: DÖV 1974, 541 ff.
— Der Ausbau der Kreisplanung in Stufen, in: DVBl 1975, 4 ff.
— Verfassungsrechtliche und verwaltungspolitische Fragen einer kommunalen Beteiligung an der Landesplanung, in: AöR 101 (1976), 520 ff.
— Verwaltungsverantwortung und Verwaltungsgerichtsbarkeit, in: VVDStRL 34 (1976), 221 ff.
— Fortentwicklung des Rechts im Grenzbereich zwischen Raumordnung und Städtebau, 1977

— Gemeinden und Staat im Recht des öffentlichen Dienstes, in: Öffentlicher Dienst, Festschrift für C. H. Ule, 1977, S. 461 ff.
— Die Stellung der Gemeinden in der Raumplanung, in: VerwArch 71 (1980), 117 ff.
— Die kommunale Rechtssetzung im Gefüge der administrativen Handlungsformen und Rechtsquellen, 1981

Schmidt-Jortzig, E.: Gemeinden und Kreise vor den öffentlichen Aufgaben der Gegenwart, in: DVBl 1977, 801 ff.
— Die Einrichtungsgarantien der Verfassung, 1979
— Kommunale Organisationshoheit, 1979
— Verfassungsmäßige und soziologische Legitimation gemeindlicher Selbstverwaltung im modernen Industriestaat, in: DVBl 1980, 1 ff.
— Probleme der kommunalen Fremdverwaltung, in: DÖV 1981, 393 ff.
— Kommunalrecht, 1. Aufl. 1982

Schmidt-Jortzig, E./*Schink*, A.: Subsidiaritätsprinzip und Kommunalordnung, 1982

Schmitt, C.: Freiheitsrechte und institutionelle Garantien der Reichsverfassung (1931), in: Verfassungsrechtliche Aufsätze aus den Jahren 1924—1954, 1958, S. 140 ff.
— Verfassungslehre, 4. Aufl. 1965

Schnapp, F. E.: Zuständigkeitsverteilung zwischen Kreis und kreisangehöriger Gemeinde, 1973

Schnur, R.: Regionalkreise?, 1971

Scholtissek, H.: Verfassungsprobleme der Eingemeindung, in: DVBl 1968, 825 ff.

Scholz, R.: Das Wesen und die Entwicklung der gemeindlichen öffentlichen Einrichtungen, 1967

Schrödter, H.: Vom Kreuzberg — Urteil zur Bauregelungsverordnung, in: DVBl 1975, 846 ff.
— Bundesbaugesetz, Kommentar, 4. Aufl. 1980

Schultze, H.: Raumordnungspläne und gemeindliche Selbstverwaltung, 1970

Schuppert, G.: Selbstverwaltung als Beteiligung Privater an der Staatsverwaltung, in: Selbstverwaltung im Staat der Industriegesellschaft, Festgabe für G. C. v. Unruh, 1983, S. 183 ff.

Schwab, D.: Die „Selbstverwaltungsidee" des Freiherrn vom Stein und ihre geistigen Grundlagen, 1971

Seele, G.: Die besonderen staatlichen Exekutivbefugnisse im Bereich der kommunalen Selbstverwaltung, Diss. Göttingen 1964
— Position der kommunalen Selbstverwaltung bei der Neuformulierung von Grundsätzen des kooperativen Föderalismus in der Bundesverfassung, in: Im Dienst an Recht und Staat, Festschrift für W. Weber, 1974, S. 873 ff.

Seibert, G.: Die Gewährleistung gemeindlicher Selbstverwaltung durch das GG, Diss. Marburg 1966
— Selbstverwaltungsgarantie und kommunale Gebietsreform, 1971

Siedentopf, H.: Zu den Grenzen neuer kommunalverfassungsrechtlicher Organisationsformen, in: Die Verwaltung, 1971, 279 ff.
— Die Kreise vor einem neuen Leistungs- und Gestaltungsauftrag?, in: DVBl 1976, 13 ff.
— Entwicklungsperspektiven der gemeindlichen Selbstverwaltung, in: StGB 1977, 161 ff.

Siegmund, M.: Die Planungskompetenzen der Bundesregierung und ihre Schranken nach dem Bonner Grundgesetz, Diss. Köln 1976

Soell, H.: Gebietsreform im Stadtumland und Verfassungsrecht, in: BayVBl 1977, 1 ff.

Stern, K.: Der rechtliche Standort der Gemeindewirtschaft, in: AfK 3 (1964), 81 ff.
— Die verfassungsrechtliche Position der kommunalen Gebietskörperschaften in der Elektrizitätsversorgung, 1966
— Zur Position der Gemeinden und Gemeindeverbände in der Verfassungsordnung, in: DÖV 1975, 515 ff.
— Die verfassungsrechtliche Garantie des Kreises, in: Der Kreis — Ein Handbuch, Bd. 1, 1. Aufl. 1972, S. 156 ff.
— Zur Lage der kommunalen Selbstverwaltung, in: Verwaltung im Dienste von Wirtschaft und Gesellschaft, Festschrift für L. Fröhler, 1980, S. 473 ff.
— Die Verfassungsgarantie der kommunalen Selbstverwaltung, in: Handbuch der kommunalen Wissenschaft und Praxis, Bd. 1, 2. Aufl. 1981, hrsg. von G. Püttner, S. 204 ff.
— Das Staatsrecht der Bundesrepublik Deutschland, Bd. I, 2. Aufl. 1984, Bd. II, 1. Aufl. 1980

Stern, K./*Bethge,* H.: Anatomie eines Neugliederungsverfahrens, 1977

Stern, K./*Burmeister,* J.: Die Verfassungsmäßigkeit eines landesrechtlichen Planungsgebots für Gemeinden, 1975

Stern, K./*Gröttrup:* Kommunalrecht und Kommunalverfassung, in: Kommunalwissenschaftliche Forschung, Schriftenreihe des Vereins für Kommunalwissenschaften, Bd. 12, 1966

Stern, K./*Püttner,* G.: Die Gemeindewirtschaft — Recht und Realität, 1965
—/— Neugliederung der Landkreise Nordrhein-Westfalens, 1969

Stich, R.: Umfang und Grenzen der Planungshoheit der Gemeinden, in: BlGBW 1966, 121 ff.

Strickrodt, G.: Bau- und Planungsrecht, 1974

Stüer, B.: Verfassungsrechtliche Maßstäbe für die gemeindliche, kreisliche und regionale Funktionalreform, Diss. Münster 1978
— Funktionalreform und kommunale Selbstverwaltung, 1980

Süss, S.: Funktionalreform in Bayern, in: BayVBl 1975, 1 ff.

Tettinger, P. J.: Ingerenzprobleme staatlicher Konjunktursteuerung auf kommunaler Ebene, 1973
— Zur Kontrolldichte der Überprüfung staatlicher Neugliederungsgesetze auf kommunalem Sektor durch die Verfassungsgerichtsbarkeit, in: JR 1973, 407 ff.

— Rechtsanwendung und gerichtliche Kontrolle im Wirtschaftsverwaltungsrecht, 1980

— Die Selbstverwaltung im Bereich der Wirtschaft — Verkehrswirtschaft, Energiewirtschaft, Banken und Versicherungen, in: Selbstverwaltung im Staat der Industriegesellschaft, Festgabe für G. C. v. Unruh, 1983, S. 809 ff.

— Neuartige Massenkommunikationsmittel und verfassungsrechtliche Rahmenbedingungen, in: JZ 1984, 400 ff.

Thiele, W.: Der Streit um den Begriff der kommunalen Selbstverwaltung, in: DÖD 1979, 141 ff.

— Allzuständigkeit im örtlichen Wirkungskreis — ein politisch hochstilisiertes, praktisch unbrauchbares Dogma?, in: DVBl 1980, 10 ff.

Thieme, W.: Selbstverwaltungsgarantie und Gemeindegröße, in: DVBl 1966, 325 ff.

— Verwaltungslehre, 3. Aufl. 1977

Treiß, W.: Wie werden unsere kleinen und kleinsten Gemeinden verwaltet?, in: BayBgm 1963, 47 ff.

Turczak, W. P.: Bürgerinitiativen — Möglichkeiten der Partizipation an Entscheidungsabläufen, in: Gemeindetag 1975, 120 ff.

Ule, C. H.: Zwangseingemeindung und Verfassungsgerichtsbarkeit, in: VerwArch 60 (1969), 101 ff.

Ule, C. H./*Laubinger*, H. W.: Rechtliches Gehör bei Gebietsänderungen und gerichtlicher Rechtsschutz, in: DVBl 1970, 760 ff.

Umlauf, J.: Wesen und Organisation der Landesplanung, 1958

v. Unruh, G. C.: Selbstverwaltung als staatsbürgerliches Recht, in: DÖV 1972, 16 ff.

— Die Einrichtung der kommunalen Selbstverwaltung als staatspolitische Aufgabe, in: DVBl 1973, 1 ff.

— Dezentralisation der Verwaltung des demokratischen Rechtsstaates nach dem Grundgesetz, in: DÖV 1974, 649 ff.

— Gebiet und Gebietskörperschaften als Organisationsgrundlagen nach dem Grundgesetz der Bundesrepublik Deutschland, in: DVBl 1975, 1 ff.

— Gemeinderecht, in: v. Münch (Hrsg.), Besonderes Verwaltungsrecht, 5. Aufl. 1979, S. 85 ff.

Vitzthum, W., Graf: Parlament und Planung, 1978

Vogel, K.: Gesetzgeber und Verwaltung, in: VVDStRL 24 (1966), 125 ff.

Wagener, F.: Gemeindeverwaltung und Kreisverwaltung, in: AfK 3 (1964), 237 ff.

— Von der Raumplanung zur Entwicklungsplanung, in: DVBl 1970, 93 ff.

— Anmerkung zu VerfGH/NW Urteile vom 9. 2. 1979, in: DÖV 1979, 639 ff.

Wahl, R.: Rechtsfragen der Landesplanung und Landesentwicklung, 1978

Wallerath, M.: Allgemeines Verwaltungsrecht, 2. Aufl. 1983

Wambsganz, L.: Die Bauleitplanung, in: DVBl 1961, 533 ff.

Weber, W.: Kommunalaufsicht als Verfassungsproblem, 1963

— Staats- und Selbstverwaltung in der Gegenwart, 2. Aufl. 1967

Weitzel, J.: Anpassung, Konkretisierung und Ermessen im Planungsrecht, in: DÖV 1971, 842 ff.

Wiese, R.: Garantie der Gemeindeverbandsebene, 1972
— Probleme der Funktionalreform im Kreis, in: SKV 1975, 226 ff.

Willamowski, G. L.: Zur Verteilung der innergemeindlichen Organisationsgewalt in Nordrhein-Westfalen, Diss. Bochum 1983

Willms, H.: „Machthunger" der Ministerialbürokratie — Planungshoheit der Gemeinden in Gefahr, in: Kommunalpolitische Blätter, 1972, 7 ff.

Wixforth, G.: Die gemeindliche Finanzhoheit und ihre Grenzen, Diss. Münster 1962

Wolff, H. J./*Bachof*, O.: Verwaltungsrecht, Bd. I, 9. Aufl. 1974, Bd. II, 4. Aufl. 1976

Würtenberger, T.: Staatsrechtliche Probleme politischer Planung, 1979

Ziegler, J.: Bürgerbeteiligung in der kommunalen Selbstverwaltung, 1974

Zinkahn, W.: Die Schranken der gemeindlichen Planungshoheit, in: BlGBW 1963, 6 ff.

Printed by Libri Plureos GmbH
in Hamburg, Germany